Samuel Pufendorf
Gesammelte Werke

Samuel Pufendorf
Gesammelte Werke

Herausgegeben von
Wilhelm Schmidt-Biggemann

Band 6
De habitu religionis ad vitam civilem

Samuel Pufendorf

De habitu religionis ad vitam civilem

Herausgegeben von Wilhelm Schmidt-Biggemann

DE GRUYTER

ISBN 978-3-11-045759-9
e-ISBN (PDF) 978-3-11-045889-3
e-ISBN (EPUB) 978-3-11-045797-1

Library of Congress Cataloging-in-Publication Data
A CIP catalog record for this book has been applied for at the Library of Congress.

Bibliografische Information der Deutschen Nationalbibliothek
Die Deutsche Nationalbibliothek verzeichnet diese Publikation in der Deutschen Nationalbibliografie; detaillierte bibliografische Daten sind im Internet über http://dnb.dnb.de abrufbar.

Satz: LVD GmbH, Berlin
Druck und Bindung: Hubert & Co. GmbH & Co. KG, Göttingen
♾ Gedruckt auf säurefreiem Papier.

Printed in Germany

www.degruyter.com

Inhalt

Text

Editorische Vorbemerkungen

Ich danke Frank Böhling und Torben Frey für die Mitarbeit an dieser Edition.

Als Textvorlagen wurden verwendet:

Samuelis Pufendorfi De habitu religionis Christianae ad vitam civilem liber singularis. Accedunt animadversiones ad aliqua loca è Politica Adriani Houtuyn JCti Batavi, Bremae, sumptibus Anthonii Guntheri Schwerdfegeri Bibliop. anno M.DC.LXXXVII.

Christian Thomasii, Königl. Preuß. Geheimen Raths, Vollständige Erläuterung Der Kirchen-Rechts-Gelahrtheit, Oder Gründliche Abhandlung Vom Verhältniß der Religion gegen den Staat, Ueber Samuel Pufendorfii Tract. De Habitu Religionis Christianae ad vitam civilem. Um des gründlichen und scharffsinnigen Vortrags willen aus einem accuraten M[anu]s[crip]t[o] mit einer Uebersetzung des Puffendorffischen Textes mitgetheilet von A[ugust] R[udolph] J[esaias] B[ünemann]. Erster Theil. Zweyte Auflage, mit einem vollständigen Register vermehret. Franckfurth und Leipzig, 1740.

Zum lateinischen Text: Ligaturen und Kürzel sind aufgelöst (ae für æ, -am für -ā, -que für -q;, et für &), u und v nach dem Lautwert angepaßt (vokalisches u, konsonantisches v), Akzente wurden beibehalten. Wörtliche Zitate sind durch Kursivierung gekennzeichnet. Abkürzungen werden nur in nicht offensichtlichen Fällen in eckigen Klammern aufgelöst (reip., aber D[igesta] für D.). Zweifelsfreie Verschreibungen sind stillschweigend korrigiert; Korrekturen von Stellenangaben (z.B. Bibelstellen) und editorische Zusätze (zusätzliche Überschriften) sowie Angaben zu Marginalien stehen in eckigen Klammern. Gelegentlich sind zusätzliche Absätze eingefügt. Die Originalpaginierung steht in kleinen spitzen Klammern; Seitenumbrüche sind im unpaginierten Teil durch / gekennzeichnet.

Einleitung

1. Der Anlass. Die Aufhebung des Edikts von Nantes

Pufendorfs *De habitu religionis Christianae ad vitam civilem* (Über das Verhältnis der christlichen Religion zum bürgerlichen Leben) wurde 1687 im Zusammenhang der Aufhebung des Edikts von Nantes durch Ludwig XIV. geschrieben. Im Edikt von Nantes hatte Heinrich IV. 1598 die französischen Religionskriege dadurch beendet, dass er den Hugenotten (so heißen die französischen Protestanten nach einer französischen Verballhornung des Begriffs „Eidgenossen“) freie Religionsausübung in der Öffentlichkeit (ausgenommen Paris und Umgebung sowie in Bischofsstädten und königlichen Schlössern) und dem Adel das Recht auf privaten Gottesdienst in ihren Wohnsitzen gewährte. Die Hugenotten bekamen die Rechte von Staatsbürgern und wurden amtsberechtigt, zugleich wurde der Katholizismus als Staatsreligion festgelegt und ein Übertritt zum Protestantismus untersagt. Im Laufe der Etablierung des französischen Absolutismus wurde das Edikt aber immer wieder unterlaufen, am 26. Oktober 1685 revozierte der Sonnenkönig es schließlich und stellte die Hugenotten vor die Alternative, zum Katholizismus zu konvertieren oder zu emigrieren. (Offensichtlich galt der Konversionszwang aber nicht für die lutherischen Elsässer, die seit 1648 bzw. seit der Eroberung Straßburgs 1681 Untertanen des französischen Königs waren.)

Die Aufhebung löste eine Emigrationswelle – Schätzungen liegen bei 50.000 Seelen – aus Frankreich aus, die vor allem die nördlichen Niederlande, England und die evangelischen Territorien des Reichs überschwemmte. Landgraf Karl von Hessen-Kassel, der Herzog von Württemberg und vor allem der brandenburgische Kurfürst Friedrich Wilhelm, der „Große Kurfürst“, nutzten die Chance, ihre durch den Dreißigjährigen Krieg entvölkerten Landesteile wieder zu „peuplieren“. Der Große Kurfürst erließ schon im November 1685 das Edikt von Potsdam („Toleranzedikt“), das etwa 20.000 Hugenotten nach Brandenburg brachte. Diese Maßnahmen wurden sowohl von der Bevölkerung als auch besonders von der lutherischen Geistlichkeit als Überfremdung begriffen, denn die Flüchtlinge wurden in neuen eigenen Dörfern angesiedelt, deren Territorium der alten, einheimischen Bevölkerung abgenommen wurde, sie konnten kein Deutsch, und sie waren Calvinisten. Die dogmatischen Differenzen zwischen Calvinisten und Lutheranern waren erheblich, sie betrafen vor allem die Prädestination und die Abendmahlslehre. Beide Parteien waren zugleich erbitterte Gegner des römischen Katholizismus.

Es gab im Reich einige calvinistische „reformierte“ Territorien, darunter vor allem die Wetterau, Hessen-Nassau, die Grafschaft Berg sowie Kleve, Mark und Ravensberg. Auch um Kleve, Mark und Ravensberg zu erben, war der brandenburgische Kurfürst Johann Sigismund schon 1614 vom Luthertum zum Calvinismus konvertiert. Seit dieser Zeit war in Brandenburg ein calvinistischer Kurfürst Herr über lutherische Untertanen. Da im Luthertum nach dem „Landesherrlichen Kirchenregiment“ der Fürst auch der „Bischof“ seiner Territorialkirche war, war in Brandenburg ein Calvinist Bischof auch der lutherischen Geistlichkeit.

Es war deshalb auch theologisch durchaus nicht inkonsequent, wenn vor allem in Brandenburg-Preußen, das in den letzten chaotischen Jahren des Dreißigjährigen Krieges besonders gelitten und große Bevölkerungsverluste hatte hinnehmen müssen, eine aktive Immigrationspolitik betrieben wurde. Der Widerstand vor allem der lutherischen Geistlichkeit war erheblich, aber der Große Kurfürst ließ hier nicht mit sich handeln. Renitente Geistliche – das bekannteste Beispiel ist Johann Gerhard, der Dichter berühmter geistlicher Lieder („O Haupt voll Blut und Wunden", „Geh aus mein Herz und suche Freud") – wurden strafversetzt. Der Große Kurfürst sah sich durchaus als Souverän auch in Kirchenfragen; das war auch ein Grund, weshalb es in seinem Territorium keinen öffentlichen katholischen Gottesdienst gab.

2. Geschichtliche Hauptargumente des Staatskirchenrechts

Eine solche Politik erforderte juristische Rückendeckung. Schließlich ging es um die Zentralfragen des Staatskirchenrechts, und seit dem Hochmittelalter war das Verhältnis von Staat und Kirche ein Streitgebiet zwischen geistlichem (kanonischem) und weltlichem (legistischem) Recht. Pufendorfs *Über das Verhältnis der christlichen Religion zum bürgerlichen Leben* hatte deshalb eine aktuell politische und eine langfristig historische Dimension. Es ging um die Frage der Suprema potestas, die Souveränität in geistlichen und in weltlichen Dingen.

a. Kaiserreich und Papstkirche im Mittelalter

Zwischen Kaiser und Papst bestand seit dem Mittelalter ein Dauerkonflikt. Pufendorf hat sich mit dieser Problematik 1688 in seiner *Historischen Abhandlung über die Monarchie des römischen Pontifex*[1] und bereits 1682 im ersten Band der *Einleitung in die Historie der vornehmsten Städte und Reiche*[2] ausführlich befasst.

Der Konflikt begann mit dem Streit um die Besetzung der Bischofsstellen, dem Investiturstreit, und er verschärfte sich kontinuierlich. Immer wurde dieser Streit sowohl militärisch als auch publizistisch und juristisch nachhaltig ausgefochten. Kaiser Heinrich IV. und Papst Gregor VII. sowie Friedrich II. und Gregor IX. sind die hochmittelalterlichen Hauptkontrahenten. Im 14. Jahrhundert stritt sich Papst Bonifaz' VIII. mit Philipp dem Schönen von Frankreich. Bonifaz VIII. hatte in seiner Bulle *Unam Sanctam* das höchste Richteramt des Papstes auch in weltlichen, und d. h. politischen, Fragen und damit die Suprema potestas (Souveränität) beansprucht und den französischen König mit dem Anspruch des Rechts der Kirche auf ihren Zehnten so provoziert, dass der König den Papst 1304 in Anagni verhaften ließ und die folgenden Päpste zwang, in Avignon statt in Rom zu residieren. In der Konfrontation des wohl bedeutendsten Avignoneser Papstes Johannes XXII. mit dem deutschen Kaiser Ludwig dem Bayern erreichte der Konflikt einen neuen Höhepunkt. Johannes XXII. beanspruchte gegen den Kaiser (respektive den deutschen König) Ludwig

[1] *Tractatus historicus de monarchia Pontificis Romani.* Frankfurt am Main: Friedrich Knoch 1688. Thomasius hat den Traktat übersetzt und kommentiert: Des Freyherrn von Pufendorf *Politische Betrachtung der Geistlichen Monarchie des Stuhls zu Rom.* Mit Anmerkungen. Zum Gebrauch des Thomasischen Auditorii. Halle: Renger 1714.

[2] *Einleitung in die Historie der vornehmsten Städte und Reiche, so itziger Zeit in Europa sich befinden.* Frankfurt am Main: Knoch 1682.

den Bayern den politischen Primat. Im juristischen Streit zwischen den päpstlichen Kanonisten und den kaiserlichen Publizisten (deren wichtigste Vertreter auf päpstlicher Seite Aegidius Romanus, auf kaiserlicher Seite Marsilius von Padua[3] und Wilhelm von Ockham waren) wurden die Hauptargumente der Papstkritik gefunden, die in den nachfolgenden Jahrhunderten, zumal für die protestierenden Parteien der Reformation, zentrale Bedeutung erhielten.

Marsilius und Ockham definierten die Religion als geistliche Lehre und Praxis zur Erlangung des Seelenheils, die Politik hingegen als weltliche Praxis der Ordnung des Gemeinwesens. Sie unterliefen so den Anspruch des Papstes auf das höchste Richteramt auf Erden und damit auf die Suprema auctoritas. Die verschiedenen Ziele von Politik und Religion dienten als Definitionsmerkmale: Religion war auf Gottesdienst und Lehre reduziert – die christliche Praxis bestehe, so das Hauptargument der kaiserlichen Publizisten, in der Nachfolge Christi. Deshalb sei alle Pracht und Macht in der geistlichen Sphäre unangebracht. Dagegen sei die Politik die Sphäre des Imperiums. Die irdische Macht sei der biblischen Armut nicht verpflichtet, ihre Aufgabe bestehe in der Etablierung von Recht und Ordnung sowie der Niederhaltung des Bösen in der Welt. Der Begriff Suprema potestas (Souveränität) war durch diese Spaltung in geistliche und weltliche Sphäre gewissermaßen säkularisiert, denn Macht wurde allein der weltlichen Sphäre zugeschrieben, die geistliche Sphäre konnte dagegen moralische und theologische Autorität für sich vindizieren. Diese Trennung implizierte, dass die Rolle der Kirche auf Lehre und Kultus eingeschränkt war und die legitime physische Gewalt allein der politischen Sphäre zugesprochen wurde.

Der zweite Hauptstreitpunkt betraf unter dem Stichwort Konziliarismus die Frage nach der Suprema auctoritas in der Kirche selbst. Waren die Konzilien die höchsten Instanzen in der Kirche oder war der Papst der höchste Richter? Seit das Konzil von Konstanz 1417 drei Päpste abgesetzt und einen neuen eingesetzt hatte, war die Kirchenverfassung selbst in Bezug auf die höchste Entscheidungsgewalt umstritten. Die Papisten gingen von der höchsten Autorität des Papstes aus, der ein Konzil einberufen konnte und seine Beschlüsse bestätigen musste, die Konziliaristen hingegen waren der Ansicht, dass die Beschlüsse eines allgemeinen Konzils für die Kirche und auch für den Papst verbindlich waren (Concilium supra papam).

b. Konfessionalisierung und Territorialisierung der Religion nach der Reformation

Mit der Reformation wurde die Situation komplizierter. Die Einheit der Religion ging verloren, am Ende gab es drei große Denominationen: den römischen Katholizismus, die lutherisch-evangelische und die calvinistisch-reformierte Konfession. Der römische Katholizismus blieb Papstkirche und die Frage des Konziliarismus ungelöst. Die Selbstverständigung der lutherisch-evangelischen Konfession war ein langer Prozess; die Kirchenverfassungen entsprachen den konziliaristischen Kriterien, wurden aber territorialisiert, und die Fürsten bekamen durch das Landesherrliche Kirchenregiment einen wesentlichen Einfluss auf die jeweiligen Landeskirchen. Die entscheidenden dogmatischen Positionen waren die Augsburger Konfession (1530) und die Konkordienformel (1580). Der römische Katholizismus definierte sich, durchaus als Gegenbewegung zur lutherischen Konfessionalisierung, mit dem Konzil von Trient (1543–1564) neu. Die reformierten Kirchen hat-

[3] Marsilius von Padua. *Defensor Pacis.* Herausgegeben von Richard Scholz. Hannover: Hahnsche Buchhandlung 1932; *Der Verteidiger des Friedens* [Defensor pacis, 1324 verfasst]. Auf Grund der Übersetzung von Walter Kunzmann bearbeitet und eingeleitet von Horst Kusch. Darmstadt: Wissenschaftliche Buchgesellschaft; Berlin: Rütten & Loening 1958.

ten ihre eigenen lokalen und territorialen Traditionen und entwickelten weder eine einheitliche kirchliche Organisationsstruktur noch eine verbindliche Dogmatik. In der Schweiz waren Zwingli (Zürich) und Calvin (Genf) führend, in Frankreich verhinderten die Religionskriege im 16. Jahrhundert eine dogmatische und institutionelle Einheitlichkeit. Das Edikt von Nantes, das die religiösen Bürgerkriege in Frankreich beendete, hatte die Möglichkeit des reformierten Gottesdienstes lediglich formal eingeräumt. Dazu kam, dass die religiösen Denominationen in England und Schottland sich in sehr unterschiedlicher Weise auf Calvin beriefen.

Ein Ergebnis der Reformation bestand darin, dass die protestantischen Kirchen, evangelische wie reformierte, sich als nationale und/oder territoriale Institutionen begreifen mussten. Sie übernahmen die politische Raumaufteilung, in der sie entstanden waren: Die französischen Calvinisten (Hugenotten) verstanden sich als Franzosen, die deutschen Lutheraner oder Calvinisten empfanden sich als Glieder des Reiches und eo ipso als deutsch, und Ähnliches gilt für Dänemark und Schweden, die Schweiz und die Niederlande. Die Konfessionalisierung förderte die Nationalisierung, und in gewisser Weise galt das auch umgekehrt. Freilich war diese Situation delikat, denn die jeweiligen Konfessionen vertraten einen theologischen Wahrheitsanspruch, der sich den politischen Interessen nicht geradezu unterordnen konnte und wollte.

Die einzige einheitliche internationale religiöse Großorganisation war der römische Katholizismus. Angesichts der Nationalisierungstendenzen, die mit der Reformation verstärkt wurden und vor allem die Organisation der Staaten, die ihre eigene Staatsreligion entwickelten, betrafen, war der römische Katholizismus gewissermaßen ein vorstaatliches Fossil. Er entsprach nämlich den Staatlichkeitsnormen deshalb nicht, weil er seines Universalanspruchs wegen zwar an kein Territorium gebunden war, trotzdem aber die politischen Institutionen benutzte, ohne doch eine rein politische Institution zu sein. Die klare Trennung politischer und religiöser Sphären – schon im Mittelalter, bei Marsilius von Padua und Wilhelm von Ockham, das Hauptargument der Kirchenkritik – wurde in der theologisch-politischen Polemik seit der Reformation erneut wichtig. Die protestantischen Kirchen akzeptierten, mindestens theoretisch, diese Trennung und ordneten sich nach einem langen Streit, der vor allem die Gemeindehoheit und das religiöse Widerstandsrecht („Monarchomachen") betraf, organisatorisch dem Staat unter. Zugleich veränderten sie durch die Lehre des allgemeinen Priestertums die klerikale Struktur der alten Kirche. Die protestantische Geistlichkeit war kein sakramental geheiligter Stand mehr, sondern wurde säkularisiert. Die Aufgaben der protestantischen Pfarrer waren die klassischen kirchlichen Aufgaben, die Marsilius von Padua beschrieben hatte: Lehre und Predigt (dazu gehörte die Schulverwaltung) sowie die Administration von Taufe, Eheschließung und Abendmahl. Alle politischen Aufgaben waren dem Staat zugeordnet.

Im Katholizismus war die Situation anders. Hier galt noch die alte Ordnung, in der geistliche und politische Herrschaft vereint waren, denn es gab weltliche wie geistliche Fürsten und die Bischöfe waren Territorialherren oder konnten es doch zumindest sein. Diese geistliche Herrschaft hatte ein beträchtliches Bedürfnis nach Repräsentation. Es handelte sich dabei um geistliche Repräsentation ad maiorem Dei gloriam; die Kathedralen und Dome weisen das ebenso aus wie die religiöse Kunst insgesamt.

c. Katholischer Universalanspruch und protestantische Staatskirchen

Der Katholizismus der frühen Neuzeit begriff sich selbst als universale Reformkirche, er beanspruchte, eine universale Wahrheit der Religion zu verkünden. Die Formel, die vor allem die politische Theologie der Jesuiten benutzte, lautete: Eine religiöse Wahrheit, unterschiedliche staatliche Verfassungen.[4] Die Kirche verkündet die eine Wahrheit der Religion, in der Politik organisiert sich der Wille der Völker. Weil die Kirche die eine Wahrheit verkündet, hat der Papst Lehrautorität und damit das Recht, die religiöse Wahrheit dogmatisch zu definieren. Dieses Recht gilt auch für Fragen der Moral, die in Übereinstimmung mit der biblischen Offenbarung naturrechtlich und damit gottgegeben ist. Aus diesem Definitionsrecht folgt, dass der Papst das Recht hat, in diesen Fragen auch die politischen Souveräne zu beurteilen. In diesem Sinne ist er höchster Richter und hat als Autorität eine Potestas indirecta in der Politik.

Gegen diesen Anspruch wehrten sich die protestantischen Staatskirchenrechtler. Der britische König James I. kritisierte 1599 in seinem *Basilicon Doron* (Königliche Gabe) den politischen Katholizismus. Melchior Goldast veröffentlichte die mittelalterlichen Quellen des Streits zwischen Legisten und Kanonisten,[5] Hugo Grotius verfasste einen Traktat *De imperio summarum potestatum circa sacra* (Von der Befehlsgewalt des Souveräns in Religionssachen, zuerst Paris 1647) und Thomas Hobbes behandelte in *De Cive* (Vom Bürger, 1642) und *Leviathan* (1651) diese Fragen politischer Theologie differenziert und betonte, dass die Wahrheitsfrage der Religion und die zugehörige geistliche Definitionshoheit mit dem souveränen Staat kaum vereinbar seien.[6] Das Thema des Staatskirchenrechts blieb vor allem im Reich virulent, denn hier war die Religionsspaltung die entscheidende Ursache des Dreißigjährigen Kriegs, und auch nach dessen Ende war hier kein Staat entstanden, der den Einheitlichkeitskriterien des frühneuzeitlichen Territorialstaates – ein souveräner Fürst, eine Verwaltung, eine Religion – entsprach. Der Kaiser wurde nicht zum Souverän des Reichs, denn die Landesfürsten machten ihm seine Souveränität streitig. Es gab folglich keine einheitliche Staatsverwaltung: In den geistlichen Territorien mischten sich kirchliche und weltliche Verwaltungen, es gab reichsfreie (vornehmlich evangelische) oder den Landesfürsten steuerpflichtige Städte, reichsunmittelbare oder ihrem Bischof verantwortliche Klöster mit teilweise erheblichem Besitz, die adeligen Stände bestanden auf ihren Privilegien, jeder Landesherr beanspruchte seinen eigenen Patriotismus.

3. Zum Kontext in Pufendorfs Leben und Werk

Samuel Pufendorf hat am Maßstab der damals modernen Souveränitätstheorien genau diese gemischte Verfassung von seinem frühen reichsrechtlichen Pamphlet *Monzambano über die Reichsverfassung* an über sein Hauptwerk *Über Natur- und Völkerrecht* bis zu dem hier vorliegenden Traktat *Über das Verhältnis der christlichen Religion zum bürgerlichen Leben* immer wieder kritisiert. Der Rahmen blieb dabei unverändert: Es ging ihm darum, eine souveräne Staatlichkeit und die Frage der Religion zu verbinden. Das implizierte eine grundsätzliche Entscheidung gegen die polittheologische Struktur des Katholizismus. Wenn es um Toleranzfragen geht, sind deshalb prinzipiell nur die protestantischen Denominationen gemeint; in Fragen des Katholizismus und seiner Ansprüche ist Pufendorf alles andere als ein Vertreter der Toleranz.

4 Vgl. Wilhelm Schmidt-Biggemann: *Die Politische Philosophie der Jesuiten. Bellarmin und Suárez als Beispiel.* In: Politischer Aristotelismus und Religion in Mittelalter und Früher Neuzeit. Hrsg. von Alexander Fidora, Johannes Fried, Matthias Lutz-Bachmann und Luise Schorn-Schütte. Berlin 2007, S. 163–178.

5 Melchior Goldast: *Monarchia Sacri Romani Imperii.* Hanau Frankfurt/Main. 3 Bde. 1611–1614, Neudruck Graz: Akademische Verlagsanstalt 1960.

6 Vgl. *De Cive*, Kap. 15–18 (De Religione); *Leviathan*, The Third Part (Of a Christian Commonwealth).

Pufendorfs wichtigste politische Idee war die „sociabilitas", die Geselligkeit und Gesellschaftlichkeit des Menschen. Das Konzept schließt an die aristotelische Bestimmung des „Menschen als politisches Wesen" in der Polis an, die das „gute Leben" der Bürger als Ziel der Politik sieht. Pufendorf konkretisiert diese Bestimmung, indem er das natürliche Bedürfnis nach Gemeinschaft als humanen Hang zu Kommunikation und Kultur erkennt und als „Geselligkeit" bestimmt. Geselligkeit ist für ihn das anthropologische und zivile Zentrum jeder funktionierenden Gesellschaft. Pufendorf unterscheidet Staat und Gesellschaft so voneinander, dass der Staat Zwangscharakter hat und die Gesellschaft aus einem natürlichen Bedürfnis nach Gemeinschaft entsteht. Mit dieser Theorie wurde er zum juristischen Gegenspieler von Hobbes, dem Apologeten des Absolutismus, ohne dass er jedoch die Theorie der Staatssouveränität negiert hätte. Für Pufendorf stammte aber, anders als für Hobbes, nicht alles Recht aus der Souveränität, denn er sah die natürlichen Rechte, die aus den Pflichten gegenüber Gott, dem Nächsten und sich selbst folgen, und vor allem die gesellschaftliche, religiöse und politische Organisations- und Versammlungsfreiheit als Naturrechte innerhalb der Grenzen des souveränen Staates an. Pufendorfs politische Theorie lässt bürgerliche und religiöse Freiräume innerhalb der politischen Souveränität zu, sie ist kein Absolutismus nach französischem Muster. Die Fragen des Staatskirchenrechts figurieren deshalb als solche der Pflichten gegenüber Gott.

a. Die Verhältnisse im Reich in Pufendorfs Jugend

Samuel Pufendorf wurde am 8. Januar 1632 in Dorf-Chemnitz in der Oberlausitz geboren,[7] im selben Jahr wie John Locke und Richard Cumberland, mit denen ihn viel verband; und auch Spinoza, den er offensichtlich nur mit Vorsicht zur Kenntnis nahm,[8] kam 1632 zur Welt. Pufendorfs Geburt fiel mitten in den Dreißigjährigen Krieg, zwei Jahre nach der schwedischen Invasion ins Reich, mit der die Schweden als Verbündete der protestantischen Stände den Krieg internationalisiert hatten. In diesem Jahr fiel der schwedische König Gustav Adolf in der Schlacht bei Lützen gegen Wallenstein. Es dauerte noch weitere 16 Jahre, bis dieser blutigste Krieg des blutigen 17. Jahrhunderts mit dem Frieden von Münster und Osnabrück zu Ende ging. In diesem Friedensvertrag wurde die praktische Toleranz zwischen den drei kriegführenden Religionsgemeinschaften im Heiligen Römischen Reich ausgehandelt: den Katholiken, den Lutheranern und den Calvinisten. Die religiöse Unterdrückung war allerdings auch nach dem Dreißigjährigen Krieg noch nicht vollständig zu Ende. Die norddeutschen Territorien waren nahezu vollständig protestantisch, die süddeutschen häufig gemischt. Der Preis des Friedens von 1648 war hoch: Das Heilige Römische Reich hörte auf, als politisch homogener Körper zu bestehen. Es wurde in etwa 140 halbunabhängige politische Einheiten zersplittert, von denen die Kurfürstentümer die wichtigsten waren: Das Königreich Böhmen war österreichisch-habsburgisch, die anderen weltlichen Kurfürstentümer waren Sachsen, die Pfalz, Brandenburg und Bayern, das im Frieden von 1648 den Kur-

[7] Die Einleitung in den Kommentarband zu *De Iure Naturae et Gentium* von Frank Böhling (Band 4,3 dieser Ausgabe, 2014) enthält eine Biographie Pufendorfs, auf die ich mich vor allem beziehe. Vgl. insgesamt auch Detlef Döring: *Samuel Pufendorf in der Welt des 17. Jahrhunderts. Untersuchungen zur Biographie Pufendorfs und zu seinem Wirken als Politiker und Theologe*. Frankfurt am Main: Klostermann 2012.

[8] „Spinosam habe ich gekennet", schreibt Pufendorf 1688 an Thomasius (Brief Nr. 137 in *Briefwechsel*, = Band 1 dieser Ausgabe, hrsg. von Detlef Döring, 1996, S. 194), aber von einem Zusammentreffen der beiden Männer ist sonst nichts bekannt. Pufendorf geht in JNG III, ii, § 3 auf Spinozas *Tractatus* ein.

hut erhandelt hatte, die Erzbistümer Trier, Mainz und Köln stellten die geistlichen Kurfürsten. Im Reich gab es mächtige Territorien: Österreich, das mit Böhmen verbunden war, Sachsen, Bayern, auch die Pfalz. Das Haus Braunschweig-Lüneburg-Hannover, die Welfen, dominierte neben Brandenburg den norddeutschen Raum. Der König von Dänemark war als Herzog von Schleswig und Holstein zugleich Reichsfürst, und dem König von Schweden war in diesem Frieden die Herrschaft über Mecklenburg einschließlich Stettin und Wismar sowie über das Herzogtum Bremen und Verden zugefallen. Bremen selbst war 1641 Freie Reichsstadt geworden, stand aber nach dem Kriege als solche unter schwedischer Souveränität – eine schwer vorstellbare Konstruktion. Im west- und süddeutschen Raum spielten die unabhängigen Diözesen eine nicht unerhebliche Rolle: Aachen, Münster, Paderborn, Osnabrück, wo sich ein katholischer und ein protestantischer Bischof abwechseln mussten, außerdem Salzburg, Würzburg, Bamberg. Es gab mächtige Freie Reichsstädte, die keiner Territorialherrschaft unterworfen waren: Hamburg, Bremen (mit Sonderstatus), Köln, Straßburg, Nürnberg und Augsburg; es gab zahlreiche kleinere, reichsunmittelbare Fürsten und Territorien; und schließlich gab es den wichtigen Stand der unabhängigen Reichsritter. Schon vor dem Krieg hatte Jean Bodin die Verfassung des Reiches in seiner *Republique* (1580) heftig kritisiert, aber nach dem Kriege war das Verhältnis von kaiserlicher Zentralgewalt und Territorialgewalten vollkommen unübersichtlich geworden. Das Reich war das genaue Gegenteil eines modernen zentralistischen Staates, wie das Frankreich im 17. Jahrhundert wurde.

Das also war die Zeit, in die Pufendorf hineingeboren wurde und in der er aufwuchs. Sein Vater war protestantischer Pfarrer, und Pufendorf ist so ein früher Vertreter in einer langen Serie von Intellektuellen, die lutherischen Pfarrhäusern entstammten. Der junge, offensichtlich begabte Samuel bekam ebenso wie sein älterer Bruder Esaias (1628–1689) ein Stipendium an der berühmten Fürstenschule in Grimma in Sachsen, wo er trotz der Schrecken des Krieges vorzüglich die klassischen Sprachen und Geschichte lernte – also die Disziplinen, für deren Anwendung in der Jurisprudenz er später berühmt wurde.

b. Studium in Leipzig und Jena. Hauslehrer in Kopenhagen. Das erste rechtsphilosophische Werk

1650 schrieb sich Pufendorf an der Universität Leipzig ein.[9] Leipzig war unmittelbar nach dem Dreißigjährigen Krieg eine Stadt von etwa 15.000 Einwohnern; sie war als Buchhandelsstadt noch nicht so etabliert wie fünfzig Jahre später, aber ihr Reichtum wuchs nach dem Krieg schnell. Die Universität wurde von der lutherischen Orthodoxie dominiert, Professoren wie Leyser, Carpzow und Mencke stammten häufig aus alten akademischen Geschlechtern. Pufendorf war dort kein effizienter Student; nach 14 Semestern wechselte er 1657 nach Jena und setzte sein Studium bei dem Philosophen Erhard Weigel fort, mit dem er sich anfreundete und der später auch Leibniz' Lehrer wurde. Weigel überredete ihn 1658 zu einem Studienabschluss.[10] Samuels Bruder Esaias

[9] Zu Pufendorfs Universitätszeit siehe Detlef Döring: *Samuel Pufendorf als Student in Leipzig.* Eine Ausstellung zum 300. Todestag Samuel Pufendorfs und anlässlich des Symposiums *Samuel Pufendorf und seine Wirkungen bis auf die heutige Zeit* an der Universität Leipzig im Oktober 1994. Leipzig: Universitätsbibliothek 1994.

[10] „Er [Pufendorf] verschmäht den feilen juristischen Doctorhut zu kaufen, mit Mühe überredet ihn Weigel, dass er mindestens den unentbehrlichen Magistertitel erwirbt." Heinrich von Treitschke: *Samuel Pufendorf*, hrsg. von Erich Liesegang. Leipzig: Hirzel 1897, S. 202–303, hier 213.

Pufendorf, der inzwischen in schwedischen diplomatischen Diensten stand, vermittelte ihn nach Kopenhagen, wo er Hauslehrer beim schwedischen Gesandten Peter Julius Coyet werden sollte.

Die Einladung nach Kopenhagen war keineswegs ohne Risiko. Schweden war zu dieser Zeit der erbittertste Kontrahent Dänemarks im Kampf um die Vorherrschaft an und auf der Ostsee. Die Schweden hatten Kopenhagen mehrfach angegriffen, und just zu der Zeit, als Pufendorf in der dänischen Hauptstadt ankam, versuchte Karl X. Gustav von Schweden erneut, die dänische Provinz Schonen, heute Südschweden, zu erobern, und diesmal mit Erfolg. Der schwedische Botschafter floh in die Niederlande, Pufendorf wurde als feindlicher Ausländer interniert.

In der achtmonatigen Haft schrieb er sein erstes juristisches Buch, die *Elementa jurisprudentiae universalis,* die 1660 in Amsterdam publiziert wurden.[11] Pufendorf hatte in der Gefangenschaft keine Literatur zur Verfügung und musste sich auf sein Gedächtnis und seinen Scharfsinn verlassen, aber gerade wegen der restringierten Bedingungen, unter denen dieses Buch geschrieben wurde, sind die Definitionen von einer gedächtnistauglichen und deshalb pädagogisch nützlichen Knappheit. In den folgenden Jahren gab es bald Neuauflagen; dieser Erfolg begründete Pufendorfs frühen Ruhm. Nach seiner Freilassung im April 1659 folgte Pufendorf seinem Patron Coyet in die Niederlande, wo er bis 1663 blieb.

c. Heidelberg. Monzambano. Lund

Die *Elementa jurisprudentiae universalis* waren dem Kurfürsten Karl Theodor von der Pfalz gewidmet, und diese Widmung hatte Erfolg. Der Kurfürst berief Pufendorf auf eine Professur für Römisches Recht nach Heidelberg, aber Pufendorf lehnte ab. Der Grund war möglicherweise, dass es sich um eine Professur in Jurisprudenz handelte und die Fakultät gegen Pufendorfs Berufung votierte. Außerdem besaß Pufendorf keinen akademischen Grad in diesem Fach, sondern nur einen Magister in Philosophie. Deshalb änderte der Kurfürst die Lehrstuhlbezeichnung und Pufendorf wurde der erste Professor für Naturrecht innerhalb der philosophischen Fakultät der Heidelberger Universität.

Das wichtigste Werk, das er in Heidelberg schrieb, ist wiederum ein schmales Büchlein, eine Mischung von Satire und Einführung in die Geschichte der Verfassung des Reichs. Aus der Sicht eines Italieners wird die „monströse" Verfassung des Reichs dargelegt. Der Kurfürst kannte den Inhalt des Buchs, aber er erlaubte nicht, es in seinem Land zu publizieren, denn es enthielt scharfe Angriffe gegen Österreich und den Katholizismus. Deshalb veröffentlichte Pufendorf das Werkchen 1667 mit dem fingierten Druckort „Verona" anonym in Berlin: *Severinus de Monzambano de statu imperii Germanici* [S. de M. über die Verfassung des Deutschen Reiches].

Ein Jahr später erhielt Pufendorf einen Ruf an die schwedische Universität Lund und nahm ihn an. Bei der Berufung hatte eine gewisse Rolle gespielt, dass der schwedische Reichskanzler Magnus Gabriel de la Gardie, der Esaias Pufendorf gut kannte, diesem gegenüber die Absicht bekundet hatte, auch seinen Bruder nach Schweden zu ziehen.[12] Lund war erst kurz zuvor von den Schweden erobert, zerstört und geplündert worden. Die neuen Herren hatten die Stadt dann wiederaufgebaut, eine Universität gegründet und luden nun renommierte Gelehrte ein, um die Professorate angemessen zu besetzen.

[11] Bd. 3 dieser Ausgabe, hrsg. von Thomas Behme, 1999.
[12] Vgl. Böhling, *Einleitung* [wie Anm. 7], S. 20.

d. Naturrechtliche Pflichtenlehre

1672 erschien in Lund Pufendorfs wichtigstes Werk: *De iure naturae et gentium libri VIII* (Acht Bücher über Natur- und Völkerrecht).[13] Schon ein Jahr später veröffentlichte er eine Kurzfassung für den Lehrgebrauch: *De officio hominis et civis* (Über die Pflicht des Menschen und des Bürgers).[14] Beide Bücher waren der Versuch, den Gesamtbereich des Rechts mit den Mitteln natürlicher Vernunft neu zu definieren. Pufendorfs Konzept der natürlichen praktischen Vernunft stammt aus der ciceronianisch-stoischen Tradition, auf die sich auch Grotius berufen hatte.[15] Die Vernunft gehört demnach zur Natur des Menschen und wurde präzisiert als moralisches Bewusstsein. Pufendorf teilte mit seinem Lehrer Weigel[16] die Lehre von den „entia moralia", praktischen Ideen des Bewusstseins, die die wilden Triebe sänftigten und in dieser Sänftigung eine natürliche Mitgift eines jeden menschlichen Bewusstseins, sofern es praktisch ist, seien. Pufendorf war deshalb davon überzeugt, dass das menschliche Bewusstsein eine allgemeine Kenntnis von menschlichen Pflichten und Rechten enthielt, und identifizierte drei Bereiche: Pflichten gegenüber Gott, dem Nächsten und sich selbst.[17]

Er definiert sechs Pflichten Gott gegenüber. Vier theoretische Pflichten: 1. Gott existiert; 2. Gott ist der Schöpfer der Welt; 3. Gott regiert die ganze Welt und besonders das Menschengeschlecht; 4. Gott hat kein unvollkommenes Attribut. Hinzu kommen zwei praktische Pflichten: 5. Gott die Ehre zu geben – äußerer Gottesdienst, 6. Gehorsam gegen Gottes Gebote sowie Lob und Preis Gottes. (*De officio* I, iv). Das ist eine sehr weite und milde Definition der Pflichten Gott gegenüber. Wegen der Regel, dass jeder Pflicht ein Recht entspricht, enthalten die Pflichten Gott gegenüber das Recht auf Gottesdienst. Für Pufendorf ist die Verehrung Gottes deshalb ein Menschenrecht, wobei die kultische Form der Verehrung nicht vorgeschrieben ist. Hier liegt die Begründung für Pufendorfs Konzept der Toleranz.

Die Pflichten gegen sich selbst teilen sich auf in solche gegen die Seele und solche gegen den Körper. Die Pflichten gegen die Seele umfassen erstens die erbauliche Übung des guten Willens, d. i. die Ausübung des freien Willens, um Gutes und praktische Tugend zu erreichen, zweitens das Streben nach äußeren Gütern und Besitz, insofern dieser Besitz in gesellschaftlich vertretbarem Umfang bleibt, und drittens gutes bürgerliches Leben in Übereinstimmung mit der bürgerlichen Gewohnheit. Zu den Pflichten gegen den Körper gehören die Erhaltung des körperlichen Lebens und der Gesundheit sowie das Recht auf Selbstverteidigung.

Die drei Pflichten des Menschen gegenüber seinem Nächsten sind erstens das Naturrecht auf körperliche Unversehrtheit, zweitens bürgerliche Gleichheit („dass jeder den anderen für seines gleichen halten solle",[18] d. i. das neuzeitliche Prinzip der Gerechtigkeit) und drittens die Gleichheit vor dem Gesetz.

[13] Band 4 (in 3 Teilb.) dieser Ausgabe, hrsg. von Frank Böhling, 1998 (Tb. 1 und 2, Text), 2014 (Tb. 3, Materialien und Kommentar).

[14] Band 2 dieser Ausgabe, hrsg. von Gerald Hartung, 1997.

[15] Vgl. die Praefatio zu *De iure belli et pacis* (Über Kriegs- und Friedensrecht, 1625).

[16] Theo Kobusch: *Die Entdeckung der Person. Metaphysik der Freiheit und modernes Menschenbild* [1993]. 2. Aufl. Darmstadt: Wissenschaftliche Buchgesellschaft 1997; Erhard Weigel: *Universi corporis pansophici caput summum* [1672]. *Werke*, hrsg. von Thomas Behme, Bd. 1. Stuttgart-Bad Cannstatt: frommann-holzboog 2003 (Clavis pansophiae 3, 1).

[17] Vgl. den Artikel „Pflichtenlehre" von Wolfgang Kersting im *Historischen Wörterbuch der Philosophie*, Bd. 7 (1989), Sp. 456–458.

[18] *De officio* I, vii (De agnoscenda naturali hominum aequalitate).

e. Gesellschaft und Staat

Pufendorf unterscheidet deutlich zwischen den Rechten des Einzelnen – seiner Sociabilität, die zur natürlichen Gesellschaft führt – und der Konstitution des Staates. Der Weg zum Staat führt für ihn über die Entstehung der Herrschaft (imperium). Diese hat ihren Ursprung zunächst in der Familie, die aus der doppelten Geschlechtlichkeit des Menschen seit seiner Schöpfung abgeleitet wird. (*JNG* VI, i, § 1[19]) So ist die vorstaatliche Gesellschaft für Pufendorf durch die Ehe als „seminarium generis humani" (Pflanzstätte des Menschengeschlechts, § 2) und die daraus erwachsende Familie bestimmt. Sie ist nach dem aristotelischen und alteuropäischen Muster des Großen Hauses gesehen, an dessen Spitze der Paterfamilias steht. Der Paterfamilias ist den Kindern gegenüber erziehungsberechtigt, für alle seine Hausgenossen verantwortlich und deshalb auch weisungsbefugt. Die Haus-Mutter hat ein untergeordnetes Weisungsrecht im Haus und übernimmt bei Abwesenheit oder Tod des Vaters seine Aufgaben. (VI, ii, § 5)

Aus dem Sozialtrieb, der zu Geselligkeit und Familiarität führt, folgt für Pufendorf keineswegs schon organisch der Staat (civitas). Zwischen dem Staat und der durch Familien bestimmten Gesellschaft besteht ein Hiatus. Das natürliche Bedürfnis nach Gemeinschaft (oder Geselligkeit oder Gesellschaft, denn all das gehört zur Bedeutung von „societas") ist für Pufendorf ein Menschenrecht, der Staat dagegen eine aufgrund der Lasterhaftigkeit der Menschen notwendige bürgerliche Zwangsordnung. Pufendorf stellt sich die Entstehung des Staates so vor, dass sich die im Naturzustand verstreuten Familien zusammenschließen. Für den Verband vieler Familien reicht die naturrechtliche Familienordnung nicht mehr aus. „Deshalb haben sich die Familienväter, nachdem sie ihre natürliche Freiheit aufgegeben hatten, entschlossen, sich ein Präsidium zu geben gegen die Bosheiten, die dem Menschen vom Menschen drohen." (VII, i, § 7)[20]

Der Übergang in den Staat ist deshalb für Pufendorf kein privatrechtlicher Vertrag und kein Entschluss eines Einzelnen, sondern ein Bundesschluss (foedus). Er kann nicht gekündigt werden, sein Verlassen führt zu Verurteilung, Verfolgung und Strafe. Den Akt der Staatskonstitution sieht Pufendorf in zwei Schritten: als Wahl der Verfassungsform (ii, § 7)[21] und als Unterwerfung unter die gewählte Verfassung (§ 8).[22]

[19] „Da es Herrschaft nur zwischen mehreren geben kann und da die Heilige Schrift lehrt, dass von Gott zu Beginn nur ein Menschenpaar geschaffen wurde, auf das das gesamte Geschlecht der Sterblichen seinen Ursprung zurückführt, müssen wir uns, bevor wir von der bürgerlichen Herrschaft handeln, der Ehe zuwenden, aus der die Familien – das Material späterer Herrschaften und Staaten – hervorgehen." (Sed cum imperium non nisi inter plures possit intelligi, et vero sacrarum literarum auctoritate constet, abs Deo unum duntaxat par hominum ab initio fuisse productum, ad quod quidquid est mortalium suas refert origines; igitur priusquam de imperio civili agamus, discipiendum fuerit de matrimonio, ex quo familiae proveniunt, et unde imperiis et civitatibus constituendis velut materies oriuntur.)

[20] Genuina igitur, et princeps causa, quare patresfamilias, deserta naturali libertate, ad civitates constituendas descenderint, fuit, ut praesidia sibi circumponerent contra mala, quae homini ab homine imminent.

[21] Pactum primum, et illud subsequens decretum. ... prius fit, quando quis sese obstringit adhaerere isti coetui, quaecunque demum regiminis forma pluribus arriserit. Posterius, quando hanc conditionem adjecit; siquidem introducatur forma regiminis ipsi probatur.

[22] Pactum alterum, complementum civitati afferens. Post decretum circa formam regiminis novo pacto opus erit, quando constituuntur ille, vel illi, in quem vel quos regimen coetus confertur; quo hi quidem ad curam communis securitatis et salutis, reliqui ad obsequium his praestandum sese obstringunt; cui simul subjectio illa et unio voluntatum inest, per quam civitas una persona intelligitur. Ex quo demum pacto perfecta civitas resultat.

f. Souveränität

Der Staat ist bei Pufendorf in der Tradition von Bodin, Grotius und Hobbes ganz am Begriff der Souveränität orientiert. Das Summum imperium ist für ihn allerdings nicht, wie für die französische Tradition, gottgegebene absolute Herrschaft, (VII, iii, § 3) sondern wird von den beiden Gesellschaftsverträgen – der Wahl der Verfassung und dem Unterwerfungsakt – abhängig gemacht. (§ 1) Dabei legt Pufendorf Wert auf die Feststellung, dass in allen Verfassungen – auch in der Demokratie (v, § 5) – ein Imperium absolutum (vi, § 7) besteht. Dieses Imperium ist (im Rahmen der göttlichen Herrschaft) unbeschränkte Handlungsfreiheit, die von niemandem auf dieser Welt abhängt (§ 1). Pufendorf schließt daraus, dass der Souverän niemandem rechenschaftspflichtig und dem menschlichen Strafrecht entzogen sei (§ 2), über dem menschlichen Gesetz stehe (§ 3).

Wie Grotius und Hobbes ist Pufendorf kein Vertreter der Volkssouveränität, denn er betont, dass die Könige über ihrem Volk als Ganzem stehen können (VII, vi, §§ 5, 6). Sein Hauptargument ist das Erbrecht, das die königliche Souveränität über ein Volk setzt und im Erbfall die Königswürde von einem fremden, dem verstorbenen Souverän blutsverwandten Erben ausgeübt werden kann.

Die Elemente der souveränen Herrschaft bestehen (wie bei Bodin und Hobbes) im Recht auf Gesetzgebung, im Recht zu strafen, im Richteramt, dem Recht des Kriegs und Friedens sowie der Vertragsfähigkeit, im Recht, eine Verwaltung einzusetzen, und in der Steuerhoheit.

g. Kontroversen mit Theologen

Mit der Publikation von *De iure naturae et gentium* sowie mit dem Erfolg von *De officio hominis et civis* war der Konflikt mit den Theologen in Schweden wie auch im Deutschen Reich vorprogrammiert. Die Vertreter der Orthodoxie hatten allen Grund, sich über Pufendorf zu beschweren. Seine politische Theorie und die Ethik, die sie voraussetze, stellten die Voraussetzungen des konfessionell geprägten Staates der Frühen Neuzeit, den Kern der politischen Theologie des lutherischen Staatsverständnisses, in Frage und lösten zugleich den Rechtsanspruch der Augsburger Konfession von 1555 (cuius regio, eius religio, d. i. die Konfessionsbindung an ein Territorium) auf. Das Ius circa sacra war unter den Aufgaben des Souveräns, die Pufendorf anerkannte, nur insofern vorgesehen, als der Souverän im Prinzip überkonfessionell sein musste. Wenn Pufendorfs Theorie zutraf, dann gab es keine Notwendigkeit für ein konfessionelles Fundament eines Staates – vorgeschrieben war nur eine nicht näher geregelte Gottesverehrung. Auch wenn Pufendorf nicht so weit ging wie der hugenottische Exulant Pierre Bayle, der Religion und Politik weit auseinanderdividierte und sich einen tugendhaften Atheistenstaat vorstellen konnte,[23] basierte sein Staat theoretisch allein auf natürlicher Offenbarung; eine besondere Berücksichtigung der biblischen Offenbarung entfiel.

[23] Pierre Bayle: *Verschiedene*, einem Doktor der Sorbonne mitgeteilte *Gedanken über den Kometen*, der im Monat Dezember 1680 erschienen ist [*Pensées diverses sur la comète*, 1682]. Aus dem Französischen von Gottsched 1741 herausgegebene Übersetzung von Johann Christoph Faber. Einleitung von Rolf Geissler. Leipzig: Reclam 1975. Vgl. Nr. 133 im 2. Teil: „Die Gottesleugnung verleitet den Menschen nicht notwendigerweise zur Verderbnis der Sitten.“

Allerdings mussten die Untertanen jeder Religionsgruppe staatsloyal sein. Genau dieses wurde den Katholiken, die neben ihrem Landesherrn auch noch dem Papst verpflichtet waren, aber abgesprochen. Dieses Problem der gespalteten Loyalität hat das Toleranzproblem bis ins 20. Jahrhundert belastet. So konnte – aus verschiedenen Gründen – zunächst keine christliche Denomination Pufendorfs naturrechtliches Konzept der Loyalität akzeptieren. Pufendorf hat diese Streitigkeiten um seine Rechtsphilosophie und -theologie in der *Eris Scandica* (den *Skandinavischen Streitsachen*, 1686) festgehalten.[24]

h. Hofhistoriograph in Stockholm

Obwohl – oder gerade deshalb weil – Pufendorfs Staatstheorie der lutherischen Orthodoxie nicht entsprach, machte der schwedische König Pufendorf zum Historiographen und Hofsekretär in Stockholm. Ein solches Amt war in dieser Zeit das Standardamt für Gelehrte am Hofe; Leibniz z. B. war Hofhistoriograph in Hannover. Pufendorfs 1682 erschienene *Einleitung zu der Historie der vornehmsten Reiche und Staaten*,[25] in der das außenpolitische Machtverhältnis der Großmächte Frankreich, England, Spanien, Österreich, Schweden und Dänemark analysiert wurde, rechtfertigte die Berufung. Auch dieses Buch wurde, wie alle Kompendien Pufendorfs, ein großer Erfolg und bald in alle großen europäischen Sprachen übersetzt.

Als Hofhistoriograph bestand Pufendorfs Aufgabe wesentlich darin, eine *Schwedische Geschichte* zu schreiben. Zu diesem Zweck hatte er Zutritt zu allen Archiven – damals wie heute keine Selbstverständlichkeit für Historiker. In der Tat erschien 1686 der erste Band, *De rebus Suecicis ab expeditione Gustavi Adolphi regis in Germaniam ad abdicationem usque Christinae* (Schwedische Geschichte, vom Zug König Gustav Adolphs nach Deutschland bis zur Abdankung Königin Christines). 1689 bis 1692 veröffentlichte er als Fortsetzung die Biographie des schwedischen Königs Karls X. Gustav.

i. Wechsel nach Berlin

Pufendorfs Zugang zu den politischen Archiven war für die schwedische Regierung nicht risikolos, denn von 1686 an verhandelte Pufendorf mit dem brandenburgisch-preußischen „Großen" Kurfürsten Friedrich Wilhelm über einen Wechsel nach Berlin. Der Brandenburger war der erbittertste Feind Schwedens im Reich; in Fehrbellin hatte er 1675 die Schweden besiegt und ihnen Pommern entrissen. Die genauen Gründe für Pufendorfs Wechsel nach Berlin sind nicht klar. In jedem Fall war er dort nicht länger Zielscheibe der Kritik der schwedischen Orthodoxie. Es erwies sich spätestens in Berlin, dass Pufendorf nicht der Religion insgesamt kritisch gegenüber stand, sondern nur ihren orthodoxen Varianten. Hier pflegte er nämlich seine eher pietistische Religiosität in einem freundschaftlichen Verhältnis zu Philipp Jacob Spener, der damals lutherischer Pastor in Berlin war.

Die religiöse Situation in Brandenburg-Preußen war Ende des 17. Jahrhunderts besonders delikat. Es gab auch nach dem Dreißigjährigen Krieg noch beträchtliche Spannungen zwischen Cal-

[24] Band 5 dieser Ausgabe, hrsg. von Fiammetta Palladini, 2002.
[25] Siehe oben Anm. 2.

vinisten und Lutheranern. Vor allem die lutherischen Pastoren bildeten eine starke anti-calvinistische Fraktion (der Spener im Übrigen nicht angehörte), von der Animosität gegenüber den Papisten ganz zu schweigen. Freilich blieben die Attacken verbal und hatten keine politischen Konsequenzen. In Brandenburg war die Konstellation besonders kurios: Das kurfürstliche Haus war calvinistisch, aber auch als Calvinist war der Landesherr nach der lutherischen Kirchenverfassung noch geistliches Oberhaupt der Lutheraner, die die Mehrzahl seiner Untertanen ausmachten. Also war praktische Toleranz unerlässlich, und der Große Kurfürst setzte das Zusammenleben von reformierten und evangelischen Gemeinden denn auch mit der ihm eigenen Vehemenz durch. Als Pufendorf 1686 beschloss, nach Preußen zu gehen, hatte der Kurfürst eben die französischen hugenottischen Flüchtlinge, Calvinisten wie der Kurfürst selbst, eingeladen, sich in Brandenburg niederzulassen. Diese Einladung des Kurfürsten wurde gegen den zum Teil heftigen Widerstand der lutherischen Geistlichkeit ausgesprochen.

Das war die Situation, in die Pufendorf seinen Traktat über die Toleranz zwischen Lutheranern und Calvinisten schrieb. *De habitu religionis Christianae ad vitam civilem* wurde 1687 in Bremen gedruckt. Wenn man bedenkt, dass die Stadt damals noch schwedisch und Esaias Pufendorf, Samuels Bruder, von 1680 bis 1688 Kanzler in Bremen und Verden war,[26] ist der Druckort weniger überraschend.

Die Fragen des Staatskirchenrechts und der Toleranz den Calvinisten gegenüber, aber auch die strikte Ablehnung des Katholizismus haben Pufendorf nach seinem Wechsel nach Berlin weiter beschäftigt. Die Dissertation *De Monarchia Pontifici Romani* (Von der Monarchie des römischen Pontifex)[27] behandelte noch einmal eingehend das polemische Verhältnis zum Katholizismus, und der nachgelassene Traktat *Ius feciale Divinum sive de consensu et dissensu Protestantium* (Das göttliche Bundesrecht. Über Konsens und Dissens zwischen Protestanten, Lübeck 1695) versuchte, das Verhältnis von Calvinisten und Lutheranern auch dogmatisch neu zu bestimmen, freilich mit deutlich lutherischem Schwerpunkt.[28] Vor allem aber vollendete Pufendorf die *Geschichte des Großen Kurfürsten* (Berlin 1695), seine vielleicht bedeutendste historische Arbeit. Seine Tage in Berlin waren allerdings gezählt. Auf seiner letzten Reise nach Stockholm, wohin ihn der schwedische König Karl XI. noch einmal zitiert hatte, erlitt der brandenburgische Hofrat im Sommer 1694 einen Schlaganfall. Sechs Wochen später kehrte er nach Berlin zurück, ohne aber wirklich gesund zu sein. Infolge starker Durchblutungsstörungen bekam er Wundbrand am Fuß, zunächst mussten die Zehen abgenommen werden, schließlich wurde der Unterschenkel amputiert, aber auch der Leibarzt des großen Kurfürsten hat den Tod des berühmten und einflussreichen Gelehrten nicht aufhalten können. Samuel Pufendorf ist, schrieb seine Witwe, „recht wie ein Märtyrer gestorben, hat sehr viel ausgestanden bei der gefährlichen Krankheit, aber alles mit Heldenmut“, und sie klagt: „Wollte Gott, daß wir den liebredenden seligen Mann noch eine Zeitlang hätten können behalten ... er hat noch so viel Gutes im Sinn gehabt zu arbeiten, daß er der Welt wäre dienlich gewesen.“ 62jährig nahm er am 26. Oktober 1694 „ein überaus christliches und

[26] Esaias Pufendorf verließ 1688 seinen Posten in Bremen und Verden und wechselte ohne schwedische Erlaubnis in dänische Dienste. Das war Hochverrat, denn Dänemark und Schweden waren verfeindet. Die Dänen schickten ihn 1689 als Gesandten zum Reichstag nach Regensburg, wo er am 5. September starb. Postum wurde er vom schwedischen Reichsgericht in Stockholm zum Tode verurteilt.

[27] Siehe Anm. 1.

[28] Band 9 dieser Ausgabe, hrsg. von Detlef Döring, 2004.

seliges Ende."[29] Philipp Jacob Spener, damals Probst an Sankt Nicolai in Berlin, hielt die Grabrede. In der Nicolaikirche findet sich noch heute Pufendorfs Grab.

4. Das Verhältnis der christlichen Religion zum bürgerlichen Leben. Pufendorfs Hauptargumente des Staatskirchenrechts

Pufendorfs Schrift ist einmal auf dem Hintergrund der Diskussion um das Staatskirchenrecht seit dem Mittelalter zu lesen. Der Traktat ist darüber hinaus gegen die Religionspolitik des französischen Königs gerichtet, der das Edikt von Nantes aufgehoben und die Hugenotten zur Auswanderung gezwungen hatte. Zugleich unterstützt Pufendorf mit diesem Text die Politik des preußischen „Großen" Kurfürsten Friedrich Wilhelm, dessen Hofhistoriograph er werden will.

a. Frankreich als kirchenrechtlicher Problemfall

Das französische Königreich erfüllte, was den politischen Souveränitätsmaßstab Pufendorfs anbelangt, die Vereinheitlichungskriterien der modernen Staatlichkeit; ja, es war geradezu ihr Muster. Allerdings war der Katholizismus Staatsreligion, und für Pufendorf war der Katholizismus wegen seiner Internationalität und wegen der Ansprüche des Papstes auf eine politische Potestas indirecta mit dem Prinzip der Staatssouveränität unvereinbar. Weil Pufendorf an der Toleranz der Konfessionen aus politischen Gründen interessiert ist, argumentiert er, dass Religionsvielfalt, sofern die Grundlagen der natürlichen Religion akzeptiert werden, für den souveränen Staat dann tragbar ist, wenn sie als private Religion ausgeübt wird. Allerdings war in Frankreich die katholische Staatsreligion ein öffentlicher Kult. Der Katholizismus konnte nicht auf einen privaten familiaren Rahmen zurückgeschraubt werden und war international geblieben, obwohl es die „gallikanischen Freiheiten" gab, die besagten, „quod concilium nationale sit supra papam". Der König hatte im Streit um Port Royal, wo die Hauptvertreter Antoine Arnauld und Blaise Pascal individuelle Gewissenshoheit über den Kirchen- und Staatsgehorsam beansprucht hatten,[30] die Autorität des Papstes unterstützt und klargestellt, dass die gallikanischen Freiheiten, die der König beanspruchte, und die Orientierung an römischen dogmatischen Grundsatzentscheidungen sich keineswegs ausschließen mussten.

Pufendorfs polemische Argumentation gegen den französischen König war deshalb doppeldeutig; einerseits unterstützte er den politischen Souveränitätsanspruch, andererseits war ihm dieser mit dem römischen Katholizismus unvereinbar. Aber in Bezug auf seinen kommenden Dienstherren, den Großen Kurfürsten, waren seine Argumente passend; hier handelte es sich um einen Souverän, der als Calvinist über ein Land herrschte, dessen Religion lutherisch war, und Pufendorf konnte die staatskirchenrechtlichen Auffassungen auf einen konkreten Fall anwenden. Dass er damit gleichzeitig dem kurfürstlichen Souverän eine politisch-theologische Rechtfertigungsschrift schrieb und mithin an seiner eigenen Karriere als brandenburgischer Geschichtsschreiber arbeitete, macht den vorliegenden Traktat nur interessanter.

[29] Vgl. Detlef Döring: *Das Lebensende Samuel von Pufendorfs*. Forschungen zur Brandenburgischen und Preußischen Geschichte, Neue Folge 4 (1994), S. 195–219.
[30] Siehe Wilhelm Schmidt-Biggemann: *Blaise Pascal*. München: Beck 1999.

In Übereinstimmung mit seiner Theorie natürlicher Rechte und Pflichten spricht Pufendorf jedermann das Recht auf freien Gottesdienst zu, sofern er christlich ist. Er macht keinen Unterschied zwischen den Konfessionen und akzeptiert jede Denomination, sofern sie auf der Bibel beruht. Verglichen mit den ethischen Grundlagen von *De iure naturae et gentium* und *De officio hominis et civis* engt dieses Konzept den Legitimitätsrahmen der Kultfreiheit von der Natürlichen Religion auf die christliche (und partiell die jüdische) Religion ein. Es wird bis zu Lessings Fassung der Toleranz im *Nathan* (1779) dauern, ehe die drei großen monotheistischen Religionen Judentum, Christentum und Islam sämtlich als tolerabel gelten. Für Pufendorf haben religiöse Gruppierungen das Recht, sich selbst zu organisieren und ihre eigene religiöse Lehre zu definieren und zu tradieren. Das sind überhaupt die beiden wesentlichen Momente, die jede Religion für sich in Anspruch nehmen muss, wenn sie überleben will: ihren Kultus zu organisieren und ihre Lehre zu übermitteln.

b. Grenzen der politischen Gewalt

Alle Kirchen – das gilt von der größten bis zur kleinsten – sind für Pufendorf als privatrechtliche Vereinigungen der staatlichen Souveränität untergeordnet. In den staatlichen Gesetzen liegen demnach die Grenzen der Toleranz. Pufendorf zufolge ist das politische Gesetz definiert und eingeschränkt auf die legale Machtausübung zum Zwecke des staatlichen Guten. Er geht davon aus, dass religiöse Uniformität für einen Staat nicht wesentlich sei und der Staat deshalb kein Recht habe, in den inneren Bereich der Religionen und insbesondere ihren dogmatischen Bestand hineinzuregieren. Gleichwohl tendiert Pufendorf aus politischen und religiösen Gründen zur Staatsreligion. Die für das *Jus circa sacra* essentielle Frage nach dem politischen Widerstand aus religiösen Motiven wird mit dem traditionellen Argument der Ausweisung von politisch-religiös ungehorsamen Dissidenten gelöst. Christliche Denominationen, die dem Staat gegenüber gehorsam sind und im Zweifelsfall ihre Religion privat ausüben, toleriert der Staat; das entspricht dem Souveränitätskonzept von Pufendorfs *Natur- und Völkerrecht.*

c. Die Frage des Katholizismus

Die katholische Kirche passt nicht in Pufendorfs Toleranzmuster. Ihre Eigenart, die sie für das neuzeitliche Muster der Staatssouveränität unverträglich macht, besteht darin, dass sie keine Kirche innerhalb der staatlichen Legitimitätsgrenzen ist, sondern darüber hinausreicht. Ihr spirituelles Haupt, der Papst, untersteht keinem staatlichen Souverän, er beansprucht vielmehr eine eigene, geistliche Autorität oberhalb der Grenzen moderner Staatlichkeit. Er nimmt für sich das Recht in Anspruch, einen Fürsten, der häretisch ist, in den Kirchenbann zu setzen, und das hat zur Folge, dass die Untertanen nicht länger gehalten sind, ihrer weltlichen Obrigkeit in Religionsfragen zu folgen. Damit schwächt der Papst die staatliche Autorität, und das ist für einen souveränen Staat nicht hinnehmbar. Dieses Problem kann Pufendorf nicht lösen.

d. Geistliche Herrschaft

Die Frage der geistlichen Herrschaft betrifft drei Hauptbereiche: die geistlichen Territorialherrschaften, die Orden und das protestantische „Landesherrliche Kirchenregiment“. Die Herrschaft der katholischen Bischöfe und Prälaten, die geistliche und weltliche Oberhäupter ihrer Gebiete waren, war ein Bestandteil der Reichsverfassung. Mit Pufendorfs strikter Trennung von geistlicher und weltlicher Macht verloren die geistlichen Herrschaften ihre juristische Legitimität. Das galt besonders deshalb, weil die katholischen Bischöfe von Amts wegen eine besondere Beziehung zum Papst als ihrem geistlichen Souverän hatten. Sie waren weder wirkliche Souveräne ihrer Territorien, noch waren sie wirkliche Untertanen; und das galt in doppeltem Sinne: einmal in Bezug auf den Papst, zum andern in Bezug auf den Kaiser.

Pufendorfs Toleranzkonzept privatisierte die Religion, aber akzeptierte die protestantische Kirchenorganisation. Für Institutionen, die diesem Konzept nicht entsprachen, etwa die religiösen Orden, blieb deshalb in Pufendorfs Staatskonzept kein Platz; Orden waren für ihn politisch und religiös entbehrlich. Diese Bewertung der Orden als religiöse und politiktheoretische Quantité négligeable war ein wesentliches Moment für den staatlich geförderten Niedergang der Orden im 18. Jahrhundert, der in der Verstaatlichung des Ordensbesitzes im Reichsdeputationshauptschluss von 1803 gipfelte.

Das „Landesherrliche Kirchenregiment" der protestantischen Fürsten imitierte auf gewisse Weise die Herrschaft der geistlichen Fürsten. Wie die geistlichen Fürsten die weltliche Herrschaft innehatten, so beanspruchten die weltlichen protestantischen Fürsten die geistliche Herrschaft über ihre Untertanen. Pufendorf wendet sich deshalb auch gegen das Episkopat der protestantischen Fürsten. Sein Argument: Die Mischung von geistlicher und weltlicher Gewalt zerstört die Existenzbedingungen des modernen Staates. Für Pufendorf gilt, was seit ihm für den modernen Staat selbstverständlich ist: Der Staat muss unabhängig von religiösen Bekenntnissen sein, damit er als weltlicher Souverän über ihnen stehen kann. Nur dann kann er die religiösen Gemeinschaften unterstützen, die dann ihrerseits die internen Strukturen des Staates stabilisieren. Obwohl dieses Konzept der Toleranz, wie die folgende Inhaltsübersicht zeigt, durchaus auf den Protestantismus eingeschränkt war, hat es doch die religionsphilosophische Diskussion der europäischen Aufklärung kategorial geprägt.

5. Die Argumente im Einzelnen, mit kurzen eingeschobenen Kommentaren

Es ist sinnvoll, Pufendorf und Thomasius in dieser Einleitung gemeinsam zu behandeln. Thomasius hat vielfältig auf Pufendorf aufgebaut, und der Schwung der Frühaufklärung kommt bei Thomasius wesentlich daher, dass er Pufendorfs Gedanken radikalisiert und gegen die lutherische Orthodoxie in Stellung gebracht hat. Thomasius hat Pufendorfs Schrift ins Deutsche übersetzt und kommentiert. Die Übersetzung ist in der vorliegenden Ausgabe mit abgedruckt, die Kommentare sind mitberücksichtigt[31]. Thomasius ist der wichtigste Autor für die Rezeptionsgeschichte von *De habitu religionis ad vitam civilem*. Er übernimmt die antikatholische Polemik Pufendorfs, lenkt sie auf die lutherische Orthodoxie um und lässt, anders als Pufendorf, auch Sozinianer und Juden explizit als Bürger seines Staates zu.

[31] Meine (W. S.-B.) Kommentare stehen jeweils im Anschluss an die Zusammenfassungen der einzelnen Paragraphen in einem eigenen Absatz nach einem Gedankenstrich. Thomasius' Kommentare zu den einzelnen Paragraphen werden, soweit sie eine besondere Perspektive eröffnen, in den Fußnoten angeführt.

Widmung an den Großen Kurfürsten.

Die Widmung von *De habitu religionis ad vitam civilem* an den Großen Kurfürsten Friedrich Wilhelm von Brandenburg, die auf den 3. September 1686 in Stockholm datiert ist, hat vor allem das Ziel, Friedrich Wilhelms Religionsauffassung, wie sie im „Toleranzedikt" von 1685 zum Ausdruck kam, zu stützen. Das bedeutet, dass die Religionspolitik Ludwigs XIV. als Unterdrückung der evangelischen Freiheit denunziert wird, dass aber zugleich auch eine evangelische Staatsreligion, wie sie die lutherische Orthodoxie verlangte, zurückgewiesen wird. Das war ohnehin für Brandenburg keine Option, weil die Kurfürsten seit 1614 calvinistisch waren. Gleichermaßen inakzeptabel war für Pufendorf auch, dass der Fürst die Religion seiner Untertanen aus souveräner Machtvollkommenheit bestimmte; das Beispiel Frankreichs zeigte, dass hier Staatssouveränität und Religionsdiktat zusammenfielen. Es geht ihm, wie er betont, darum, dass Staat und Religion so harmonieren, dass keinem von beiden ein Schaden entsteht.

Pufendorf will also die Grundlagen des Staatskirchenrechts (ius circa sacra) darstellen, wie sie bei den protestantischen Fürsten Anwendung finden sollen. Zu diesem Zwecke erläutere er, wie er schreibt, die unterschiedlichen Zwecke von Staat und Kirche und ihre Konkurrenz untereinander. Dabei spiele die christliche Obrigkeit eine Schlüsselrolle. Weder seien das Eifern (zelus) der Theologen noch die Herrschsucht (arrogantia) der Fürsten politisch vernünftige Haltungen, sondern es gebe einen Unterschied zwischen dem Fürsten, der äußerlich zwingen könne, und dem Hirten, der seine Lehre an das Gewissen (conscientia) der ihm anvertrauten Herde richte. Um eine solche Ausgewogenheit von Religions- und Staatsansprüchen gehe es in seinem Buch – und selbstverständlich schreibt Pufendorf seinem zukünftigen Herrn, dem er sich mit diesem Buch empfiehlt, eine solche fromme Staatsweisheit zu.

Die ursprüngliche Familienbindung der Religion (§§ 1–5)

§ 1. Die Religion stammt aus Vernunft und Offenbarung. Der Inhalt der Offenbarung bezieht sich auf einen Kult, der über die Vernunft hinausgeht. Gegenstand des vorliegenden Traktates ist vernünftige und kultische Religion in Bezug auf die Societas civilis.

– Dies Argument entspricht durchaus den Grundsätzen von *De iure naturae et gentium.*

§ 2. Die Religion ist als Cura animae (Seelsorge) Teil der naturrechtlich gegebenen Selbstsorge, die in Cura animae und Cura corporis besteht. Sie kann nicht delegiert werden, sondern muss von jedem Einzelnen ausgeübt werden.

– Hier wird der entscheidende Schritt zur Individualisierung der Religion vollzogen, auch hier in Übereinstimmung mit *JNG* und *De officio.*

§ 3. Jeder übt den Gottesdienst einzeln aus, Gottesdienst ist keine Gemeinschaftsangelegenheit. Die rechte Religion, die mit den Grundsätzen der Natürlichen Religion übereinstimmt, kann als Verbindung des Einzelnen mit Gott nicht erzwungen, sondern nur freiwillig angenommen werden.

– Damit wird die Religion individualisiert, was ihr Innerlichkeit und Konversionsresistenz bei äußerlichem Zwang verleiht. Allerdings rechnet Pufendorf mit der Möglichkeit, jemanden „idoneis rationibus" (mit geeigneten Mitteln), denen die Gnade Gottes beispringen müsse, zu konvertieren. Welche „idoneae rationes" das sind, wird nicht näher erläutert, aber es ist evident, dass Pufendorf sich hier auf die Zwangskonversion in Frankreich bezieht.

§ 4. Religion ist an die Familie gebunden; sie selbst ist Erkenntnis und Verehrung Gottes, ihre Vermittlung Aufgabe des Hausvaters. Dieser ist der erste Priester; „das Priesteramt ist ursprünglich mit der Stellung des Vaters und Hausvaters verbunden". Pufendorf bezieht sich hier vor allem auf die Patriarchen im Alten Testament.

– Das entspricht *De iure naturae et gentium*, wo die Hausväter die Subjekte des Gesellschaftsvertrages sind. Die Familie ist für Pufendorf die naturrechtliche Keimzelle, die alle Legitimität grundlegt.
§ 5. Religion ist älter als Städte und Staaten. Die Hausväter haben die Religion ursprünglich praktiziert, deshalb sind sie „der staatlichen Herrschaft nicht untergeordnet". Religion ist folglich kein Herrschaftsinstrument. Aber sie ist das Band, das die bürgerliche Gesellschaft (societas civilis) zusammenhält.

Die Politik stützt sich zunächst auf die natürliche Religion. (§§ 6–8)

§ 6. Der Gesellschaftsvertrag zwischen den Hausvätern betrifft nicht die Religion, weil die Staaten nicht um der Religion willen begründet wurden. Zweck der Religion ist die Verehrung Gottes und die Bildung und Stärkung des Vertrauens in ihn, sie ist ursprünglicher und höher als Politik und Imperium civile. Dass man „Gott eher gehorchen muss als den Menschen" (Apg 5, 29), bedeutet, dass die individuelle Religion vom Staat nicht in Frage gestellt werden darf. Die Unterdrückung der Individualreligion ist ein Definitionsmoment von Tyrannei.
– Ob die religiöse Überzeugung politischen Widerstand rechtfertigt, wird nicht diskutiert.
§ 7. Die Aufgaben des Fürsten in geistlichen Angelegenheiten betreffen nur die Garantie der Natürlichen Religion. Staatspflicht ist der Glaube an Gottes Existenz, das Verbot der Gotteslästerung, die Ermöglichung des *positiven* Gottesdienstes, aber offensichtlich nur privat-hausväterlich. Die Pflichten der Natürlichen Religion können freilich nur in Bezug auf äußerliche Akte überprüft werden. Actus interni a poena humana sunt immunes. Da Religion innerlich ist, sind die äußeren kultischen Formen politisch gleichgültig, sofern sie staatsverträglich sind.[32]
§ 8. Die Offenbarungsreligion geht, insofern sie die Erbsünde und Christi Erlösungsopfer lehrt, über die Natürliche Religion hinaus. Die Tieropfer, die von den Hausvätern, etwa von Abraham, dargebracht wurden, sind nur als typologische Vorbilder des Opfers Christi akzeptabel.

Judentum und Christentum im Vergleich. Der jüdische Staat des Alten Testaments ist kein Muster moderner Staatlichkeit. (§§ 9–17) Judentum als Religion des Bundes eines Volkes mit Gott. (§§ 9–11)

§ 9. Hauptmerkmale der jüdischen Religion sind die Verheißung des Messias, die Beschneidung als Bundeszeichen Gottes und das Priesteramt der Leviten. So wird eine öffentliche (Staats-) Religion eingeführt, die von den Priestern verwaltet wird. Die Juden sind als Volk unlösbar mit ihrer Religion verbunden; sie nennen sich deshalb Volk Gottes und heiliges Volk.
– Damit ist das Judentum nicht Muster moderner Staatlichkeit, denn Pufendorf lehnt die unlösbare Verbindung von Volk und Offenbarung ab. Sein Staat basiert allein auf der Natürlichen Religion.[33]
§ 10. Gott offenbarte und stabilisierte die Religion der Juden durch seinen Bund. Sie darf nicht geändert werden. Die öffentliche Macht garantiert den Bund mit Gott; David bietet das Hauptbeispiel. Die jüdische Religion stabilisiert den Staat. Ihr zentraler Ort ist der Tempel.

[32] Thomasius lässt im Anschluss an Bayle (*Pensées sur la comète*, siehe oben Anm. 23) auch Atheisten im Staat zu, bleibt in dieser Frage aber schwankend.
[33] Thomasius liefert in seinem Kommentar zu diesem Paragraphen eine lange Darstellung seiner Sicht des Judentums. Siehe unten den Abschnitt „Judentum und Neues Testament" (S. XLVII).

§ 11. Das Christentum ist, im Unterschied zum Judentum, international. Der christliche Kultus ist nicht an einem Tempel zentriert, es gibt keine Opfer. Es gibt auch keinen besonderen Priesterstamm, sondern ein allgemeines Priestertum, mit einer gewissen Privilegierung des Hausvaters.

– Dieser Passus ist explizit gegen die katholische Lehre vom geistlichen Stand formuliert. Allerdings sind für Pufendorf auch im Luthertum die Frauen vom Priesteramt ausgeschlossen.

Da die christliche Religion, anders als die jüdische, erst eingeführt wurde, als es schon Staaten gab, ist der Staat als Institution älter als das Christentum und folglich unabhängig von ihm. Pufendorf definiert hier den Staat als „Verbindung mehrerer Menschen so, dass sie von einer durch Menschen ausgeübten Befehlsgewalt zusammengehalten wird, die dieser Verbindung eigentümlich ist und von nichts und niemand anderem abhängt".

Moses und Christus im Vergleich (§§ 12–17)

§ 12. Das mosaische Gesetz ist ein Pakt (foedus), den Gott mit seinem Volk zum Zwecke der Landnahme Kanaans und zur Gründung eines Staates, der mit weltlichen und geistlichen Gesetzen verfasst ist, geschlossen hat. Moses ist Fürst und Führer.

§ 13. Das Christentum ist dagegen eine Liebesreligion. Christus wollte keinen Staat begründen, er verzeiht seinen Feinden. Liebesgebote passen nicht für Fürsten („omnia a Persona Principis abhorrent").

§ 14. Jesus lehrte, aber die Zuhörer gingen wieder nach Hause – ausgenommen die engeren Gefolgsleute, die Apostel und eine Frauengruppe, die sich im Reich Gottes Ministerposten erhofften. Christi Reich ist kein Staat und nicht von dieser Welt, weshalb die Christen politisch in verschiedenen Nationen und Staaten organisiert sind.

§ 15. Alle Staatlichkeit ist territorial verfasst. Das gilt auch für Moses, der auf Landnahme aus war. Dagegen war Jesus ein Untertan auf dem Grund und Boden einer politischen Herrschaft, was die politische Neutralität des Urchristentums zeigt.

§ 16. Christus wollte kein Fürst sein und übergab sich selbst als Opfer dem Tod. Ein Fürst wie David ist nicht Opfer, sondern ein Kriegsheld, der Tausende von Soldaten aufwiegt. Ein Selbstopfer des Königs rettet den Staat nicht, aber Christi Kreuzesopfer rettete die Menschheit.

§ 17. Jesus war Lehrer und Erlöser. Er war kein Rhetoriker, übte keinen intellektuellen Zwang aus und lässt den Menschen die freie Wahl, seine Religion anzunehmen. Sein Reich ist nicht von dieser Welt; es ist ein Reich der Wahrheit, nicht des Zwanges. „Die Wahrheit ist von solcher Art, dass sie sich in den menschlichen Geist mit einer innerlichen Kraft ergießt" (nam veritatis indoles est, ut intrinseca vi animis hominis influat).

Die politische Theologie des Neuen Testaments (§§ 18–21)

§ 18. Die Apostel sind im Reich der Wahrheit als Diener und Prediger ernannt worden und vom Heiligen Geist begnadet. Ihre Ämter sind Sermo (Predigt) und Doctrina (Lehre).

§ 19. Die Apostel sind von Gott berufen, Beleg dafür ist ihre Wundertätigkeit. Sie lehren in eigener Vollkommenheit und ohne politische Erlaubnis. Hier gilt das Petruswort der Apostelgeschichte. Wer Gott mehr gehorche als den Menschen, begehe kein Majestätsverbrechen.

– Eine Begründung für diese Einschätzung, die Pufendorf nicht gibt, könnte lauten, dass Politik auf der Natürlichen Religion beruht und sie nicht aufheben kann noch darf. Souveränität bleibt insofern immer begrenzt, als Religionen, die sich in den Schranken der Natürlichen Religion halten, politisch akzeptiert werden müssen. Obrigkeiten, die sich ihnen widersetzten, negierten die göttliche Majestät. Freilich bleibt das ein theologisches Postulat, denn: Quis iudicabit?[34]

§ 20. Die Apostel sind im Besitz der Vollmacht, das Evangelium auch gegen den Willen der Obrigkeit zu predigen. Hier ist der Ort für das Missionsargument (Luk 14, 23: Compelle eos intrare, „Nötige sie einzutreten").[35] Wer das Evangelium nicht annimmt, wird verdammt.

– Das ist ein Argument, das christlich-parteiisch ist, aber Pufendorf ist natürlich überzeugter evangelischer Christ.

§ 21. Die Priester haben, weil die Religion innerlich ist und das Priestertum allgemein, kein Recht, Kultformen vorzuschreiben. Christus wollte nicht, dass seine Lehre allein von Priestern vorgetragen werde.

– Dieses Argument setzt ein allgemeines Apostolat voraus. Kann es auch aus der Apostelgeschichte abgeleitet werden?

Vor allem darf kein ausländischer Priester (gemeint ist der Papst) einem Staat den Gottesdienst untersagen.

– Diese These bezieht sich auf die Frage des Kirchenbannes und der Potestas indirecta des Papstes, also die Lehre, dass der Papst durch Mahnungen und durch Kirchenstrafen, vor allem durch den Kirchenbann, in die jeweilige Landespolitik einzugreifen berechtigt ist.[36]

Beichte und Sünde (§§ 22–25)

§ 22. Die Schlüsselgewalt des Papstes nach Matth. 15, 19 und Joh. 20, 23, mit der die Apostel Sünden im Himmel und auf der Erde vergeben können, ist metaphorisch zu verstehen; sie ist keine Potestas, sondern ein Ministerium, und begründet keine Rechtsordnung für die Beichte und auch kein Kirchenrecht zugunsten der Priester.

§ 23. Sündenvergebung setzt voraus, dass Gott um Vergebung gebeten und für die Sünde Genugtuung geleistet wird; Gott vergibt allen, die diese Voraussetzungen erfüllen. Wenn man – wie in der katholischen Sakramentalpraxis – ohne Unterschied nach Belieben Sünden vergibt, schädigt man die Gesetze.

– Pufendorf vertritt hier keine lutherisch-augustinische Rechtfertigungslehre, sondern gibt juridische Strafrechtsargumente.

§ 24. Genugtuung ist vor jeder Beichte nötig, denn niemand darf den Vorteil der Sünde behalten können und die Sünde vergeben bekommen. Sündenvergebung gilt nur geistlich, sie hat keine weltliche Bedeutung.

– Das ist eine Konsequenz der strengen Trennung, die Pufendorf zwischen innerlicher, moralischer Willensbestimmung und äußeren legalen Handlungen vornimmt.

§ 25. Für Buße und Sündenvergebung gilt, dass die endgültige Beurteilung der Handlungen beim jüngsten Gericht erfolgt, wo die Spreu vom Weizen getrennt wird. Gott behält für Verzeihen und Strafen immer die Prärogative. Der Bindeschlüssel ist kein Herrschaftsinstrument für Priester (siehe oben § 22).

[34] Dazu gibt Thomasius einen langen und kritischen Kommentar, der vor allem gegen die lutherische Orthodoxie gerichtet ist. Siehe unten „Die Rechtsstruktur der Kirche" (S. XLVIII).

[35] Dazu Thomasius: „ein recht absurd Argument" (*Kirchenrechts-Gelahrtheit* [wie Druckvorlage], S. 159). Siehe unten „Häresie, Hexerei, Folter" (S. XLVI).

[36] Vgl. Thomasius im Kommentar S. 164 und unten den Abschnitt „Christentum" (S. XLVII f.).

– Hier argumentiert Pufendorf nach der paulinisch-lutherischen Rechtfertigungslehre: Allein der Glaube vergibt. Ein katholisch formalisiertes Sakramentenverständnis, das durch den Vollzug (opus operatum) wirksam wird, liegt ihm fern.

Gegen die Weltlichkeit der Kirche. Antirömische Argumente aus dem mittelalterlichen Armutsstreit (§§ 26–30)

§ 26. Der römische Anspruch auf den Primat Petri ist biblisch nicht zu begründen. Tatsächlich hat Johannes die Bedeutung Christi vor Petrus wahrgenommen, als er bekannte: Jesus von Nazareth ist der Messias, der Sohn des lebendigen Gottes. (Joh. 20, 31; 1 Joh. 2, 22; 4, 2; 5, 20)

§ 27. Die Kirche hat keine weltliche Gewalt; der Kirchenbann, den schon die Apostel verhängt haben, ist kein weltliches Rechtsinstrument. Die weltliche Macht kommt allein dem Staat zu. Dieser setzt das Naturrecht durch, das für Christen wie Heiden gilt, und sorgt z. B. für die Bestrafung von Blutschande.

– Die Frage, ob der Kirchenbann ein geistliches Zwangsinstrument ist, wird nicht gestellt. Was bedeutet es, wenn die Kirche Zwang ausübt? Ist ihre Autorität in diesem Fall allein geistlich?

§ 28. Christi Lehre hat keine Staatsstruktur angestrebt. Es wurde keine Steuer erhoben und es gab keine Geldeintreiber, die Zwang ausübten. Kultische Dienste waren gratis, und die Prediger hatten kein Vermögen. Der Grund für Missstände (abusus) und Aberglaube (superstitio) der römischen Kurie sei Geldgier. Die Apostel hätten nirgendwo Bericht erstattet, Rat oder Befehle eingeholt. Almosen seien freiwillig gegeben worden. Die frühe Kirche habe keinen Landbesitz gehabt.

– Pufendorf vertritt hier insgesamt eine Franziskaner-Ekklesiologie.

§ 29. Die Vereinigung der Gläubigen ist zwar ein Reich, aber keines von dieser Welt. Im Reich der Wahrheit herrscht keine Gewalt, es wird vielmehr durch Überzeugung, Buße und Frömmigkeit zusammengehalten. Das Reich Christi besteht aus Kindern („Wenn ihr nicht werdet wie die Kinder, könnt ihr in das Himmelreich nicht eingehen." Matth. 21, 15; Mark. 10, 14). Das geistliche Reich unterliegt nicht den politischen Gerechtigkeitsmaßstäben, denn hier wird für ungleiche Arbeit gleicher Lohn gezahlt (Matth. 21). Das Reich ist rein innerlich, äußerliche Anzeichen für das Reich Christi gibt es nicht.

– Pufendorf hat, wie sich zeigt, keinerlei Kultverständnis, obwohl die feierliche Gestaltung des Gottesdienstes ad maiorem Dei Gloriam auch im Protestantismus vor allem mit Musik verbunden ist.

§ 30. Was ist die Kirche positiv? Das griechische Wort Ekklesia kommt von „Zusammenrufen", als Status ist die Kirche nicht biblisch. Aber Pufendorf lässt, sozusagen als Minimum von Tradition, geistliche Gelehrsamkeit zu: „Est igitur actio Ecclesiae constituere Doctores". Die Lehre sei also nicht Aufgabe des Staates, sondern der Kirche. Für die positive Konstitution der Kirche wird das „Apostelkonzil" (Apg. 15, 28) mit der entscheidenden Phrase „der Heilige Geist und wir haben festgelegt" (visum est spiritui sancto et nobis) zitiert; dort seien Männer bestimmt worden, die die Gemeindekasse verwaltet hätten. Die Lehrorthodoxie sei (nach 1 Kor. 7, 17) durch Gemeindekonsens zu bestimmen. Aufgaben der Kirchen seien (nach 1 Tim. 6, 1, 2) die Verwaltung der Lehre und der Sakramente, die Propagatio evangelii (nach Ephes. 4, 11) und vor allem Caritas („herrlicher als alle Gaben ist die Liebe, die bei keinem Christen fehlen darf", quin ut omnibus donis sit praestantior caritas, quae in quemvis Christianum cadere debet). Die Sozialbindung der Kirche hat für Pufendorf einen hohen Wert, und sie braucht Rectores (Bischöfe), damit diese Aufgabe erfüllt werden kann.

Verfassungslehre von Kirche und Staat (§§ 31–36)

§ 31. Die erste Kirche konnte kein Staat sein, denn Staatszweck ist Securitas, zu diesem Zweck haben sich die Familienväter zusammengeschlossen. Eine Coniunctio fidelium ist kein Staat, und die Kirche ist auch nicht durch einen Gesellschaftsvertrag konstituiert. Deshalb kann auch eine Gruppe von der Kirche abfallen und dennoch gläubig bleiben; in einem Staat ist das unmöglich. Die Lehre Christi ist nicht an Staatsgrenzen gebunden, denn Christus und die Apostel haben ihre Anhänger unter verschiedenen Herrschaften belassen. Die Kirche ist deshalb kein Flächenstaat, während ein Staat ein einheitlich beherrschtes Territorium benötigt.[37]

– Diese Bestimmungen haben einige wichtige politische und kirchliche Implikationen: Ein Schisma oder eine Ketzerei ist nicht Ursache von Bürgerkrieg. Eine solche These rechtfertigt die Reformation; aber auch spätere Denominationen wie Wiedertäufer und Antitrinitarier?[38]

– Das Argument, die Kirche sei kein Flächenstaat, ist gegen den Kirchenstaat gerichtet. Die Kirche darf auch bei den Protestanten kein Staat im Staat sein, das schwächt die Souveränität, die für Pufendorf ungeteilt und allein politisch ist.

§ 32. Die Verfassung eines Staates und die Verfassung der Kirchengemeinde im Vergleich. Der Staat ist durch den Gesellschaftsvertrag konstituiert: „Für den ersten Ursprung der Staaten gilt, dass Menschen, als sie bemerkten, wie beschwerlich und gefährlich das Leben in Vereinzelung ist, miteinander die Verbindung in einer Gesellschaft vereinbarten, um so für ihre Sicherheit zu sorgen." (Circa primum statum sive civitatum originem constat, homines animadversis vitae segregis incommodis atque periculis, quaerendae securitatis causa inter se convenisse super sua in unam societatem coniunctione). Dagegen ist die Religion nicht auf einem solchen Vertrag gegründet, sondern auf Offenbarung; ihr Ziel ist das Heil jedes Einzelnen. Religion ist Individualsache, deshalb gibt es in der Kirche keine festgelegte Verfassung.

– Auch dieses ist ein mittelalterliches Argument aus der franziskanisch-radikalen Tradition. Hier ist es spezifisch gegen Bellarmin gerichtet, der die Kirche als Monarchie beschrieben hatte.[39]

§ 33. Die Kirche lehrt, aber Fürsten sind keine Kirchenlehrer.

– Dieses Argument wendet sich gegen das päpstliche Lehramt, bei dem Lehre und Herrschaft zusammenfallen.

Die Aufgabe der Lehre obliegt in protestantischer Tradition den gelehrten Theologen.[40] Die Lehre soll im Katechismus zusammengefasst werden, der einfach formuliert sein muss und individuell geglaubt sein will, denn der Glaube ist ein individueller Freiheitsakt. Zur apostolischen Lehre gehört der Glaube an Christus, der aus dem Herzen kommt, in der Politik muss man sich dagegen dem Sic volo sic iubeo des Fürsten unterwerfen.

§ 34. Was ist die Kirche? Das Corpus aller Gläubigen in der Welt, die einen Stand ausmachen, der von Christus begründet ist. Sie ist nicht an einen bestimmten Ort gebunden und sie hat keine festgelegte Verfassung (regimen), „ein Leib und ein Geist, wie ihr auch durch eure Berufung zu

[37] Zu vergleichen ist hier Pufendorfs Bestimmung der Kirche in *De iure naturae et gentium* als ein corpus subordinatum sive collegium (VII, ii, § 21); und zwar ursprünglich nur als ein collegium privatum, das erst mit der Legitimierung durch den Souverän zu einem öffentlichen (publicum) Institut wird.

[38] Thomasius gibt in seinem Kommentar den Arianern Bürgerrecht; Wiedertäufern spricht Pufendorf das Recht ab, Staatsreligion zu werden. Siehe S. XXXVI.

[39] Vgl. Schmidt-Biggemann, *Die Politische Philosophie der Jesuiten* [wie Anm. 4].

[40] Thomasius kritisiert dieses Argument und wendet es gegen die lutherische Orthodoxie. Siehe unten „Keine Staatsreligion" (S. XLV f.).

einer Hoffnung berufen seid." (Unum corpus, et unum spiritus, quemadmodum vocati estis in una spe vocationis vestrae. Ephes. 4, 4)

§ 35. Die Kirche ist kein Staat. Jede Gemeinde kann am besten abschätzen, ob ein Lehrer tauglich ist.

– Pufendorf verwendet hier das Argument der Gemeindehoheit, das auch bei den Reformierten benutzt wurde: die Gemeinde ist basale Organisationsform der Kirche.[41]

Bei Lehrstreitigkeiten sei kein allgemeines Tribunal erforderlich.

– Es ist nicht deutlich, wie Pufendorf sich die Praxis dieses Arguments vorstellt, denn eine solche Freiheit der Lehre hat faktisch in den Orthodoxien aller Konfessionen nicht statt.[42]

§ 36. Pufendorf erkennt kein höchstes Richteramt in Bezug auf den Glauben an.

– Dieses Argument zielt vor allem auf den katholischen Anspruch der päpstlichen Unfehlbarkeit.

Es müsse in einem solchen Falle ein Richter existieren, der eine allgemein anerkannte Autorität besitze. Aber diese unfehlbare Autorität komme nur Gott zu. Es gebe biblisch für dieses Amt keinen Hauch einer Spur (nec vola nec vestigium). Vielmehr sei allen Aposteln gleichermaßen der Heilige Geist gegeben worden.

– Diese These hat erhebliche Folgen für die rechte Bibelauslegung.[43]

In der Kirche dürfe deshalb kein Zwang herrschen; das widerspreche dem Wesen (indoles) der Kirche.

– Die Strafwunder der Apostelgeschichte (Apg. 8, 9 -13) werden dabei ausgespart: Simon der Magier stirbt, der jüdische Magier wird zur Strafe blind.

Darüber hinaus konkurriert die Vorstellung eines höchsten Richteramts mit dem Anspruch des politischen Souveräns; es würden zwei „summa imperia" eingeführt. Es dürfe nicht sein, dass einer über das Gewissen und über das Leben zugleich herrsche. Für die Exegese als Grundlage der Dogmatik empfiehlt Pufendorf Kenntnis der Sprachen, gründliches Durchdenken des Systems der göttlichen Lehre und die Kenntnis des Zusammenhangs und der Analogie der Dogmen.

Wenn ein zu großer Bevölkerungsteil eines Landes aus Dissidenten besteht, ist darüber hinaus ein höchstes exegetisches Richteramt sinnlos, weil ohne zureichende Autorität. Darüber hinaus wäre es staatsgefährdend, eine solch große Bevölkerungsgruppe zu exilieren.

– Das Argument, es dürfe kein höchstes geistliches Richteramt geben, ist seit dem Hochmittelalter zwischen Kaiser und Papst strittig. Die Idee, dass Sprachenkenntnis die Bibelexegese eindeutig mache, ist geistliche Philologenideologie. Ohne die Analogia fidei ist eine eindeutige dogmatisch erträgliche Exegese nicht zu haben – und wer setzt die fest?[44] Pufendorf müsste sich darüber hinaus im Klaren sein, dass die dogmatische Perspektive der Analogia fidei zu zirkulären exegetischen Ergebnissen führt.

[41] Vgl. Wilhelm Schmidt-Biggemann: *Souveränität, Toleranz, Widerstand. Skizzen zu politischen Aporien aus dem konfessionellen Zeitalter*. In: Suche nach Frieden. Politische Ethik in der Frühen Neuzeit. Bd. 3, hrsg. von Norbert Brieskorn und Markus Riedenauer. Stuttgart et al.: Kohlhammer 2003, S. 37–54.

[42] Thomasius kommentiert dieses Argument, siehe unten S. XLIX f.: „Eigenständigkeit des Staates".

[43] Siehe Wilhelm Schmidt-Biggemann: *Spiritualistische Exegese im Streit. Brenz, Soto, Schwenckfeld, Flacius*. In: W. S.-B.: Apokalypse und Philologie. Wissensgeschichten und Weltentwürfe der Frühen Neuzeit. Göttingen: V&R unipress 2007, S. 23–51.

[44] Thomasius hat das entsprechend kommentiert, siehe unten „Praktische Rationalität der Religion" (S. XLV).

Die Kirche als selbständige Rechtsinstitution (§§ 37–39)

§ 37. Welche Gebote kann die Kirche geben und aufheben? Hier geht es um die geistliche Begründung eigener kirchlicher Rechte. Dabei spielt die Offenbarung eine Schlüsselrolle, denn die Kirche verwaltet die Offenbarung. Eine Hauptfrage lautet: Ist eine Vision ein theologisches Argument? Biblische Loci classici sind die Aufhebung des Beschneidungsgebots durch Petrus, Paulus und Barnabas auf dem „Apostelkonzil" (Gal. 2, 9; Apg. 15, 1) und die Vision des Petrus in Joppe (Apg. 15), als das Reinheitsgebot suspendiert wird. Die entscheidende Formel lautet: „Der Heilige Geist und wir haben festgelegt" (Apg. 15, 28). Das heißt: Im Lichte des Heiligen Geistes gibt sich die Urkirche selbst ein neues Gesetz, das das mosaische aufhebt. Die Prinzipien des Natürlichen Rechts, das für alle Völker gilt, bleiben in Kraft; auf dieses Recht beziehen sich die Apostel in ihrem Beschluss auf dem Konzil in Jerusalem: Kein Götzendienst, keine Hurerei, kein Essen von Ersticktem und von Blut.

§ 38. Konzilien sind seit dem kirchlichen Altertum Rechtsinstitute der Kirche.

– Die Konziliartheorie ist zugleich ein klassischer mittelalterlicher antipäpstlicher Topos.

Konzilien zeigen, so Pufendorf, gegen den päpstlichen Suprematsanspruch, dass in der Kirche kein unfehlbarer Richter anerkannt wurde. Auch Konzilien geben aber nur Consilia, ohne Imperium, denn die Kirche überhaupt bezieht sich nicht auf ein Imperium.

– Das ist für Lutheraner wichtig, denn Luther selbst hat die Konzilsbeschlüsse nicht akzeptiert; für ihn gilt als Glaubensgrundsatz: Sola fide und sola scriptura. Konzilsbeschlüsse binden das Gewissen nicht.

In Bezug auf die französische Situation (und natürlich gegen die päpstlichen katholischen Suprematsansprüche) führt Pufendorf die konziliaren Suprematsansprüche und die gallikanischen Freiheiten an: „Libertas Ecclesiae Gallicanae". Der Hauptsatz lautet: „Concilium nationale supra Papam". Der kirchliche Konziliarismus entspricht für Pufendorf nach gängiger Verfassungslehre einer Aristokratie. Er favorisiert diese Kirchenverfassung, während er politisch einen aufgeklärten Absolutismus vertritt. Konzilien sind nur für Lehrfragen zuständig. Imperium ist Dignitas, keine theologische Frage.

§ 39. Als Corpus morale hat die Kirche eine eigene Moralintention, die der Staat nicht hat. Kirchenzucht und -organisation dienen der internen Disziplinierung der Kirche; diese erfolgt unabhängig vom Magistrat, denn die Apostel hatten keine politische Erlaubnis, das Evangelium zu predigen. Die Gemeinden organisieren sich im Konsens folglich selbst; Pufendorf geht so weit, das demokratisch zu nennen. Die Amtsträger der Kirche sind Doktoren, Bischöfe und Presbyter (sie sind nicht unbedingt biblisch begründet), darüber hinaus gibt es Beauftragte für karitative Aufgaben und Finanzen.

Kirchenstrafen sind legitim, aber nicht „pro imperio", als Stabilisierung von Herrschaft. Die Kirchenzucht liegt auch im Interesse des Herrschers, weil sie die guten Sitten befördert, die politisch nicht erzwungen werden können (quippe cujus plurimum interest, mores civium esse sanctissimos).

Die Kirche im christlichen Staat (§§ 40–43)

§ 40. Obligationen. Kirche und Staat haben unterschiedliche Zwecke, nämlich Herrschaft und Sicherheit auf der politischen und Seelenheil auf der geistlichen Seite. Aber auch die Fürsten sind moralisch obligiert. Im Neuen Testament wird keinem Fürsten eine kirchliche Sorgepflicht auferlegt. Man muss deshalb davon ausgehen, dass, unbeschadet der christlichen Lehre, die weltlichen natürlichen Pflichten gegen Gott, den Nächsten und sich selbst unabhängig vom Christentum gelten.

§ 41. Civis und Christianus sind zwei getrennte Prädikate im christlichen Staat. Staat und Kirche können trotz verschiedener Zwecke harmonieren, die Kirche muss nicht in einen Staat verwandelt werden. Im christlichen Staat, der das Sumum imperium behält, ist die Kirche ein Collegium, sie wird kein Teil der weltlichen Herrschaft. In der Kirche sind alle gleich, anders verhält es sich im ständisch gegliederten Staat.

§ 42. Auch wenn kein König, Fürst oder Magistrat eo ipso Bischof oder Kirchenlehrer ist, ist Gottes Wort doch für die Landesherren verbindlich.

– Worin diese Verbindlichkeit besteht, bleibt unbestimmt, denn der Landesherr muss ja die Bibel recht, d. h. nach der verbindlichen Analogia fidei verstehen; und in der Frage des rechten Bibelverständnisses ist er von der Geistlichkeit abhängig. Zugleich ist dieser Artikel gegen jede Art von Caesaropapismus gerichtet.

§ 43. Der christliche Fürst hat die Pflicht, das Christentum zu erhalten und mit Rechtsmitteln zu schützen. Staatliche finanzielle Unterstützung für den Gottesdienst ist Teil dieser Pflicht des christlichen Fürsten. Die Kirchen sollen nach Pufendorfs Ansicht vom Staat auch deshalb unterstützt werden, weil ihnen die Schulaufsicht untersteht. Der Staat hat dagegen kein Interesse an großen selbständigen Kircheneinkünften.

– Meint Pufendorf hier die großen Reichsklöster, die den weltlichen Souveränen ohnehin ein Dorn im Auge sind?

Das Recht des Staates gegenüber der Kirche (§§ 44–48)

§ 44. Aus der weltlichen Souveränität folgen Rechte der Fürsten gegenüber den Kirchen. Die Verkündigung des Evangeliums darf das Imperium nicht einschränken; Kirchen müssen sich, nicht anders als andere Kollegien, loyal verhalten. Sie dürfen nicht die Verfassung als solche kritisieren und sind keine unabhängigen Institutionen göttlichen Rechts. Es gibt eine Staatsaufsicht über die Kirchen vor allem beim Eherecht, das klassischerweise ein Kirchenrecht ist, aber auch bei der Censura morum, den ethischen Fragen, die die Kirche als in ihre Kompetenz fallend betrachtet.[45]

§ 45. Die Bestellung und Kontrolle der Kirchenbeamten. Ursprünglich ist die Auswahl der Doctores und Ministri ecclesiae Aufgabe der Gemeinde, aber der Fürst hat ein Einspruchsrecht bei unfähigen und lasterhaften Lehrern und darüber hinaus das Recht, Kircheninspektoren zu ernennen; er hat mithin die Kirchenaufsicht durch Konsistorien. Im Streitfall kann er als Souverän für Ordnung sorgen.

§ 46. Der Fürst hat das Recht, bei theologischen Streitfällen im Rahmen der christlichen Lehre Entscheidungen zu fällen, „soweit es das Wesen der christlichen Lehre gestattet“ (quantum indoles doctrinae Christianae permittit). Wenn es sich um Streitfragen handelt, die mehr als nur ein einzelnes Fürstentum betreffen und ein interterritoriales Konzil verlangen, hat er das Recht, die Delegierten zu bestimmen.

§ 47. Staat und Kirchenzucht. Kirchenzucht war in der alten Kirche wichtig, damit sich die Christen durch frommen, vorbildlichen Lebenswandel von den Heiden unterschieden. Da diese Motivation im christlichen Staat weggefallen ist, muss sich der Staat mit juristischen Mitteln um die Verbesserung der Sitten kümmern. Kirchenzucht ist für Pufendorf kein Mittel zur Verbesserung der Sitten, und Strafe ist eine Angelegenheit des Staates. Deshalb definiert der Souverän, was Kir-

[45] Thomasius vindiziert das Eherecht allein dem Staat. Er hat dazu die Dissertation *De crimine bigamiae* geschrieben (Vom Laster der zwiefachen Ehe. Leipzig: Georg 1685), in der er feststellt, dass die Monogamie – angesichts der Polygamie der biblischen Väter – keineswegs ein biblisches Recht sei. Eine Censura morum sei darüber hinaus nicht möglich (*Kirchenrechts-Gelahrtheit*, S. 313).

chenstrafen und was weltliche Strafen sind, und nur mit seiner Zustimmung kann der Kirchenbann ausgesprochen werden.

§ 48. Der Souverän (dem gemäß der Natürlichen Religion Götzendienst, Blasphemie und die Verletzung des Sabbatgebots untersagt sind) hat das Recht, Kirchenordnungen zu erlassen bzw. zu kontrollieren, wodurch das Kirchenrecht zum Staatsrecht wird. Das ist allerdings nur legitim, soweit die Organisation der Kirche betroffen ist, denn der Souverän hat kein Recht, die positiven Wahrheiten der Offenbarung festzusetzen. Es gibt deshalb für den christlichen Staat auch keine Pflicht zur Bekehrung seiner Bürger zu einer Staatsreligion.

– Dieses Argument geht wieder gegen die Franzosen, ist aber auch für Preußen wichtig: Es gibt nämlich keinen Zwang, die französischen Calvinisten zu Lutheranern zu konvertieren.

Protestantische Staatstoleranz und antirömische Konfessionspolemik (§§ 49–54)

§ 49. Ist der öffentlichen Ruhe und Ordnung wegen eine Staatsreligion für den Souverän zweckmäßig? Immerhin heißt es ja, dass das „Heil der Seele wichtiger als das des Körpers ist" (salus animae corpori praestat). Gegen den eigentlich kaum widerlegbaren Missionsanspruch des Christentums wird das Bibelwort vom Unkraut im Weizenfeld (Matth. 13, 24–41) bemüht: Erst bei der Ernte im jüngsten Gericht werde die Spreu vom Weizen getrennt. Zwangsbekehrung sei also unnötig, die christliche Religion in einem Staat aber gleichwohl wünschenswert. Muslime, die Arianer, Wiedertäufer, Antichristen und Juden hätten kein Recht, eine Staatsreligion zu bilden. Um der Ruhe im Staate willen solle die rechte christliche Lehre von guten Theologen („rerum divinarum peritissimos") geprüft und zur Staatsreligion erklärt werden. Diskussionen um die Staatsreligion sollten untersagt und Kritiker, die keinen Frieden gäben, des Landes verwiesen werden.

– Hier werden nun nachgerade alle Prinzipien des Naturrechts, wie sie in *De iure naturae et gentium* und *De officio hominis et civis* im Bezug auf das Staatskirchenrecht entwickelt worden sind, dem Souveränitätsanspruch des Staates, der an der Ruhe im Staat interessiert ist, geopfert. Toleranz wird strikt der Staatsraison untergeordnet. Abweichende Religionspraktiken sind allenfalls als private Gottesdienste möglich. Warum die anderen Religionen und Denominationen kein Recht haben sollen, eine Staatsreligion durchzusetzen, wird mit der Wahrheit der christlichen Religion begründet, die selbstverständlich die protestantische ist. Vermutlich sind mit den Antichristen die römischen Katholiken gemeint. Thomasius wird diese Argumentation heftig kritisieren.

§ 50. Staatliche Toleranz. Ein Fürst kann guten Gewissens Menschen anderer Konfession in seinem Territorium dulden, wenn sie einen großen Teil der Bevölkerung ausmachen. Wenn er sie vertreibe, mache er sein Land zur Wüste. Allerdings gilt die Gehorsamspflicht gerade auch für diese große Minderheitskonfession. Ihre religiöse Freiheit muss offiziell toleriert werden, solange die Obrigkeit geachtet und ihre Gesetze befolgt werden. Legalität und Staatsgehorsam sind die entscheidenden Kriterien.

– Hier vor allem wird deutlich, dass Pufendorf auf die Hugenottenpolitik des Großen Kurfürsten von Brandenburg-Preußen zielt.[46]

[46] Thomasius kommentiert (S. 345), Pufendorf habe in den Paragraphen 49 und 50 nicht gesehen, dass sein Vorschlag, die Theologen mit der Definition der Staatsreligion zu beauftragen, „Ketzermacherische Prinzipia" erzeuge. Das seien die Prinzipien des eifernden Propheten Elia, nicht aber die Christi, und die staatskirchlichen protestantischen Orthodoxen seien in diesem Zusammenhang nicht besser als die Papisten. Er selbst habe früher „dafür gehalten und defendiret, daß nichts der Republik schädlicher seyn könne, als der Atheismus; nunmehro erkenne ich aber, daß solches falsch ist." (S. 349) Die Beispiele Frankreich und

§ 51. Staatstoleranz und Konfessionspolemik. Pufendorf vertritt die durchaus eingeschränkte Toleranz eines überzeugten Lutheraners; er ist stramm antikatholisch, parteiisch für die Hugenotten, das Schriftprinzip ist ihm wichtiger als die Tradition. Er mahnt zur Sorgfalt bei der Entscheidung in Religionsfragen; keine Unschuldigen, die wahre Sätze in der Religion vertreten, dürften verfolgt werden. Der Fürst solle sich nicht in Religionsstreitigkeiten mischen, Dispute in Medizin oder Mathematik überlasse er doch auch den Experten. Im Streit zwischen Protestanten und Katholiken (Pontifici) solle der Fürst unparteiisch sein. Allerdings hätten die Protestanten, die sich auf die Schrift beriefen, die besseren Argumente. Die Katholiken machten die Schrift herunter und verbäten die Schriftlesung beim Volk, was zeige, wie schwach ihre Theologie sei; ihnen bleibe allein das Traditionsprinzip. Deshalb sei den Katholiken untersagt, protestantische Bücher zu lesen. Das Traditionsprinzip lehre aber nur, was geschehen, nicht, was rechtens sei. (Quorum illae [traditiones] factum dumtaxt, non jus probare possunt.) Das Schriftprinzip sei – unparteiisch betrachtet – dem Traditionsprinzip vorzuziehen. Der Klerus sei bei den Protestanten von anderen Ständen nicht unterschieden. Die Prachtentfaltung des katholischen Klerus vertrage sich nicht mit der evangelischen Armut. Die Katholiken hätten mit der Verfolgung der Arianer begonnen und verfolgten weiter alle Ketzer.[47]

§ 52. Die Ansprüche der Politik an die christliche Religion. Der Staat war vor der christlichen Religion da und ist daher aus eigenem Recht.

– Pufendorf verwendet das alte Legistenargument, das die Unabhängigkeit des Staates von der Kirche betont. Er behandelt es ausführlich im *Tractatus historicus de monarchia pontificis Romani* (1688).[48]

Der Papst habe sich seine politischen Rechte allmählich angemaßt; zunächst durch die Herrschaft über den Klerus und den Kult. Dadurch ist er zu einem Konkurrenten des Fürsten geworden, weil er die weltliche Gewalt nur anerkenne, wenn es ihm gefalle. Es sollten keine Gelder aus dem Lande gehen (gemeint ist nach Rom); außerdem dürfe der Papst weder eine direkte noch eine indirekte Gewalt in Bezug auf die Politik haben. Im Katholizismus müsse der Untertan zwei Herren dienen, das sei inakzeptabel. Es dürfe der Fürst sich durch die Untugend der katholischen

Spanien zeigten auch, wie der Katholizismus als Staatsreligion mit Dissidenten umgehe. „Also ist dieses sanissimum Consilium, daß ein Fürst alle Religionen dulden solle." (S. 351) Zu Pufendorfs Vorschlag, die Theologen sollten die Wahrheit der Staatsreligion definieren, stellt Thomasius fest, es gebe „keine Secte, welche nicht ihre Meinung aus der Bibel demonstriren will." (S. 351) Es finde sich kein Fall in der Kirchengeschichte, „daß iemals ein Ketzer rechtschaffen wäre convinciret worden. Deßwegen soll propter hactenus dicta der Fürst alle tolerieren." (S. 351)

47 Thomasius ist auch hier kritisch. Er hat mehrere Einwände: 1. Daraus, dass man jemanden toleriere, folge nicht, dass man ihn liebe. 2. Die Fürsten hätten wie alle anderen ein Urteilsvermögen in religiösen Fragen. Theologie müsse nicht kompliziert sein. „Vera enim Theologia bestehet ja in schlechten [d. i. schlichten] Propositionibus; wann man nur secundum sensum communem gienge, und nichts contra Rationem hinein brächte" (S. 359). 3. Thomasius misstraut dem Schriftprinzip. In den Kontroversen mit den Papisten werde die Perspicuität der Schrift zwar behauptet, aber im Konfliktfall werde auf die autoritative Auslegung verwiesen. In dogmatischen Fragen mit anderen christlichen Konfessionen berufe man sich zugleich auf die Konkordienformel (S. 359 f.). Er findet „in allen Religionen raisonnable Theologi" (S. 360). 4. Thomasius ist auch der Meinung, man müsse angesichts offensichtlicher Widersprüche in der Schrift der natürlichen, einfachen Vernunft folgen und nicht die Vernunft unter den Glauben gefangen nehmen; auf solche Weise könne man alle Dinge, „welche contra Rationem sind, defendiren." (S. 363) Er propagiert eine neutestamentliche Einfachheit der Religion, die für die Aufklärung, vor allem für Mosheim und seine Schule, maßgeblich geworden ist.

48 Vgl. oben Anm. 1.

Pfaffen nicht dazu bewegen lassen, die Protestanten zu unterdrücken. Von den Protestanten gehe keine wirkliche Gefahr zum Bürgerkrieg aus.

– Bei der letzten Behauptung muss die Frage erlaubt sein, ob Pufendorf das wider besseres Wissen schreibt.[49]

§ 53. Das Ius reformandi ecclesiae. Der Klerus sei unfähig oder unwillig, sich selbst zu reformieren. In diesem Falle, und damit das Volk kein Ärgernis nehme, gebe es im Einklang mit dem Volk für den Fürsten ein Ius reformandi. Kein Lehrer und kein Bischof habe ein Herrschaftsrecht über die Gläubigen. Der christliche Staat verlange den Glauben an Gott, den Erlöser, die Taufe. Das schließt Atheisten aus. Der römische Katholizismus sei auch nur eine Denomination unter anderen; der Universalitätsanspruch des römischen Katholizismus sei absurd. Er könne nicht den Anspruch auf die Alleinvertretung der Wahrheit haben. Auch der Katholizismus müsse sich auf das Schriftprinzip und die Apostelkirche allein berufen.

– Der ganze Abschnitt ist eine antikatholische Polemik. Dem Fürsten wird prinzipiell das Recht und die Fähigkeit zugesprochen, die Kirche zu reformieren. Diese Reform sei an den Einklang zwischen Fürsten und Volk gebunden, ohne dass definiert würde, was diesen Einklang ausmacht. Am Ende wird stipuliert, der Katholizismus müsse sich dem evangelischen Schriftprinzip anschließen. Vielleicht ist diese Selbstbestätigung der evangelischen Rechtgläubigkeit zur Unterstützung der Hugenottenpolitik des Großen Kurfürsten gedacht.

§ 54. Haben die Gläubigen oder der Fürst das Ius reformandi? Die Kirche ist eine rechtgläubige Gemeinschaft, kein Imperium. Die Definition von Kirche, die Pufendorf anbietet, ist zweideutig: „eine Versammlung, deren Glieder nicht durch menschlichen Befehl, sondern durch einheitliche Rechtgläubigkeit verbunden sind“ (Collegium quippe Ecclesia est, cuius membra non imperio humano connectuntur, sed unitate fidei orthodoxae). Jeder Gläubige ist nach Pufendorf in seinem Glauben unmittelbar zu Gott, darin besteht die Individualisierung der Religion. Kirchenvielfalt schade deshalb dem Staat nicht. Der Glaube des Untertanen gehe den Souverän in diesem Sinne nichts an, denn die Gesinnung könne ohnehin nicht überprüft werden.

Im Bezug auf das Ius reformandi habe der Fürst für sich das Recht, die katholische Religion zu verlassen.

– Pufendorf meint wohl das Recht, protestantisch zu werden. Für ihn ist der Protestantismus die Fides orthodoxa. Er polemisiert nie gegen den Calvinismus, den er toleriert, sondern immer gegen den Katholizismus. Freilich halten sich die Katholiken auch für orthodox. Und wer urteilt, ob ein Konfessionswechsel gerechtfertigt ist?[50]

Die Paragraphen 49 bis 54 sind eher peinlich, denn sie machen den kirchenrechtlichen Traktat, der die Grundlagen der Toleranz (Individualisierung der Religion, Staatsneutralität) bestärkte, im Nachhinein zu einem polemischen Protestantenstück, das schon im Reich so inakzeptabel ist. Pufendorfs Kenntnisse des Katholizismus und seiner Dogmatik sind begrenzt; er hat einen Wi-

[49] Auch hier hat Thomasius Einwände. Auch bei den Lutheranern sei es so, dass die Geistlichkeit wider die fürstlichen Anordnungen opponieren könnte und die Untertanen dann nicht wüssten, wofür sie sich entscheiden sollten. Die Idee, dass die Lutheraner friedfertig seien, stimme historisch nicht. Auch lutherische Theologen „hetzeten die Fürsten zu Kriege an.“ (S. 368)

[50] Thomasius hat klar erkannt, dass es im Bezug auf den Konfessionswechsel keinen irdischen Richter geben kann. Auf Erden entscheidet die Macht. Er kommentiert diesen Paragraphen: „Dann ein jeder, welcher irret, derselbe irret bona Fide, weil die Leute, wann sie in Praejudicio stecken, meinen, es sey alles Wahrheit, was ihnen andere vorsagen; in Dissidio aber gilt allezeit derjenige in Dubio mehr, der die Force hat, als der schwächere und geringere. Also heilet dieser § nichts; dann wo ist ausgemacht, was ein Argumentum Fidei sey?“ (S. 381)

derwillen gegen den Katholizismus. Seine Ansichten sind hier durchaus inkonsistent: Er ist einerseits reichstreu, das ist einer der Gründe, weshalb er von Stockholm nach Berlin wechselt. Aber er kann die religionspolitische Situation im Reich, die die protestantischen Konfessionen und den Katholizismus umfasste, nur im Sinne einer Priorität der Staatlichkeit vor aller Religion lösen. Das mag für die Frommen unter den Protestanten mit Zähneknirschen tolerabel sein, ist für den Katholizismus aber unannehmbar.

Freilich hat sich für die Frage der Toleranz keine bessere Lösung finden lassen als die Pufendorfs. Es gibt eine Spannung, die dem Toleranzbegriff unauflöslich innewohnt: Für die Frommen sind die Toleranten nicht wirklich gläubig, für die Toleranten sind die Gläubigen nicht wirklich tolerant. Mit dieser Spannung wird der Toleranzbegriff leben müssen. Eine bessere Lösung als die Pufendorfs ist – mindestens politisch – nicht in Sicht.

Appendix: Bemerkungen zur Politica contracta generalis *von Adrian Houtuyn.*

Pufendorf beendet seinen Traktat mit der polemischen Rezension einzelner Stücke aus dem Lehrbuch des niederländischen Juristen Adrianus Houtuyn: *Politica contracta generalis.*[51] Pufendorfs Kritik setzt sich zwar unmittelbar mit einzelnen Paragraphen aus Houtuyns Text auseinander, zielt mittelbar aber auf Hobbes. Er wendet sich energisch gegen die Ansicht Houtuyns, dem Fürsten kämen schlechterdings alle Rechte in Religionssachen zu. Er verteidigt das Naturrecht auf einen privaten Gottesdienst, der auf innerer Überzeugung beruht – die Rechtsquelle sind die Pflichten gegen Gott. Eine solche Verpflichtung könne durch das positive Recht des Fürsten nicht aufgehoben werden. Pufendorf geht selbstverständlich von einer Religion mit Wahrheitsanspruch aus, die für ihn ebenso selbstverständlich in den Rahmen einer Staatssouveränität eingehegt werden muss. Deshalb kann der Katholizismus, der von seinen Mitgliedern eine doppelte Loyalität gegen eine doppelte, nämlich geistliche und weltliche Souveränität verlangt, im Rahmen der monopolistischen Staatssouveränität nicht akzeptiert werden. Auf der anderen Seite ist die Kirche kein normaler privatrechtlicher Verein. Die Wahrheit der Religion steht für den Fürsten nicht zur politischen Disposition. Die Kirche, die diese Wahrheit verwaltet, darf deshalb vom Fürsten ebenso wenig liquidiert werden wie die Ehe oder vergleichbare naturrechtlich begründete Institutionen. Der Fürst ist vielmehr selbst verpflichtet, seinen Untertanen den Weg zur ewigen Seligkeit offen zu halten. Dazu benötigt er seine Landeskirche. Die Unterstützung der Landeskirche ist deshalb eine Staatspflicht, aber es muss deshalb keine Staatsreligion geben. Loyale christliche Bekenntnisse sind auch konkurrierend zugelassen, sofern sie die öffentliche Ordnung nicht gefährden. Die Aufgabe der Kirchen ist die Verkündigung des Evangeliums und die Aufrechterhaltung des Kultus. Da der Priesterstand allein das Jus interpretandi Evangelii hat, darf der Fürst nicht in die Verkündigung des Evangeliums eingreifen. Die Verwaltung der Kirchen soll er den Konsistorien überlassen. Ein Fürst, der in die inneren Angelegenheiten loyaler Kirchen eingreift,

[51] Der vollständige Titel: *Politica contracta generalis*, notis illustrata, seu De singulorum ante imperia instituta et summarum potestatum institutis imperiis, cum inter se, tum in subjectos, jure ac potestate, temperata ex praeceptis naturalibus, et gentium conventionibus, tractatus brevis et succintus, ad calcem errores Hobbesiani indicantur. (Allgemeine Vertragspolitik. Mit Anmerkungen versehen. Über Recht und Macht einzelner Mächte vor und umfassenderer Mächte nach der Einsetzung von Herrschaften sowohl untereinander als auch gegenüber ihren Untertanen nach Maßgabe natürlicher Vorschriften und den Übereinkünften der Völker. Ein kurzer und gedrängter Kommentar. Am Ende werden die Hobbes'schen Irrtümer widerlegt.) Hagae-Comitis: Rammazinus 1681.

sei ein Tyrann – und im Ergebnis unterscheide sich dieser hobbesianische Rechtsanspruch nicht vom Absolutismus des Papstes.

6. Das Kirchenrecht in der Nachfolge Pufendorfs

a. Pufendorfs Traktat über die Religion im Staat und die weitere Entwicklung des Kirchenrechts

Pufendorfs Traktat, der 1692 und 1697 neu aufgelegt wurde[52] und schon 1688 deutsch,[53] 1690 französisch[54] und 1698 englisch[55] erschien, blieb nicht folgenlos.[56] Die Bestimmung der Kirche als eine dem Staat untergeordnete Gemeinschaft, als ein Kollegium oder Verein,[57] wurde von Christian Thomasius und Christian Wolff aufgenommen und bildete darüber hinaus die Grundlage der weiteren Entwicklung des Staatskirchenrechts oder „natürlichen Kirchenrechts" bei Christoph

[52] Editio secunda ab Authore revisa et emendata, Editio tertia prioribus correctior, beide erneut in Bremen verlegt und gedruckt von Philipp Gottfried Saurmann.

[53] Herrn Samuel Pufendorffs, Königl[ichen] Schwed[ischen] Hof-Raths, *Von Natur und Eigenschafft der christl[ichen] Religion und Kirche in Ansehen des Bürgerlichen Lebens und Staats*. Einigen hohen Standes-Personen zu Gefallen in teutscher Sprache ausgefertiget durch Immanuel Webern, Lips[iensi]. Leipzig: Gleditsch 1688. Literaturhinweise zu Immanuel Weber (1659–1726) bei Döring in *Briefwechsel* [wie Anm. 8], Anm. 8 zu Brief Nr. 135, S. 192.

[54] *Traité de la religion chrétienne par rapport à la vie civile*, ou' l'on fait voir que l'Eglise n'est point un Etat, et que la puissance des Princes ne va pas jusqu' à dominer sur la foy. Ouvrage composé en Latin par Mr. Samuel Pufendorf et mis en Français par Mr. de Saint-Aman [Antoine Teissier]. Utrecht: Schouten 1690. Zu Teissier (1632–1715) vgl. Fiammetta Palladini: *Ein vergessener Pufendorf-Übersetzer. Der Réfugié Antoine Teissier.* In: The Berlin refuge 1680–1780. Learning and science in European context [Internationale Konferenz an der Humboldt-Universität Berlin, 28. Sept. bis 1. Okt. 2000], hrsg. von Sandra Pott, Martin Mulsow und Lutz Danneberg. Leiden: Brill 2003, S. 113–136.

[55] *Of the Nature and Qualification of Religion in Reference to Civil Society*. Written by Samuel Pufendorff, Counsellor of State to the Late King of Sweden. Translated from the Original. London: Roper 1698. Simone Zurbuchen hat diese Übersetzung 2002 mit einer Einleitung neu herausgegeben (Indianapolis, Indiana: Liberty Fund). Der Übersetzer ist Jodocus Crull (1660–1713), ein aus Hamburg stammender Doktor der Medizin und Fellow der Royal Society, der auch Pufendorfs *Einleitung* [wie Anm. 2] ins Englische übertrug.

[56] Vgl. Detlef Döring: *Säkularisierung und Moraltheologie bei Samuel von Pufendorf*. Zeitschrift für Theologie und Kirche 90 (1993), S. 156–174; *Untersuchungen zur Entwicklung der theologischen und religionspolitischen Vorstellungen Samuel Pufendorfs*. In: Religion und Religiosität im Zeitalter des Barock, hrsg. von Dieter Breuer. Wiesbaden: Harrassowitz 1995, S. 873–882.

[57] Klaus Schlaich: *Kollegialtheorie. Kirche, Recht und Staat in der Aufklärung*. Teilweise Diss. Tübingen 1967. München: Claudius Verlag 1969; Roland M. Lehmann: *Die Transformation des Kirchenbegriffs in der Frühaufklärung*. Diss. Halle-Wittenberg 2011. Tübingen: Mohr Siebeck 2013 (Ius ecclesiasticum 106), bes. Teil 4 (Die Fassung der Kirche als religiöser Verein. Die Begründung des neuen evangelischen Kirchenrechts durch Samuel von Pufendorf, S. 137–184); Thomas Hahn: *Staat und Kirche im deutschen Naturrecht. Das natürliche Kirchenrecht des 18. und 19. Jahrhunderts (ca. 1680 bis ca. 1850)*. Diss. Bayreuth 2011. Tübingen: Mohr Siebeck 2012 (Ius ecclesiasticum 98), bes. Kap. 3 (Die Kirche im Staat: eine societas subordinata, S. 33–63) und Kap. 4 (Das natürliche Kirchenrecht als Verfassungsersatz der evangelischen Kirche, S. 63–70), wo auch die antikatholische Spitze Pufendorfs herausgestellt wird.

Matthäus Pfaff (1686–1760),[58] Johann Lorenz von Mosheim (1694–1755)[59] und Georg Ludwig Böhmer (1715–1797).[60] Mosheim schreibt über Pufendorf, er sei „der erste, der uns in dem Kirchenrechte die Augen geöffnet hat. Sein Buch *de habitu religionis ad vitam civilem*, welches gelesen zu werden verdienet, ist eben diejenige Schrift, welche die Rechtsgelehrten und Theologen angetrieben hat, an eine rechte Untersuchung des geistlichen Rechts zu denken. Dieser große Geist hat uns den wahren Begriff der Kirche gezeiget, und gewiesen, daß die Kirche eine Gesellschaft sey, und also auch die Rechte einer Gesellschaft haben müsse."[61] Dabei wurden unterschiedliche Akzente gesetzt; manche plädierten wie Thomasius für eine strikte Subordination der Kirche unter die weltliche Gewalt, andere mahnten wie Pfaff gegenüber diesem „territorialistisch" genannten Standpunkt die relative Autonomie der Kirchen an (sie heißen gewöhnlich „Kollegialisten").[62] Das Staatskirchenrecht entwickelte sich anfänglich naturgemäß besonders lebhaft in protestantischen Territorien, aber in der zweiten Hälfte des 18. Jahrhunderts wurden naturrechtliche Ideen z. B. zur Begleitung der Josephinischen Reformen vermehrt auch von katholischen Autoren aufgegriffen. Hier spielte das Werk Böhmers, das in der Anordnung des Materials den Dekretalen folgte, eine wichtige Rolle.[63]

b. Christian Thomasius

Jugend. Studium in Leipzig

Pufendorfs wichtigster juristischer Erbe war Christian Thomasius. Er nahm *Über das Verhältnis der christlichen Religion zum bürgerlichen Leben* als Vorlage für seine nachhaltige Kritik an der lutherischen, zumal von Leipzig und Wittenberg bestimmten, Orthodoxie. Thomasius (geb. am 1. Jan. 1655 in Leipzig – gest. am 30. Sept. 1728 in Halle) war im akademischen Milieu aufgewachsen. Als Sohn des Rhetorikprofessors Jacob Thomasius (1622–1684), bei dem Pufendorf und später Leibniz studierten und der seinerseits ein bedeutender Philosoph war, studierte er Jura und gelehrte Wissenschaften, u.a. bei seinem Vater, dessen Aufsätze und Reden er später herausgab. 1672 erwarb er in Leipzig den Magister Artium und wechselte ab 1675 nach Frankfurt an der Oder

[58] Christoph Matthäi Pfaffen, der heil. Schrifft Doct. und Prof. Prim. Probsten und Cantzlers zu Tübingen, auch Abbten zu Lorch *Academische Reden über das so wohl allgemeine als auch Teutsche Protestantische Kirchen-Recht*. Tübingen: Sigmund 1742.

[59] Johann Lorenz von Mosheim: *Allgemeines Kirchenrecht der Protestanten*. Nach dessen Tode herausgegeben und mit Anmerkungen versehen von Christian Ernst von Windheim. Helmstedt: Weygand 1760; *Johann Lorenz Mosheim (1693–1755). Theologie im Spannungsfeld von Philosophie, Philologie und Geschichte* [Vorträge, gehalten anlässlich eines Arbeitsgespräches vom 12. bis 15. September 1994 in der Herzog-August-Bibliothek Wolfenbüttel]. Hrsg. von Martin Mulsow u. a. Wiesbaden: Harrassowitz 1997 (Wolfenbütteler Studien 77).

[60] *Ius ecclesiasticum protestantium* usum hodiernum iuris canonici iuxta seriem Decretalium ostendens. 5 Bde. Halle: Orphanotropheum 1727–1756 [unterschiedliche Anzahl von Auflagen der einzelnen Bände, für Bd. 1 1756 die 5. Aufl.]. Vgl. auch Renate Schulze: *Justus Henning Böhmer und die Dissertationen seiner Schüler. Bausteine des Ius Ecclesiasticum Protestantium*. Diss. Frankfurt am Main 2008. Tübingen: Mohr Siebeck 2009.

[61] Mosheim, *Kirchenrecht* [wie Anm. 59], S. 7.

[62] Zur Frage, ob Pufendorf selbst eher dem Territorialismus oder dem Kollegialismus zuzuordnen sei, vgl. Lehmann, *Transformation des Kirchenbegriffs* [wie Anm. 57], S. 179–184. Der weitere Verlauf dieser Debatte wird im fünften Teil, S. 185–241, dargestellt.

[63] Vgl. Hahn, *natürliches Kirchenrecht* [wie Anm. 57], S. 127 und 129 ff.

zu Samuel Stryk, bei dem er 1679 in Jurisprudenz promovierte. Nach einer Peregrinatio academica, die ihn nach Holland führte, heiratete er 1680 Christine Heyland, die Tochter eines Braunschweig-Lüneburgischen Hofrats. Sie schenkte ihm sechs Kinder, von denen ihn drei überlebten.

Jurist in Halle

Nach seiner Rückkehr nach Leipzig hielt er juristische Vorlesungen in Leipzig. Ab 1687, als er seine Lektionen in deutscher Sprache vortrug, kam es, vielleicht auch im Zusammenhang mit seiner Zeitschrift *Monatsgespräche*, zu Querelen. Seine „duldsame" Auffassung in Bezug auf Glaubenssachen führte dazu, dass sich theologische und Hofkreise in Dresden verletzt fühlten. Am 10. März 1690 wurde gegen ihn ein Lehr- und Veröffentlichungsverbot verhängt. Darauf verließ er fluchtartig seine Heimatstadt und wandte sich nach Brandenburg. Er muss dort schon vorher Kontakte gehabt haben, denn der Kurfürst beorderte ihn umgehend an die Ritterakademie in Halle, die seit 1680 bestand. Schon am 14. April 1690 begann er seine Vorlesungen, die sehr erfolgreich waren. In seinem ersten Programm vom 27. April lud er provokativ auch die Leipziger Studenten nach Halle ein. Thomasius konnte seinen brandenburgischen Dienstherrn davon überzeugen, die Ritterakademie in eine Universität umzuwandeln. 1693 erwirkte der Kurfürst ein kaiserliches Privileg für die Gründung der Universität. Ein Jahr später wurde die Universität Halle eröffnet.

Die Professorenschaft war prominent: 1698 wurde August Herrmann Franke, der Gründer des Halleschen Waisenhauses, der 1692 auf Einladung Thomasius' nach Halle gekommen war, auch Professor an der Universität. Thomasius bekam von jetzt an erhebliche Schwierigkeiten mit ihm.[64] 1693 wurde Georg Ernst Stahl auf den Lehrstuhl für Medizin berufen. Im selben Jahr wurde Johann Franz Budde als Professor Philosophiae moralis et civilis gewonnen. 1706 kam dann Christian Wolff als Professor für Mathematik.

Thomasius war als Jurist der erste Star der Universität: 1709 wurde er Geheimer Rat, ab 1710 Rektor der Universität sowie Professor Primarius und Ordinarius der Fakultät. Nach dem Tode des ersten Preußenkönigs Friedrichs I. 1713 berief sein Nachfolger Friedrich Wilhelm I. 1714 Thomasius zum Vorsitzenden einer Kommission zur Erstellung eines allgemeinen Landrechts. Zugleich erging ein Edikt Friedrich Wilhelms I., wonach ihm jedes Todesurteil in Hexenprozessen und Urteile auf Folterung zur Bestätigung vorgelegt werden musste. Das war ein Erfolg von Thomasius' Kampf gegen die Folter und die Bestrafung von Hexerei und Häresie.[65] An der Affäre um die Landesverweisung Christian Wolfs 1723 war Thomasius unbeteiligt. Allerdings war beider Verhältnis wohl alles andere als ungetrübt. 1728 starb Thomasius in Halle.[66]

[64] Zu der Auseinandersetzung mit Francke um das Pädagogium in Glaucha und das Almosengeben für die Stiftungen ab 1699 vgl. Gustav Kramer: *August Hermann Francke.* 2 Bde. Halle: Waisenhaus 1880/1882; Erhard Peschke: *Studien zur Theologie August Hermann Franckes.* 2 Bde. Berlin, Halle: Evangelische Verlagsanstalt 1964/1966; Helmut Obst: *August Hermann Francke und die ökumenischen Dimensionen des Halleschen Pietismus.* In: 500 Jahre Theologie in Wittenberg und Halle. Hrsg. von Arno Sames. Leipzig: Evangelische Verlagsanstalt 2002, S. 79–92; Hermann Goltz: *Das Collegium Orientale Theologicum August Hermann Franckes.* In: 500 Jahre Theologie in Wittenberg und Halle, a.a.O., S. 93–128.

[65] *De Iure Principis circa Haereticos. Untersuchung der beiden Fragen, ob Ketzerei ein strafbares verbrechen sey? Und ob die Kirche das Recht habe, Ketzer zu bestrafen?* (1697, s. unten Anm. 81); *De Crimine Magiae* erschien zuerst 1701, dann 1704, 1706, 1717, 1722, 1730, 1739, 1753 und auch in deutschen Übersetzungen; Dissertatio inauguralis juridica *De tortura ex foris Christianis proscribenda* (1705).

[66] Vgl. die Artikel „Thomasische Philosophie" (Zedlers *Universallexikon*, Bd. 42, Sp. 1552–1579) und „Thomasius, Christian" (ebd., Sp. 1580–1601). Der Verfasser des Artikels „Christian Thomasius" in der 2. Auf-

Staatskirchenrecht nach Pufendorf

Thomasius orientierte sich in seinen juristischen Vorlesungen an Pufendorf. Die *Institutiones jurisprudentiae divinae*, die zuerst 1688 erschienen, waren in Aufbau und Duktus eng an Pufendorfs *De iure naturae et gentium* angelehnt. Sie übernahmen insgesamt Pufendorfs neostoische Grundlegung des Naturrechts und variierten die Grundlagen in den *Fundamenta iuris naturae et gentium ex sensu communi deducta* 1705.[67] Im Staatskirchenrecht war Thomasius mit Pufendorf konform, aber er war radikaler und tolerierte nicht nur die Calvinisten, sondern auch die Antitrinitarier. In seiner Kritik des Staatskirchentums übernahm er Pufendorfs polemische antikatholische Topoi und verwendete sie als kritische Argumente gegen die lutherische Orthodoxie.

Ab 1705, als seine *Fundamenta iuris naturae et gentium ex sensu communi deducta*[68] erschienen, startete Thomasius eine deutschsprachige Initiative für die naturrechtliche Jurisprudenz.[69] Er übersetzte Pufendorfs *Traktat über das Verhältnis der christlichen Religion zum bürgerlichen Leben* und kommentierte den Text ausführlich in einer Vorlesung. Grotius' *De iure belli ac pacis* erschien übersetzt (Drei Bücher vom Recht des Krieges und des Friedens) mit seiner Vorrede 1707 in Leipzig. Eine deutsche Übertragung von Pufendorfs *De iure naturae et gentium* war in Arbeit[70] und wurde 1711 in Frankfurt gedruckt.

Thomasius war nicht allein an der Übernahme der Naturrechtslehre Pufendorfs interessiert, die er in den *Fundamenta iuris naturae et gentium* weiterentwickelte. Auch im Staatskirchenrecht stimmten Pufendorf und Thomasius in der Tendenz überein. Über die stoische Naturrechtslehre Pufendorfs hinaus historisierte Thomasius die Grundlagen des Rechts. Insbesondere war das Staatskirchenrecht ein durchgehendes Thema von Thomasius' Rechtslehre. Er konnte sich auch hier auf Pufendorf stützen, denn in der *Einleitung in die Historie der vornehmsten Städte und Reiche* hatte sich Pufendorf ab 1682 über die historischen Grundlagen der jeweiligen Landesverfassungen und das jeweilige Verhältnis von Kirche und Staat Rechenschaft gegeben; auf dem Kirchenstaat lag naturgemäß sein besonderes Augenmerk.[71] Mit der Geschichte des Kirchenstaates hatte sich Pufendorf außerdem in einer eigenen umfangreichen Dissertation 1686 befasst.[72] Thomasius behandelte das geistliche Recht, das er vornehmlich historisch begründete, zunächst im vierten Teil seines kurzen *Summarischen Entwurfs der Grundlehren, die einem Studioso Juris zu*

lage der RE beklagt sich bitter, dass Thomasius mit seinen Kommentaren zu Pufendorf und seinen anderen kirchenrechtlichen Abhandlungen (gemeint ist wohl die *Historia contentionis inter imperium et sacerdotium … usque ad saeculum XVI*. Halle 1722. ND Aalen: Scientia 1994) das Kirchenrecht destruiert habe.

67 Vgl. zum Verhältnis der beiden Naturrechtslehrbücher das Vorwort zu den *Grundlehren des Natur- und Völkerrechts* in der Ausgabe von 1709 (*Ausgewählte Werke*, hrsg. von Werner Schneiders. Bd. 18, hrsg. und mit einem Vorwort versehen von Frank Grunert, Personen- und Sachregister von Kay Zenker. Hildesheim: Olms 2003) und außerdem die Dissertation (Halle 2004) von Georg Steinberg: *Christian Thomasius als Naturrechtslehrer*. Köln: Heymanns-Verlag 2005.

68 In quibus ubique secernuntur principia honesti, justi ac decori [*Grundlagen des Natur- und Völkerrechts, aus dem Gemeinsinn abgeleitet*. Dort Scheidung der Prinzipien des Ehrenvollen, des Gerechten und des Geziemenden]. Cum adjuncta emendatione ad ista *Fundamenta, Institutionum jurisprudentiae divinae*, in usum auditorii Thomasiani [Mit angehängter Verbesserung der *Grundlagen der Einrichtungen des göttlichen Rechts*. Zum Nutzen des thomasianischen Auditoriums]. Halle-Leipzig: Salfeld; Leipzig: Grossius 1705.

69 Vgl. Steinberg, *Thomasius als Naturrechtslehrer* [wie Anm. 67], S. 119 ff. und 154–158.

70 Ephraim Gerhard: *Von denen Hindernüssen der Auffnahme der natürlichen Rechts-Gelahrtheit*. In: Thomasius: *Drei Bücher der Göttlichen Rechtsgelahrtheit* (Halle 1709), § 23 (*Ausgewählte Werke* [wie Anm. 67], Bd. 4, 2001).

71 Siehe oben Anm. 2.

72 *Tractatus historicus De monarchia pontificis Romani* [wie Anm. 1].

wissen und auff Universitäten zu lernen nöthig (Halle 1699), hielt 1705 eine Vorlesung zum Staatskirchenrecht nach Pufendorfs Traktat über das Verhältnis von Religion und Staat und veröffentlichte 1712 eine ausführliche Abhandlung über *Cautelae circa praecognita Jurisprudentiae Ecclesiasticae*.[73] 1722 stellte er in der umfangreichen *Geschichte des Streites zwischen Reich und Priesterstand*[74] die Geschichte des Streits zwischen Kaiser und Papst als Grundlage des Staatskirchenrechts und damit zugleich als Streitmuster politischer Theologie dar. Die Fragen des Verhältnisses von Staat, Kirche und Religion standen mithin im Mittelpunkt von Thomasius' Jurisprudenz.

c. Thomasius' Übersetzung und Kommentierung von Pufendorfs Traktat

Christian Thomasius formulierte seine Ideen zum Staatskirchenrecht in einer Vorlesung von 1705, der er den Text von Pufendorfs *Traktat über das Verhältnis der christlichen Religion zum bürgerlichen Leben* zugrunde legte, den er übersetzte und kommentierte. Diese Übersetzung veröffentlichte er nicht selbst – vielleicht weil die antiorthodoxen Invektiven nicht für den Druck geeignet waren. So wurde der Text erst zehn Jahre nach seinem Tod 1738 von dem 22jährigen Rechtsstudenten August Rudolf Jesaias Bünemann (1716–1774) herausgegeben. Bünemann stammte aus Minden und hatte von 1733 bis 1735 in Halle Jura studiert. Er wurde später ein sehr typischer und erfolgreicher Reichsjurist:1738 Fiskal an der Kriegs- und Domänenkammer in Minden, 1739 Kammer- und Kirchenanwalt in Hannover, 1753 Dr. jur., später kurpfälzischer Hofrat, 1766 Ehrenbürger von Hannover, 1767 kurpfälzischer Hofgerichtsrat. Er war ein aufgeklärter, an Theologie und Dichtung sehr interessierter Intellektueller, der sich als Verfasser juristischer und theologischer Abhandlungen sowie als Satiriker und Stückeschreiber versuchte. Bünemann kann die Vorlesung nicht selbst gehört haben und muss das Manuskript von jemand anderem bekommen haben, veröffentlichte es aber als durchaus überzeugter kritischer Thomasianer.

Der vollständige Titel lautet: *Vollständige Erläuterung der Kirchenrechts-Gelahrtheit*, Oder Gründliche Abhandlung vom Verhältniß der Religion gegen den Staat. Ueber Samulis Pufendorffii Tract[atu] *De Habitu Religionis Christianae ad vitam civilem*. Um des gründlichen und scharffsinnigen Vortrags willen aus einem accuraten M[anu]s[crip]t[o] mit einer Uebersetzung des Pufendorffischen Textes mitgetheilet von A. R. J. B. Frankfurt und Leipzig 1738. Eine zweite Auflage erschien schon 1740.[75]

Diese Vorlesung von 1705[76] ist ein ausführlicher Kommentar zu Pufendorfs Traktat. Thomasius übersetzt den Text und kommentiert ihn paragraphenweise. Die Übersetzung ist nicht immer ganz

[73] Erneut 1723. Deutsch 1729: *Höchstnötige Cautelen* Welche ein Studiosus Iuris, der sich zur Erlernung der Kirchen-Rechts-Gelahrtheit auf eine kluge und geschickte Weise vorbereiten will, zu beobachten hat.

[74] *Historia contentionis inter imperium et sacerdotium ... usque ad saeculum XVI.* Halle 1722. ND Aalen: Scientia 1994.

[75] Siehe die Angaben in der Druckvorlage.

[76] Pufendorfs Traktat sei „ohngefähr vor 18 Jahren“ erschienen (*Kirchenrechts-Gelahrtheit* [wie Druckvorlage], S. 9). Steinberg schreibt, es sei nicht ersichtlich, auf welche Vorlesung sich die Nachschrift beziehe (*Thomasius als Naturrechtslehrer* [wie Anm. 67], S. 176, Anm. 751). 1701 las Thomasius nach dem *Summarischen Entwurff derer Grundlehren IV, 7* und nach Pufendorfs *Traktat über das Verhältnis der christlichen Religion zum bürgerlichen Leben*. (Steinberg, S. 152) Die erste Vorlesung über Pufendorfs Traktat hielt Thomasius ausweislich der Ankündigung vom 3. April 1692 im folgenden Sommersemester („Christian Thomas publicieret seine Sommer-Lectiones 1692. Und zwar publice Über den Monzambano, Des Hrn. von Pufendorff sein Buch De Habitu Religionis, Und des Senecae Bücher De Ira; Privatim aber Über das

wörtlich, aber prägnant und sachgemäß. Der Kommentar liefert eine gründliche und polemische Auseinandersetzung mit der orthodoxen evangelischen Theologie, der Thomasius vorwirft, „papistisch" zu sein. Thomasius geht wie Pufendorf davon aus, dass es nur eine Souveränität, nämlich die politische, gebe. Er hält es für einen „communis error, als wann 2 Regimenter in einer Republik, nemlich das Geistliche und das Weltliche, wären, welches aber ... das formale Papstthum ist".[77] Neben Pufendorf führt er Gottfried Arnold als Autorität an; dabei geht es ihm vor allem darum, dass das frühe Christentum kein Kirchenrecht ausgebildet habe.[78]

Ich fasse Thomasius' Pufendorf-Kommentar nach seinen Haupttopoi zusammen.

Äußerlichkeit des Kultus

Thomasius ist wie Pufendorf davon überzeugt, dass die Religion ein Cultus internus, kein Cultus externus sei. (S. 14[79]) Äußerer Kult ist weder durch Vernunft noch durch Offenbarung vorgeschrieben. Folglich hat die Kirche für Thomasius kein Recht, die Teilnahme am Cultus externus zu erzwingen. (S. 15) Allerdings habe der Klerus ein Interesse an der Aufrechterhaltung des Cultus, aber „ein Kult, der nicht von mir, sondern von andern abhängt, ist nichts wert." (S. 27)

Praktische Rationalität der Religion

Der Grundsatz seiner Rationalität im Bezug auf die Religion lautet: Man muss sich vom Leibe ebenso wie von der Seele Rechenschaft geben (S. 21, gegen die Cartesianer). Argumentationen mit den Schrecken der Hölle und Belohnungen im Himmel lehnt Thomasius ab; Himmel und Hölle seien innere Zustände, keine Orte. (S. 18) Die überkommene Dogmatik von den letzten Dingen ist ihm „Köhlerglaube" und ungeprüftes Katechismuswissen, weil „der Doctor solches gelehrt hat." (S. 20) Er geht in der Dogmenkritik weit: Bei der Polemik gegen die „Juden und ihren Aberglauben" solle man bedenken, „was wir in unsern Glaubensartikuln, und sonst vor einen närrischen Concept de Vita futura haben". (S. 363) Rationalität ist der Maßstab, an dem auch die Religion gemessen wird. (S. 28) Über die Rationalität hinaus könne niemand zur Erkenntnis der Wahrheit gezwungen werden. Thomasius ist deshalb allen radikalen Religiosen gegenüber misstrauisch, das gilt für Konvertiten ebenso wie für enthusiastische Melancholiker. (S. 41) „Überhaupt halte ich sehr wenig von denen Bekehrten, insonderheit wenn es auf die Formulen ankommt." (S. 29)

Keine Staatsreligion

Thomasius ist ein strikter Gegner jeder Staatsreligion. Seine Argumente sind historisch und pragmatisch: Städte seien nicht der Religion wegen gegründet worden, (S. 44) sondern der Sicherheit

Jus Feudale, ingleichen Den Civil- und Criminal-Prozess." Nr. 60 in Rolf Lieberwirth: *Christian Thomasius. Sein wissenschaftliches Lebenswerk. Eine Bibliographie.* Weimar: Böhlau 1955, S. 30, vgl. dazu Steinberg, S. 13 und 93 f.).

[77] *Kirchenrechts-Gelahrtheit*, S. 8.

[78] Gottfried Arnold: *Die Erste Liebe der Gemeinen Jesu Christi*, Das ist, Wahre Abbildung der ersten Christen, nach ihrem lebendigen Glauben und heiligen Leben. Aus der ältesten und bewährtesten Kirchen-Scribenten eigenen Zeugnissen, Exempeln und Reden, nach der Wahrheit der ersten einigen christlichen Religion, allen Liebhabern der historischen Wahrheit, und sonderlich der Antiquität, als in einer nützlichen Kirchen-Historie, treulich und unpartheyisch entworffen. Frankfurt am Main: Friedeburg 1696; *Unpartheyische Kirchen- und Ketzer-Historie* vom Anfang des Neuen Testaments biß auff das Jahr Christi 1688. 2 Bde. Frankfurt: Fritzsch 1699–1700 (vor allem Bd. 1: Allgemeine Anmerckungen von Kätzer-Geschichten, außerdem Teil I, S. 1–129).

[79] Seitenzahlen nach der in der Druckvorlage angegebenen Ausgabe.

und des Komforts wegen. Darüber hinaus habe sich gezeigt, dass die Frommen auf dem Land blieben, die Gottlosen dagegen in die Städte zögen (die Beispiele Kain und Nimrod, S. 39). Staatsreligion führe zu Dissimulation; sein abschreckendes Beispiel ist die Verpflichtung der Staatsdiener in lutherischen Territorien auf die Konkordienformel. Thomasius ist ein ausgesprochener Gegner jeder Art von Dogmatisierung, wie sie in der Konkordienformel vorliegt. Er will eine einfache und praktische Religion. Der Weg zur wahren Glückseligkeit sei keine Angelegenheit gelehrter Theologen.

In der Frage der Staatsreligion widerspricht Thomasius seinem Lehrer Pufendorf nachdrücklich. Er kann weder in Bezug auf das Staatskirchenrecht noch in Bezug auf die Vernünftigkeit einer einfachen Religion die Prärogative des Protestantismus entdecken und plädiert infolgedessen nachdrücklich für einen Staat, der sich auch Katholiken und Sozinianern gegenüber tolerant zeigt, wobei er die letzteren in seinem Kommentar durchaus favorisiert.[80]

Häresie, Hexerei und Folter

In der langen Abhandlung über die Häresie (S. 51–73) werden die Argumente der berühmten Dissertation *De iure Principis circa haereticos*[81] wiederholt: Für die juristische Beurteilung der Häresie sind äußere Merkmale erforderlich, und diese betreffen den Cultus externus. Dieser ist aber nicht maßgeblich für die christliche Religion, sondern „allein denen Juden auferleget worden". (S. 52) Das gilt auch für die Sonntagsheiligung statt des Sabbat: Sie sei nicht biblisch, sondern erst mit Konstantin dem Großen eingeführt worden.

Zwar habe der Fürst im Bezug auf den Kultus Rechte, die sich auf die politisierende Theologie beziehen: Der Fürst kann das Predigen verbieten, sofern sich der „Untertan leicht zum Aufruhr bewegen" lässt (S. 54) und hat folglich die „Macht, in denen Ceremonien des Gottesdienstes was zu ändern und abzuschaffen." (S. 54) Es geht Thomasius dabei wohl um Kirchengebote wie die, dass alle Vierteljahr das Abendmahl empfangen werden soll; (S. 54) so etwas sei papistisch („Denn es haben so wohl die Protestanten Principia Papistica, als die Papisten selbst."). Die juridisch bestimmte Kirchenzucht sei eben kein Moment der Religion.

In Bezug auf die Ketzerei ist für Thomasius evident, dass Atheismus aus politisch-juristischen Erwägungen nicht geduldet werden kann: „Wann aber jemand keinen GOTT glaubet, denselben hält innerlich nichts ab, und findet tausend Gelegenheiten, die ärgsten Delicta zu begehen, ein solcher lädiret alle Jura, und es heisset bei ihm: Propter Imperium violetur Religio." (S. 57) Er geht aber mit Bayle davon aus, dass superstitiöse, abergläubische Menschen für den Staat gefährlicher sind als Atheisten. (S. 59) Dagegen sind dogmatische Fragen wie Trinitätstheologie, Transsubstantiation oder Communicatio idiomatum politisch-juristisch gleichgültig. Gotteslästerung ist zwar „eines von den gröbsten Delictis, auch gegen GOtt; Alleine ein Fürst ist deßwegen nicht gesetzet, daß er GOttes Ehre rächen soll, sondern die Pflicht eines Fürsten ist, seine Unterthanen für äußere Gewalt zu vertheidigen." (S. 62 f.) Auch hier trennt Thomasius strikt zwischen der politischen und religiösen Sphäre. Der Fürst sei nicht „Statthalter GOttes und Custos primae tabulae" (d. i.

[80] S. o. S. XXXIV.

[81] Theses Inaugurales, *De iure Principis circa haereticos*, quas ... praeside D[omi]n[o] D[octore] Christiano Thomasio ... pro licentia summos in utroque iure honores et privilegia doctoralia rite capessendi, publico eruditorum examini submittit Johannes Christophorus Rube ... d[ie] XI. Novembr[is] M.DC.XCVII.; deutsch: Herrn Christian Thomasens Erörterung der juristischen Frage *Ob Ketzerey ein strafbares Verbrechen sey*, 14. Juni 1697. In: Auserlesene deutsche Schriften, Erster Teil, 1705. Neu in: Ausgewählte Werke [wie Anm. 67], Bd. 23, 1994, S. 210–307.

der ersten drei Gebote des Dekalogs, S. 64). Er klassifiziert deshalb alle dogmatischen Streitigkeiten um den Gottesbegriff (Sozinianer, Arianer, Juden) als Gewissensfragen, an die man nicht missionarisch rühren solle.

Das Interesse des Klerus an der Bestrafung der Hexerei, die unter Ketzerei fällt, ist für Thomasius sinnlos. Er glaubt nicht daran, dass es Hexen gebe, und hält die einschlägigen Geschichten für abergläubische Ammenmärchen. Widerlegen kann er die Theorie freilich auch nicht. Aber er weiß, dass die unter Folter erzwungenen Geständnisse der „Hexen" juristisch nichts hergeben, und verweist auf die *Cautio Criminalis* von Friedrich Spee: „Es haben auch einige Juristen gesehen, dass die Hexenprozesse nichts taugen, und hat unter anderm ein Catholischer Jurist Cautelas Criminales de Processu contra sagas in 12mo geschrieben, welcher gezeiget, daß unser Processe nicht wohl eingerichtet wären. Dann, wann deßwegen eine Präsumtion wieder einen wäre so brächte man die Personam suspectam durch die Tortur so weit, dass es einer bekennen müßte". (S. 68 f.)

Judentum und Neues Testament

Die im antiken Judentum befohlenen Opfer sind sinnlos. Sie zerstören die Produkte von Gottes Schöpfung, um Gott zu verherrlichen. Ein Uhrmacher – vergleicht Thomasius – sei auch nicht erbaut davon, wenn man seine Uhren zu seinen Ehren zerschlagen wolle. (S. 80) Die Beschneidung sei ein befohlenes Bundeszeichen für die Juden.

Die jüdische Religion sei ursprünglich einfach gewesen, dann aber durch den Gesetzesgehorsam verdorben worden. Christus kam „und zeigete denen Leuten wiederum den Weg zu der wahren Glückseligkeit, darüber sich zuvor alle Philosophi zu Naren studiret hatten." (S. 87) Diese „Restauratio Christi" sei bei Arnold in der *Historia Novi Testamenti* dargestellt; aber man müsse die „albernen Imaginationes über den Fall des Menschen" wegwerfen. (S. 88) Im Übrigen hätten die Juden „in ihren Sephiroth einen Conceptum Trinitatis", (S. 88) so dass die Trinitätslehre so neu nicht sei. Die Juden hätten sich seit dem Alten Testament verändert, die Polygamie sei nicht mehr zugelassen. (S. 94)[82] Aber sie seien ein heiliges Volk, insofern sie abgetrennt (sanctus) von andern seien. In der „Republik", die Moses angeordnet habe, (S. 98) sei der Götzendienst verboten und mit Strafe bedroht gewesen. „Hodie gehet aber solche Strafe in Idololatras nicht mehr an, weil die Religion vom Staat gänzlich separiret." (S. 101)

Christentum

Wie Pufendorf ist auch Thomasius ein Anhänger der Lehre von der christlichen Armut der Kirche. Das Reich Christi ist für ihn nicht von dieser Welt. Deshalb übernimmt er die Unterscheidung von geistlichem Lehrer und weltlichem Fürsten. (S. 126)

Sein Credo: Die geistliche Lehre soll einfach sein. Die komplizierte Dogmatik der Konkordienformel mache die einfache Religion zur haarspalterischen Theologie. Die theologische Metaphysik („Pneumatik", S. 128) sei falsche Spitzfindigkeit. „Christus hat keine speculativa, sondern practicas Doctrinas proponiret, welche die Vernunft nicht übersteigen." (S. 129) Deshalb spricht er sich für einfache, nicht „oratorische" Lehre aus. (S. 132) Das ist ein durchaus erasmianisches Konzept von Religion, das Toleranz möglich mache: Die Heiden hätten die Juden und Christen geduldet und könnten „uns" so beschämen. (S. 136)

[82] Siehe dazu Thomasius' Dissertatio juridica *De crimine bigamiae* [wie Anm. 45].

Die Apostel seien zwar der Obrigkeit ungehorsam gewesen, aber das sei nicht die Situation des (evangelischen) Klerus. Die Apostel hätten, wo sie nicht akzeptiert wurden, den Staub von ihren Füßen geschüttelt und seien emigriert. Das Amt der Propheten und Apostel sei ein Munus extraordinarium gewesen, das der heutigen Kirche unangemessen sei. (S. 144) Vor allem wendet sich Thomasius gegen den politischen Ungehorsam aus religiösen Motiven. Die Geistlichen seien weder Apostel noch Propheten. Er hält dafür, dass jedermann der Obrigkeit untertan sei (S. 147) und dass diese zu Recht, wie König Friedrich Wilhelm in Halle, alle Schmähreden verboten habe. (S. 148) Privat könne man reden wie man wolle, öffentlich nicht – da müsse man seine besondere Sendung begründen.

Die Apostel hätten auch kein Imperium gehabt, sondern gelehrt. „Officio autem Docentis semper repugnat Imperium." (S. 158) Auch das biblische Argument, nach dem die an Hecken und Zäunen sitzenden Bettler genötigt würden, am Hochzeitsmahl teilzunehmen („Compelle intrare", Luk 14, 23), sei kein Befehl, sondern „flehen und bitten" (S. 159). Die Exkommunikation in der Urkirche sei gleichfalls kein imperativer Rechtsakt, sondern gehöre unter die Praecepta moralia. (S. 161) Thomasius lehnt konsequenterweise die Theorie der geistlichen Potestas indirecta der Priester ab, die durch höllische Strafdrohungen Einfluss auf die Öffentlichkeit nehmen wollen.

Die Rechtsstruktur der Kirche

Thomasius weist natürlich das entscheidende Bibelargument, das die römisch-katholische Kirche für sich in Anspruch nimmt, nämlich die Schlüsselgewalt in Bezug auf die Sündenvergebung, die Petrus als dem ersten römischen Bischof übergeben worden sei, (Matth. 16, 19) zurück. Diese Gewalt sei nicht Petrus allein, sondern allen Jüngern zugedacht worden (S. 171). In Bezug auf die Beichte geht es Thomasius, wie Pufendorf, um die Satisfaktion (Genugtuung), die erst die Sünde sühnt. Die paulinisch-lutherische Rechtfertigungslehre spielt bei ihm ebenso wenig eine Rolle wie bei Pufendorf. Thomasius akzeptiert allerdings die sakramentalen Formeln in Beichte und Eucharistie – wenngleich für ihn die Formeln und Symbole nur äußerlich sind und keine notwendige Verbindung zur inneren Macht haben. Das Argument ist juristisch: Man muss sich im institutionellen Interesse an die Formeln halten, denn innere Überzeugung könne nur äußerlich überprüft werden. Das Eherecht wird hingegen den staatlichen Instanzen zugesprochen, denn die Ehe sei eine weltliche Sache. (S. 313)

Die Berufung auf das biblische Apostelkonzil, durch das die römischen Katholiken die kirchliche Jurisdiktion legitimieren, „wie es hodie auch unsere Lutheraner machen, welche ihren Sedem et Cathedram Lutheri zu Wittenberg haben", (S. 212) akzeptiert Thomasius ebenfalls nicht. Er argumentiert, das Geld, das für die Apostel gesammelt wurde, sei den Armen gegeben worden; es seien keine Steuern und deshalb keine juristisch bewehrten Abgaben gewesen. Und im Übrigen teilt er Pufendorfs Meinung, dass Moses zwar eine politische Mission gehabt habe, die Apostel hingegen nicht. Die Kirche sei dort, wo zwei oder drei in Christi Namen versammelt sind; Prediger seien für solche Versammlungen nicht nötig. (S. 230) Thomasius' Kirche besteht in einer rational-religiösen Gemeinde von Gleichen. „In Ecclesia vero non est Differentia inter Personas, sondern sie sind alle gleich. Dannenhero kann ich den Weigelium, welchen manche zu einem Ketzer gemachet haben, wohl excusiren, da er gesaget, es komme kein Fürst, kein Obrister, kein Bedienter am Hof in Himmel." (S. 237) In der Kirche sind die Fürsten nur Christen unter Christen. Sie sind ebenso wenig herausgehoben wie die Geistlichen. Thomasius formuliert hier eine deutliche Kritik an der lutherischen Geistlichkeit und ihrer Verbindung mit den Höfen; das ist für ihn eine schädliche Parallele zum Katholizismus: „Das Papstthum stecket uns dennoch immer im Kopfe." (S. 237)

Exegese

In der katholischen Kirche erhebt der Papst den Anspruch auf das höchste Richteramt in dogmatischen und exegetischen Fragen. Dagegen betont Pufendorf als Lutheraner das Prinzip Sola scriptura. Anders als Pufendorf sieht Thomasius das Dilemma des Schriftprinzips deutlich; die Schrift sei zunächst nicht mehr als ein toter Buchstabe, und wer urteile am Ende über ihre richtige Interpretation? „Ja, sagen wir, Spiritus sanctus judicat per Doctores et Theologos eruditos. Darauf antworten die Papisten, wo dann der Heilige Geist sey, und woher wir dann wüsten, daß unsere Doctores den Heiligen Geist hätten? Ja, sagen wir, dieses ist blasphem. Alleine weiter, was sagen wir dann wieder die Papisten?" (S. 269) „Da saget nun der Papst, ich habe den Heiligen Geist, und explicire die Schrift recht; wir sagen, wir haben denselben; woher wollt ihr das beweisen?" (S. 269)

Thomasius ist sich durchaus über die Dilemmata der Kontroverstheologie im Klaren. Das betrifft vor allem den von der lutherischen Orthodoxie erhobenen Vorwurf, die Papisten begingen Unrecht, wenn sie den Leuten verböten, die Schrift zu lesen. „Alleine wir sagen zwar wohl in der Controvers mit denen Papisten, die Schrift sey klar, und könne dieselbe jeder lesen; wann aber einer die Schrift lesen will, so sagen sie, es sey gefährlich, man lege solches unrecht aus, und solle sie deßwegen mit *Lutheri* Glossen lesen. Also ist es einerley, denn die Papisten sagen, leset sie cum Notis *Bellarmini.*" (359 f.) Thomasius zieht daraus die Konsequenz, auch die Sozinianer zu akzeptieren: „wir können ex communibus principiis denen Socinianern nichts anhaben." (S. 360)

Konzilien

Die Frage nach der Autorität der Konzilien war seit Luthers Zurückweisung der konziliaren Autorität in Worms 1521 ein Streitpunkt der Kontroverstheologie. Thomasius weist die Autorität der Konzilien nicht prinzipiell zurück, aber er ist skeptisch. Seine Beispiele: Auf dem Apostelkonzil sei gegen die Beschneidung entschieden worden; diese Entscheidung sei keine neue Vorschrift, sondern Freiheit von einem alten Kult. Konzilien dürften, meint er, generell keine Vorschriften machen, (S. 276) sondern nur Vorschläge.

Bei den Katholiken werde diskutiert, ob der Papst über dem Konzil stehe, bei den Protestanten sei die stärkste Partei die der Konkordienformel gewesen (das sind Thomasius' orthodoxe Lieblingsgegner), schließlich habe die Synode von Dordrecht unter den Calvinisten den Interessen des Prinzen von Oranien gedient und zur Hinrichtung von Johann Oldenbarnefeld geführt. (S. 282) Deshalb solle der Streit unter Protestanten nicht per Konzilsbeschluss geschlichtet werden. (S. 283) Er stellt auch fest „daß die Orthodoxie zuerst in Concilio Nicaeno den Anfang gewonnen hat, da sie den Arium verdammet haben." (S. 363)

Er spricht den kirchlichen Kollegien die Rechtsverbindlichkeit weitgehend ab. Auch hier sind die Argumente historisch: Die Apostel hätten die Bischöfe per Handaufhebung gewählt (das sei die Ordination), sie hätten weder das Recht gehabt Almosen zu erzwingen noch Ehen zu schließen. Die Aufsicht über die Sitten sei keine Angelegenheit der Kirche, sondern Aufgabe der Politik. Kirchenstrafen seien hingegen, wie er immer wieder betont, sinnlos (S. 294–296). Das Ergebnis dieser thomasianischen Vorlesungen ist die weitgehende Auflösung der eigenen Kirchenrechte gegenüber dem Staat.

Eigenständigkeit des Staates

Für Thomasius ist der Staat ein Gebilde eigener Legitimität und Ursprünglichkeit. Er betont: Der Staat bleibt Staat, auch wenn die Religion wechselt, er wird nie zur Kirche. Dieses Argument marginalisiert die Kirche. „Ecclesia non tollat politias." (S. 301) Er traut denn auch den weltlichen Instanzen eher zu, Geistliche zu bestimmen, als den Gemeinden. (S. 322) Synoden sind für ihn keine sinnvollen Institutionen. Der Fürst ruft aufgrund der Vorschläge seiner Geistlichkeit Synoden zusammen, aber am Ende kann er als Fürst nicht entscheiden, weil er kein Lehrer ist, und die Lehrer können sich ihrerseits auch nicht einigen, deshalb hatten sie ja die Synode zusammengerufen. Besser sei es deshalb, das Decorum der Höfe und Bürger gegen die Rabies Theologorum zu stärken. Thomasius ist darüber hinaus, anders als Pufendorf, der Meinung, dass Heiden und Juden, sofern sie nicht Gotteslästerungen begehen, im christlichen Staat geduldet werden können. (S. 336) Diese Aussage steht freilich in gewisser Spannung zu der Ablehnung des Atheismus aus politischen Gründen.[83] Religiöse Unruhestifter, die den Landfrieden turbieren, dürfen nach seiner Ansicht des Landes verwiesen werden.

Thomasius vindiziert seinem Fürsten das Ius reformandi. (S. 381) Er weist ausdrücklich darauf hin, dass dieses Recht nach dem Grundsatz Cuius regio eius religio nicht nur den Protestanten zusteht, sondern auch den Katholiken. Deshalb ist der letzte Paragraph in Pufendorfs Traktat nach Thomasius' Ansicht sinnlos.[84] Ein jeder, der irre, irre bona fide und glaube, der Grund der Reformation, in welche Richtung auch immer, sei die „Utilitas reipublicae". (S. 382)

Das Ergebnis von Thomasius' Kommentar zu Pufendorfs Traktat über das Verhältnis von Religion und Politik ist ein Plädoyer für pragmatisch-politische Toleranz des Fürsten: Der „Fürst darf eine Religion öffentlich proponiren lassen welche er nur will, er darf aber die Unterthanen deßwegen nicht verhindern, noch ihnen Verdruß machen, sondern muß ihnen liberum Exercitium Religionis lassen." (S. 383) Allerdings darf er eine Zeit vorschreiben, „wann ihr predigen, und die Sacramenta administriren sollt, und kann euch also circa Circumstantiis Temporis et Loci befehlen" (S. 384). Das ist zwar ein Schritt zur pragmatischen Toleranz; freilich besteht diese Toleranz in der vernünftigen Gewährung eines religiösen Freiraums durch den Staat. Auch wenn von einem Menschenrecht auf Religionsfreiheit nur ansatzweise die Rede sein kann, wäre es doch schön, wenn dieser Pragmatismus weltweit Anerkennung fände.

[83] Vgl. oben S. XLVI.
[84] S. o. S. XXXVIII.

SAMUELIS PUFENDORFI

De

HABITU RE-LIGIONIS CHRI-STIANÆ AD VITAM CIVILEM,

LIBER SINGULARIS.

Accedunt Animadversiones ad aliqva loca è Politica ADRIANI HOUTUYN JCti Batavi.

BREMÆ.

Sumptibus ANTHONII GUNTHERI SCHWERDFEGERI Biliop.

ANNO M DC LXXXVII.

Vorrede an den Großen Kurfürsten

Serenissimo atque Potentissimo Principi ac Domino
Domino *Friderico Wilhelmo Marchioni Brandenburgensi*,
Sacri Romani Imperii Archi-Camerario et Principi Electori,
Prussiae, Magdeburgi, Juliae, Cliviae, Montium, Stettini, Pomeraniae, Cassubiorum Vandalorumque, nec non in Silesia Crosnae et Carnoviae Duci,
Burggravio Noribergensi,
Principi Halberstadii, Mindae, et Camini,
Comiti Marcae et Ravensbergae,
Domino in Ravenstein, Lauenburg et Buton, etc.

Domino meo clementissimo.

Quae cura praecipue solet exercere eos, queis illustrium Virorum nomina / scriptis suis publicae luci exponendis praefigere lubido est, ut facti sui idoneas rationes adducant, importunitatis notae declinandae; eadem *Serenitatis Tuae Electoralis* benignitas in praesens mihi plane ademit. Cum enim honestis viris inter sanctissima officia incumbat aliorum praeclaro de se judicio pari animi promptitudine occurrere, nec deteriorem se exhibere, quam isti senserint; quanto magis laborandum mihi est, ne tanti Principis tam luculento expressum modo de me judicium parum prompta veneratione aestimasse videar? Sic ut ipsa necessitas gratum animum expromendi omni me solicitudine absolvat speciosos colores, aut excusationes dispiciendi. Et quia aliqua temporis mora opus est, dum dignum *Serenitate Tua Electorali* cultus mei specimen repraesentem, haut abs re fuerit in antecessum qualecunque documentum devotae Eidem mentis exhibuisse. Quod quidem in / praesens haut aliud occurrebat, quam hicce, quem nunc in publicum emitto, libellus, cui gratiosa Serenitatis Tuae Electoralis auspicia accommodare pace Tanti Nominis fas mihi duxi.

Equidem agnosco exiguum mole esse id opusculum, atque omnibus ornamentis destitutum, queis eruditi splendorem suis scriptis conciliare, aut quandoque jejuni maciem argumenti evanido tumore inflare sueverunt. Enimvero generosis mortalium non tam doni pretium, quam offerentis animus inspici solet; ac sapientibus solida rerum aestimantur, ampullae verborum, fucique, et quicquid est adscititiae pompae inter inania habentur, queis non nisi vanae mentes capiuntur. Est autem hujus libelli argumentum, quod ad prima ac solida principia revocare conati sumus, ex eo genere, quod maximi inter populos Christianos usus habetur, et cujus penitissima cognitione imbutos esse cumprimis expediebat eos, qui summum in civitatibus Christianis regimen divinitus sortiti sunt. Simul modus tractandi ac demonstrandi horum captui attemperatus, quorum vitae genius, occupationumque gravitas subtilitates scholasticas adspernatur; cum praeter perspicua divinarum literarum oracula, non nisi plana communis rationis dictamina, ac scientiae civilis indubia scita in testimonium excitentur; quae non possunt non omnibus manifesta esse, qui vel mediocri notitia rerum humanarum mentem imbuerunt.

Caeterum cardo dogmatum, è quibus Christianorum populorum intrinseca tranquillitas, et unio magnam partem dependet, in eo vertitur, utrum Salvatori nostro, dum viam ad salutem aeternam perveniendi mortalibus pandit, pariter introducere placuerit potestatem quampiam sacram, quae idonea ac sufficiens sit constituendo certo statui à vulgaribus civitatibus separato; numque adeo unio eorum, queis eadem in Salvatorem fiducia, utique in rem- / publicam aliquam coalescere debeat ab illis civitatibus distinctam, quas institui securitas humani generis subegit. Si enim Numinis jussu utique ejusmodi Regnum sacrorum fuit constituendum, quale ab iis, qui Episcopi Romani sectam sequuntur, obtenditur, in quo huic soli divinitus commissa sint imperandi arbitria, reliquis omnibus obsequii gloria relicta: nil superest, quam ut duro quantumvis jugo, quod majores nostri excusserunt, cervices iterum submittamus, ac superbis pedibus osculandis venerabundi advolvamur. Nec amplius tunc justam secedendi causam praebere poterunt corruptelae, queis vel dogmata, vel mores temerati ab isto arguuntur, non magis quam civibus fas est obsequium in Principes statim exuere, ubi ab hisce quaedam secus quam par erat in republica administrata adpareant; aut quam liberis concessum est obligatione sua / adversus morosos aut paulo dissolutioris vitae parentes sese exsolvere. Praesertim ubi illud aeterna lege positum sit, ut extra Regni istius sacrorum pomaeria nemini salute potiri liceat; cum quantocunque onere mortalibus sit redimendum, aditu felicitatis sine fine duraturae haut excludi. Unde et ratio haut fugit eos, qui praesenti maxime tempore dominatum Episcopi Romani propugnant, quod seposita fere disputatione circa singula doctrinae Christianae capita Ecclesiae vocabulum praecipue crepent, idque suae sectae unice competere contendant, reliquis omnibus haereseos convitio rebellionis notam impingant. Hoc quippe solum ubi pervicerint, totam causam obtinuerunt; et si qui laesos se, aut male habitos putent, iis praeter supplicare, ac vota fundere nihil est relictum.

Ad hanc igitur adversae partis velut arcem subruendam necessum est ad fundamenta Regni Sacrorum penetrare, et quid solidi ista contineant excutere: quae si commentitia esse demonstratum fuerit, totam quae superstructa est / molem ultro corruere oportebit. Quam in rem quae à nobis deducta sunt, eousque valere arbitramur, ut nisi ab adversa parte presse ac penitissime destruantur, quod quam difficile sit futurum tentando comperient, universa gloriatio, qua sese tantopere jactant, in diuturnam usurpationem, ac per multa secula continuatam injuriam resolvenda sit, quam vel sero demum excussisse egregium fuerit. Simul tot Regum, Principum, ac Rerumpublicarum existimatio in integro erit, quippe qui illegitimum molestissimumque in se suosque cives dominatum abdicando jus suum rite vindicatum ivere; quos hactenus sedis Romanae adulatores proterve insultant, velut adversus divinum institutum refractarios ac rebelles, ac se suosque juxta cives in exitium pertrahentes. In quos jam quoque mercenariorum scriptorum impudentia id calumniae genus spargere haut veretur, quasi praetextum duntaxat istis fuerit, à quisquiliis ac sordibus dogmata, ritusque sacros repurgasse; caeterum non amore illibatae / veritatis, sed meris respectibus profanis, ac saepe cum enormi crimine conjunctis agitatos obsequium Ecclesiae abrupisse, ut ambitioni aut avaritiae suae materiam invenirent. Quibus latratoribus os obturare sane par est, demonstrato Principes Protestantes, et quorum ministerio isti hoc in negotio usi fuerunt, piis, honestis, ac necessariis causis motos extranei Praesulis importuna imperia excussisse, et quae per istum inventa aut fota fuerat labem correxisse aut abolevisse. Atque ea de re ipsos Principes solide ac modo plano perspicuoque edoctos esse decet, quo conscientiis suis adprobare queant, à majoribus suis jure emendata à se recte defendi; neve artibus ac illecebris adversae partis plusquam meretriciis iterum se in casses pellici patiantur.

Sed et cumprimis Principum interest nosse, quibus finibus Ecclesia à Republica discernatur, et quid quantumque potestatis sibi in Ecclesiam et sacra jure competat. Nam si verum fateri citra invidiam lic- / eat, limites istos ab eruditis hactenus haut ita accurate rectos in aprico est inscitia rerum, aut veritate ob respectus humanos tenebris ultro involuta. Aliis quippe Ecclesia in civitate velut peculiaris, separatus ac independens status collocatur; quo ipso Principibus tanquam civitatis capitibus omnis circa sacra dispositio abjudicatur, nisi quod sententiarum à tribunalibus sacris latarum executionem, saevitiaeque sacerdotalis apparituram; adeoque alienae carnificinae ministerium istis delegare pudor nullus sit, de caetero citra scrupulum ac praevium ratiocinium amplexuris, quicquid dogmatum istis propinare libido ferat. Aliis contra persuasum fuit, Ecclesiam cum ipsa civitate plane confundi atque uniri, postquam Principes juxta civesque nomina sua Christo dederunt, sic ut istis pari jure circa negotia sacra, quam civilia disponere fas sit. Utrumque errorem alius error non minus exitiabilis comitatur; fas esse Principibus vel proprio jure, vel ut ministris / sacrificuli Regis cives etiam erroris haut legitime convictos vi poenisque ad ejuranda sua amplectenda aliena dogmata compellere, aut eo solo nomine ipsos civitate eliminare, adeoque conscientiae eorundem pro lubitu imperare. Quo ipso Principes, dum falcem in alienam messem mittunt, ac potestatem sibi arrogant à Deo haut commissam, gravissimo sane se piaculo adstringunt; ac dum religionis Christianae studium jactant, viam insistunt genio ejusdem quam maxime repugnantem.

Ac frustra heic praetexitur sacer Zelus, aut amor in cives, qui nullo modo efficacius exprimi queat, quam si eos in erronea devios ad saniora revocaveris. Quis enim ita cives amare jussit? aut quo autore modus iste veritatem propagandi introductus est? Qui si Numini sapientissimo probaretur, longe alia ratio ineunda fuerat ab initio religionem Christianam disseminandi; cui non minus in proclivi fuisse censendum est Imperatores Romanos, Regesve Parthorum convertere, eorumque legionibus ad destruenda idola uti, aut / milite in omnem libidinem ac saevitiam laxato miseros cives ad ejurandas, queis innutriti erant, opiniones compellere, quam piscatores, et ima è plebe homines ad tam gloriosa ministeria instruere. Qui cum non nisi docendo, hortando, monendo à superstitione et errore ad genuinam pietatem et veritatem genus humanum adduxerint, fas est credere sequentibus quoque eandem viam insistendam, ac circa religionem procul habendam omnem vim, aut illecebras, aut quicquid hominum mentes alias ad turpia aut invisa flectere solet.

Nec satis sibi consulunt Principes, si talia sola autoritate sacerdotum, eorumque periculo patrent. Nam ni ipsi probi instructi sint, recte sese utique habere quod agunt, vicariam secus actorum culpam sacerdos hautquidquam sustinebit; ac idem quidem Principi in exitium comes ibit; poenis hujus hautquidquam surrogabitur, eodem immuni. Sed nec qualiscunque persuasio, aut pium propositum culpa Principem eximet, cum fieri queat, ut quis quam maximo sese piaculo ob- / stringat, quando gratissimum se Deo opus patrare arbitratur. Contra saniora edoctis Principibus religio est invadere illa, quae extra ipsorum potestatem Deus sibi soli seposuit, cum alias sat arduum iisdem munus incumbat, quod in amplissimae quantumvis gloriae materiam patet. Eoque satis habent viribus atque opibus civium ad salutem Reipublicae uti, ac circa talia obsequium idoneis poenis exigere, imperium in conscientias Deo relinquentes, qui pro sua sapientia per congrua media animos hominum ad ultroneum ac rationabilem sui cultum adducere novit. Qui autem jugo Romani Praesulis cervices subduxerunt Principes, merito libertatem ac jura sibi debita in integrum restituta gaudent, ac parta semel bona deinceps illibata conservare student. Ac quo magis de suo jure certi sunt, eo animosius obviam ire nitentur conatibus eorum, qui Regi sacrificulo mancipati in par secum servitium caeteros abstrahere ardent. Quibus merito meliorem mentem precamur; saltem ut si ipsis infelici ser- / vitio immori dulce est, reliquis suam libertatem ne invideant.

Enimvero indecorum fuerit exiguo libello verbosiorem praefationem praemittere; ac vel ista modum excedere videri poterant, nisi utique aliquid dicendum fuisset in commendationem argumenti, quod cum omnibus Christianis, tum praecipue Protestantibus Principibus cordi esse debet.

Quos inter *Serenitas Tua Electoralis* cum primis effulget non dignitatis solum eminentia, sed vel maxime sapientia, animi magnitudine, ac rerum gestarum gloria. Cui si exiguum hoc opusculum in autoramentum devoti mei in Eandem animi benigne suscipere placuerit, magna mihi alacritas accedet arduo operi manum admovendi, qua Ipse, quantus hoc seculum gloria nominis Tui implevisti, tantus in omnium deinceps temporum memoria versaberis. Interim Deum O[ptimus] M[aximus] supplex in vota voco, ut *Serenitatem Tuam Electoralem* per multos adhuc annos commoda valetudine, omnique prosperitate florentem Patriae Tuaeque Domus Sublimissimae bono conservare velit!

Serenitatis Tuae Electoralis
devotissimus
Samuel Pufendorf.

Holmiae d[ie] 3. Septembr[is] Anno 1686.

De habitu religionis ad vitam civilem

Argumenti nobilitas.

Inter quaestiones, quae multo jam tempore per orbem Christianum agitantur, facile è praecipuis est quae super indole Ecclesiae, ejusque autoritate ac potestate tractat, tum cuinam è coetibus illis, in quos Christiani discesserunt, dignatio Ecclesiae proprie competat. Sane illos, qui Pontificis Romani sectam sequuntur, in eo causae suae arcem adversus Protestantes collocare videas, ut suo coetui vocabulum verae Ecclesiae unice tribuant, reliquos extra ejusdem communionem constitutos velut novatores ac rebelles habeant. Quod ipsum ad victoriam sibi sufficere arbitrantur, nec opus esse, ut circa singulos articulos adstruendos multum operae sumatur; cum quicquid in ‹6› diversum è sacris literis objiciant Protestantes, vel eo solo nomine repudiandum sit, quod ab interpretatione et traditione Ecclesiae discrepet. Quo ipso in propria causa judicum ac testium autoritatem sibi arrogatum eunt. Sed et magnopere tum rei Christianae, tum et tranquillitatis civilis interest accurate definiri, quousque se extendat Potestas Ecclesiastica, quam sibi sacerdotum ordo vindicat, et quantum juris circa sacra summis imperantibus civilibus competat. Horum enim fines nisi rite regnantur, non possunt non ingentes abusus, turbae, oppressiones in Ecclesia juxta ac Rep. provenire.

Caeterum me, ut hisce enodandis aliquid operae impenderem cumprimis id movit, quod solidae circa isthaec doctrinae insignis sit usus hac praecipue tempestate, qua non solum Romanae sectae sacerdotes omnes ingenii nervos ad subvertendos à se dissentientes intendunt; Sed et maximi orbis Christiani Principes omisso eo disceptandi genere, quod per comparatas invicem rationes exercetur, ad vim confugiunt, et adhibita manu militari miseros cives ‹7› ad cultum, quem adversantur, compellunt. Hae igitur quaestiones ut à lubricis et vacillantibus disputationibus ad prima et solida principia revocentur, necessum est, ut ipsis è fontibus deducatur, quem habitum, σχέσιν, seu respectum tum religio in universum, tum quae à Christo nomen et originem trahit, ad vitam seu societatem civilem gerat. Hoc enim fundamento posito, ubi è divinis Literis inquisitum fuerit, quam indolem doctrinae suae attribuerit Christus, haud difficile erit colligere, num divinitus Regnum quodpiam sacerdotum sit institutum; aut num Regibus fas sit imperium et arma sua negotiis Christianam religionem spectantibus interponere.

§. 1. De religione ante civitates.

Esse igitur supremum Numen, à quo tum universa mundi machina, tum praecipue genus humanum sit conditum, et quod ab homine velut creatura mentis capace agnosci colique debeat, ex eo genere est, quod non modo cum Christianis, sed et cum sanioribus Philosophis agenti ut operose demonstretur, supervacaneum et tantum non cum aliqua le- ‹8› ctorum injuria conjunctum videtur, velut cuipiam rationis compoti de eo dubitare in mentem venire queat. Istius porro cultus, quo officium hominis erga Deum constat, notitia è duplici fonte promanat. Vel enim è lumine mentis humanae ratiocinando colligitur, quae de Deo sententiae sint fovendae, et quo modo veneratio nostra erga eundem sit expromenda. Vel peculiari modo hominibus aliquid circa cultum Dei ab ipso Deo panditur, quod alias solum rationis lumen sibi relictum haut attingebat. Circa utrumque considerare nobis est constitutum non tam quibus capitibus utriusque generis cultus constet; quam prout respectum aliquem ad alios homines ipsamque adeo societatem civilem involvit.

§. 2. Cuique homini officium erga Deum per se exercendum.

Id igitur religio, cultusque divinus, tam ex hoc quam illo fonte promanans, primum habet, quod ita cuilibet homini exercendum hoc officium incumbat, ut quisvis per se ad id concurrere debeat; nec idem alterius vicariam operam ita admittat, ut quis eo se plane abdicare, idemque in alterum transferre ‹9› queat: adeoque ut quis pro altero cultum divinum exercendum in se recipiat, hoc sacrorum plane incurioso, ac nihilominus ex alterius opere fructum cultus divini percipiat. Id namque officium cuilibet inhaeret, quatenus creatura Dei mente praedita existit, eoque involubili nexu animam ratione praeditam consequitur. Qua in re differt cura nostrae animae à cura corporis, quod hujus quidem custodiam alteri committere possimus, ita ut si secus quid eidem accidat, culpa soli curatori aut custodi, non nobis imputari possit. Aut sicuti nos per mare ad certum locum trajiciendos nautae committere possumus, cujus cura atque providentia in destinatum portum adpellimur, nulla nostra opera interveniente. Sed animae suae curam, quae verae religionis exercitio constat, nemo ita à se abdicare, alterique delegare potest, ut si secus quid admissum fuerit, hic solus ad reddendam eo nomine rationem Deo teneatur, illo immuni. *Unusquisque nostrum de seipso rationem reddet Deo.* Roman. XIV. 10. Et frustra Paulus ‹10› optat *anathema esse à Christo pro fratribus suis cognatis ipsius secundum carnem.* Add. Psalm. XLIX. 8. 9. Et quanquam fieri possit, ut quis propter neglectum circa alterius animam officium pereat; haut eo minus tamen pereundum est et illi, qui negligitur, utut forte propter fiduciam alienae curae propriam curam omisit. Ezechielis XXXIII. 7. 8. Sic justus sua fide vivere dicitur. Habac. II. 4. *Ac indefinite pronunciatur, qui non crediderit, damnabitur, nullo discrimine, seductus* quis fuerit, an minus, aut num forte ob respectus humanos veram fidem ejuraverit.

§. 3. Id quomodo se habeat in libertate naturali.

Ex hoc autem, et quia religio ad Deum refertur, consequitur; ad hanc exercendam non necessariam esse per se conjunctionem plurium hominum: nec ejusdem efficaciae salutari in uno quopiam homine aliquid inde accedere, quod plures in eandem conspirent. Unde primos mortalium in paucitate sua genuino religionis usu perfungi potuisse, ac rite perfunctos fuisse constat: ac si unum aut paucissimos in solitudine age- ‹11› re contingat, non ideo religiones expertes censendi sunt, quia in coetu non agunt. Nam quod Deo in cultu sui quam maxime probatur, id soli ipsius obtutui patet, velut qui penetralia cordium humanorum inspicit. Et qui à me non proficiscitur, utut non solis meis viribus, sed adminiculo quoque divino adscribendus sit, cultus Dei, pro meo haberi nequit. Porro qui in libertate naturali degunt, uti nulli humano imperio sunt obnoxii, ita et in eo statu religio, velut quae ad Deum refertur, solo reverentiae vinculo erga eundem continetur, imperii humani aut coactionis nescia: quam quisque eo in stato ultro amplectitur, prout vel propriae rationis dictamina, vel divinitus accedens revelatio persuaserint. Quo et in statu quilibet suo è judicio disponit circa ea, quae religionem extrinsecus circumstant. Sicut eo in statu constitutus super sua fide ac religione soli Deo teneatur rationem reddere; ac nemo ibidem velut suo jure à me postulare queat, ut ad ipsius potius, quam ad proprium judicium Deum colam. ‹12› Sed si quis me utique in suas partes trahere velit, idoneis rationibus demonstrandum est, me in errore versari, penes ipsum veritatem stare. Quanquam et alia ratio sit, quare ad religionem nemo in quocunque statu positus cogi possit, quia nempe penitissima agnitio veritatis non nisi è rationibus mentis assensum elicere aptis nascitur, ex qua ad venerationem Numinis fit progressus: et mysteria religionis Christianae supra captum humanae rationis posita, ut mentem convincant, gratia divina opus habent, quae violentis mediis haud quidquam conciliatur. Unde ut dem sine mente sonum, ut gestum aliquem exprimam, aut ut sensa animi mei dissimulem, et verba ab hisce discrepantia proferam, vi cogi possum, ut credam, cogi non possum. Nam ex toto corde credendum est Actor. VIII. 37. *Quod autem ad declinandum malum, aut captandum emolumentum terrenum suscipitur, id non suscipitur ex toto corde. Sed fides ex auditu est; auditus autem per verbum Dei.* Rom. X. 17. Neque hoc verbum ‹13› Deus violento modo hominibus impingit, sed suavissima ratione idem insinuat. 2. Cor. V. 20. *Nomine Christi legatione fungimur, tanquam Deo obsecrante per nos. Rogamus pro Christo, reconciliamini Deo.*

§. 4. Cura pro religione alterius originarie fuit penes parentes.

Uti tamen inter homines nihil frequentius est, quam ut, quod officium uni incumbit, in altero itidem obligationem pariat; ita et circa religionem contingit, ut is, cui ex ideonea conjunctione cura incumbit circa formandum alterius animum, teneatur quoque operam dare, ut idem super sano circa Numen sensu imbuatur, et ad hoc rite colendum proclivis fiat. Ea autem cura naturaliter neminem propius tangit, quam parantes circa liberos suos: unde et praecipua pars officii paterni habenda est ea cura, ut à teneris liberi veras circa Deum et divina sententias imbibant, et ad debitum Deo cultum praestandum excitentur. Nam serum nimis est liberos suo velut instinctui relinquere, quoad propria per ratiocinia officium erga Deum eruerint. Multo minus consultum est, peculia-‹14› res ipsos revelationes velle captare, insuper habita vera doctrina de Deo, quae jam extat. Quin fere inemendabilem in feritatem degenerant puerorum animi, ni cultui divino ab incunabulis adsuescant. Etsi ea pars officii paterni non alio modo exercenda est, quam indoles propagandae religionis admittit, id est, non vim intentando, sed docendo, hortando, obsecrando, iram Dei denunciando. Unde et originarie sacerdotium cum munere paterno, ac patrum familias est conjunctum. Sic Abraham velut exemplum boni parentis ac patrisfamilias commendatur, quod liberos suos ad pietatem manuduxerit. Genes. XVIII. 19. qui et circumcisionem administravit. Genes. XVII. 20. Add. Deuter. VI. 7. XI. 19. Eph. VI. 4. Sic et Jacobus Genes. XXXV. 2. 3. 4. abolet è familia sua idola, etsi nulla vi adhibita, sed familiaribus ultro tradentibus, quibus iste de vero Deo à se suisque majoribus culto, fidem fecerat. Etsi ea quoque pars cum reliquo officio paterno, quando filii relicta paterna familia sui juris evadunt, hactenus expirat, ut qui ‹15› in peculiarem patremfamilias abit filius, eodem quo pater jure sacris suae modus praesit. Ac si quae heic intervenere monita paterna, vim ultimarum voluntatum obtinent, quae non ex Imperio proprie dicto, sed ex evidentia ipsius rei, aut reverentia erga paternam memoriam valent, non nisi ab improbis liberis insuper habenda.

§. 5. Civitates non sunt institutae propter religionem.

E superioribus quoque colligitur, propter religionem civitates non esse institutas; seu homines non ideo in civiles societates coivisse, ut religionem invenirent, vel eidem vacarent. Cum enim religio et divinus cultus non minus commode à paucis, quam multis hominibus, in exiguo, quam magno coetu exerceri queat, non opus fuit eam ob causam societates struere magno ac valido hominum numero constantes. Praesertim cum increbescentes humano in genere injuriae, quae mortales primum ad instituendas societates civiles subegerunt, non huc tenderent, ut alios à cultu Dei averterent, sed ut vita, libertate, ac bonis ipsos spoliarent. Neque ‹16› etiam per se ad pietatem et expromendum Dei cultum facit in societate multorum hominum vivere, cum quilibet homo pro se cultum suum Deo adprobare debeat: nec ideo pius fit, quia cum aliis piis degit. Et qui ante civitates institutas vixere patresfamilias, non minus pietatis laude celebres sunt, quam qui post in civitatibus vixere. Ex quibus et id manifestum est, religionem non esse inventum ingeniosum eorum, qui civitates condiderunt, cum illa sit longe antiquior et prior civitatibus, utpote generi humano coaeva, cum civitates longe post condere rationes graves suaserint; etsi non defuerint, qui eadem ad respectus suos civiles abusi sunt. Eoque nec illius usum imperio civili esse subordinatum, velut instrumentum regendis dextre hominibus inserviens. Unde et non alio sensu recte dicitur, religionem esse vinculum societatis civilis, quam quia amota reverentia divini Numinis maligna quoque inest vis animos hominum stringendi pactis, quibus civitatum compages superstructa est: et quia ‹17› facile eludi potest metus ab hominibus imminens, ubi metus Numinis abfuerit.

§. 6. Cives non submiserunt suam voluntatem voluntati summorum imperantium circa sacra.

Cum igitur religiones gratia civitates non sint institutae, consequitur, dum patresfamilias easdem abdicata naturali libertate subierunt, non opus fuisse, ut hi voluntatem suam circa religionem voluntati summorum imperantium submitterent; prout quidem usum virium rerumque suarum submiserunt voluntati eorundem, ad genuinum civitatum finem, nempe securitatem civium dirigendum. Praesertim cum neque securitatis illius causa religio sit humano generi injuncta, neque ejusdem exercitium per se ad istum finem quid conferat. Ac religio à principio, quod longe eminentius est imperio civili, oriatur, eoque validius hominem stringat, quam imperium humanum, nec ab hoc alterationem recipiat. Unde inutile juxta ac absurdum foret, si futurus civis ita imperaturo se obstringeret: Submitto voluntatem meam voluntati tuae etiam in hoc, ut ad arbitrium tuum velim amare, venerari Deum, in Deo confidere, aut plus ‹18› tibi fidei quam Deo adhibere, aut te volente ejus amorem, venerationem, obsequium omittere, aut tuo jussu ejusmodi signa adhibere, quae naturam Dei destruunt. Nam huc cumprimis quadrat illud ab Apostolis adhibitum dictum: *oportet Deo magis obedire, quam hominibus.* Ac si qui summi imperantes ad talia quoque imperia sua extenderunt, sine dubio potestatis suae limites migrarunt; etsi quid mali eo nomine subjectis obsequium detrectantibus intulerunt, id non pro actu legitimi imperii, sed pro injusto, et hostili, aut tyrannico fuit habendum. Et hanc veritatem ipse Deus per insignia miracula confirmavit. Danielis VI. Darius instinctu Procerum Danieli casses struentium legem tulerat, oppido quam absurdam; *ne quis intra triduum ullam rem à quopiam Numine peteret.* Quid enim interesset Regis, quas quisque preces ad Deum funderet, cum absurdas preces ipse Deus aspernetur; et praecipue in occluto. Nam si quis in publico et coram arbitris ita precetur, v. g. ut Deus Regem male ‹19› perdat, non injuria poenas dederit. Unde recte Daniel suetas preces ad Deum intra aedes suas emittere non omisit, insuper habito stolido ac nefario statuto: eoque nomine à Deo per manifestum miraculum faucibus leonum incolumis ereptus est. Sic et tres Danielis sodales Deus per miraculum mediis ex ignibus citra noxam servavit, quod jussu Regis statuam auream adorare nollent. Dan. III. Ubi valde probabile videtur, eam statuam à Nabuchodonosore propositam non ea intentione, velut eidem divinitatis quid inesset, utque adeo veneratio et cultus exhibitus in ista massa aurea affabre figurata terminaretur; sed ut eo symbolo animus ad summum Numen venerandum assurgeret. Certe Jeroboam non adeo mentis inops fuit, ut sibi aut populo persuadere vellet, vitulos aureos, quos ipse conflaverat, esse illud Numen, quod populum Israëliticum ex Aegypto eduxerit. Sed nonnisi pro symbolo eosdem exposuit, coram quo cultum publicum exercerent, et ante quos prostrati mentem ad Deum, Israëlis liberatorem elevarent. ‹20› Adeoque à Deo non simpliciter defecit, sed tantum velut ex jure summi imperii, et per rationem status circa externum symbolum quid disposuit. Vid. Iosephus Archaeol. l. VIII. c. 3. Et tamen ob id facinus non ipse solum tota cum prosapia excidio damnatus est, sed et populus Regi ad idololatriam praeeunti obsequens deportationem è terra divinitus data meruit, nullo postliminii beneficio. Add. 2. Reg. XIX. 17. 18.

§. 7. Quid naturaliter summis imperantibus potestatis circa sacra competat?

Non tamen nulla summis imperantibus circa sacra potestas aut cura competit, ex munere proveniens, quod in civitate eximium gerunt, et ob quod patres quidam publici seu patres patriae audiunt. Quemadmodum enim supra diximus non postremam partem officii paterni esse, sobolem pietati adsuefacere; sic et istis disciplinae publicae cura incumbit, cujus praecipua pars est, ut inter cives reverentia erga Deum vigeat. Quippe cum pietas erga Deum fundamentum sit probitatis morum, et virtutis erga homines, quam in civitate florere summorum imperan- ‹21› tium quam maxime interest; et vinculo inter imperantes et cives maxima firmitas è religione proveniat, quia Deus est Fidius, id est, cui fidem et pacta inter homines servari curae sit. Sic igitur non solum officium summorum imperantium est, ut religio naturalis à civibus probe excolatur: Sed et iidem poenis sancire possunt, ne quis committat actus externos, quibus illa in universum, aut praecipua ejus capita subvertantur. Nam actus interni, quantum in exteriores actus non erumpunt, à poena humana sunt immunes. Et qui actus in motu animi interno per intrinsecum impulsum eliciendo consistunt, coactionem externam adspernantur. Ex isto genere sunt, palam Numen, ejusque providentiam negare, plures uno Deos comminisci, ficta Numina, aut creaturas in vicem Dei colere, Deum blasphemare, daemones colere, et cum iis pacta inire, et similia. Sed quod externos attinet ritus, quibus mature religionem homines vestire coeperunt, et si ut circa istos uniformitas sit in civitate, ad decus et bonum ordinem non parum ‹22› valere videtur; circa hanc tamen non adeo anxie ut satagant summi imperantes, opus habent, quod istorum discrepantia religionem non tollat, nec per se animos civium ad discordiam et pugnas inter se disponat. Quodque adeo summorum imperantium non intersit, discrepantes à civibus ritus circa sacra adhiberi, quod citra aliorum fraudem fiat; non magis quam si in diversas sententias circa dogmata physica iidem scindantur. Id autem dubium non habet, quin si qui obtentu religionis periculosas reip. factiones excitent, aut occulta scelera patrent, ab imperantibus civilibus coërceri possint, haut obstante vocabulo religionis, quae scelera uti non producit, ita nec excusare, aut clam fovere debet. Sicuti merito impura Bacchanalia à Senatu Romano extirpata sunt, apud Livium l. XXXIX, 9. 10. Hos limites qui migrarunt imperantes, et subjectos sibi populos ad cultus à se confictos compellere instituerunt, sine dubio concesso sibi imperio abusi sunt. Sed et hautquaquam Principum officio functi sunt, quia à suis diversa ‹23› sacra persecuti sunt ideo tantum, quia diversa fuerunt, nulla inquisitione facta, recte, an secus se habuerint. Unde pessimus fuit processus Plinii, viri alias placido ingenio, adversus Christianos in Bithynia adhibitus; l. X. Epist. 97. Fatetur initio, se cognitionibus de Christianis interfuisse nunquam, ideo nescire, quid aut quatenus puniri soleat, aut quaeri. Et tamen subjungit, interrogavi semel atque iterum, an essent Christiani, perseverantes duci jussi. Neque enim dubitabam, qualecunque esset quod faterentur, pervicaciam certi et inflexibilem obstinationem debere puniri.

§. 8. De indole religionis revelata.

Enimvero postquam humani generis ea est conditio, ut sublimiorem, cui divinitus destinatum est, finem obtinere nequeat eo cultu, quem sola naturalis ratio suggerit: bonitati suae congruens duxit Deus O. M. mortalibus peculiariter pandere viam, qua ipse propitiari illis possit, et quo modo ab iisdem coli velit. Ubi quidem nemo sanus dubitaverit, quin si quae circa religionem, suique cul- ‹24› tum Deus sublimiore, quam per lumen rationis, modo insinuaverit, ab hominibus reverenter acceptanda, promtoque obsequio exprimenda sint. Ex quo genere inter dogmata quidem praecipuum fuit illud de expianda generis humani labe, et medendis inde provenientibus malis per Salvatorem. In cujus rei symbolum arbitramur ipso suggerente Numine à primaevis mundi temporibus instituta sacrificia cruenta; cum extra ejusmodi praefigurationem à ratione abhorrere videatur creaturam sensu praeditam, et magno cum dolore morientem in honorem Creatoris destruere. Perinde ac si quis officinam artificis ingressus opera ipsius corrumpendo honore se istum afficere praetenderet. Vetustissimus ille sacrificandi ritus, et praecipuum cultus divini symbolum, antequam superstitione aut inscitia temeraretur, superaddidit quidem aliquid religioni naturali: sed ipsum religionis exercitium in se non alteravit. Nam ritum istum sacrificandi in naturali libertate quilibet pro se exercendi ius habuit: etsi ut ‹25› illud quilibet pro se exerceret necessum non fuit, quippe cum sacrificium esset duntaxat symbolum, futuram generis humani redemtionem repraesentans, et ad eam fide amplectendam velut ansam praebens, sic ut una victima apud multos adstantes eundem finem producere posset. Unde factum, ut regulariter id munus sacrificandi per capita familiarum administraretur; ac pluribus familiis congregatis per illum, quem caeteri ad istud munus elegissent. Cum eo jure sacrificandi conjunctum fuit jus disponendi de loco et tempore peragendorum sacrificiorum. Sic et postquam Deus ritum seu Sacramentum circumcisionis instituit, ejus administrationem sibi in Domo sua Abrahamus ex jure Patrumfamilias vindicavit. Quae de jure sacrificandi diximus, probari ex eo possunt, quod Abel et Cain, utique postquam paterna familia excessissent, Deo sacrificarunt. Gen. IV. 3. 4. Sic passim in libro Geneseos Patriarchae velut patresfamilias altaria Deo erexisse dicuntur. Sic Judicum XVII. Micha sibi sacra do- ‹26› mestica constituit, quod in anarchia illa Rex non esset in Israël, aut alius, qui legis divinae observantiam tueretur, eoque iste jure veterum patrumfamilias, licet prave, uteretur.

§. 9. Religio Iudaica statui fuit innexa.

Placuit autem divinae sapientiae Salvatorem seu Messiam non primis statim mundi temporibus, et infrequentibus adhuc terrae incolis mittere, ne antiquitate temporum in oblivionem iret, aut in fabulam verteretur; sed in plenitudine temporis, seu postquam orbis terrarum incolis undique impletus esset, genusque humanum velut adultam aetatem attigisset. Sed et illud congruum ac prope necessarium visum, Messiam in mundo non subito et ex improviso apparere, sed diu praedictum atque expectatum, quo et desiderio sui homines accenderet, et acta ipsius praedictionibus quadrantia eo facilius fidem apud homines invenirent. Illae praedictiones ne lapsu temporum obsolescerent, aut è memoria hominum evanescerent, Deus earum custodiam nationi Israëliticae peculiariter commendavit, ac velut archivum vaticinio- ‹27› rum apud eandem constituit: quorum custodia eo magis eidem cordi futura erat, quod ex illa ipsa natione ortum suum Messias, qua homo est, ducturus esset, ingenti ejusdem praerogativa et gloria. Quo fine et peculiari foedere sibi eam gentem Deus innexuit, cujus Symbolum erat circumcisio, ac cum post in numerosum populum eadem excrevisset, et hic servitio Aegyptiaco liberatus sui juris factus esset, peculiaribus legibus statum ejusdem simulque religionem, quae usque ad Messiae adventum duratura erat, formavit. Et ita quidem, ut et status religioni, et religio statui innexa esset. Unde et sacrorum cura certae tribui commissa, quam ne ad alia negotia studio converso negligeret, Deus prohibuit, dum agros illi assignari vetuit, et solis decimis altarisque proventu vitam tolerare jussit; quo nomine et Deus sors Levitarum dicitur. Tum et publicus solemnisque cultus uni loco affixus, qui alibi recte obiri non poterat. Tota denique religio ita disposita, ut nisi a populo, qui penes se summo fueretur imperio omni- ‹28› bus suis numeris absoluto, exerceri non potuerit. Quam ob causam et Judaicus populus salva sua religione cum alia civitate plene coalescere non potuit. Unde sicut religio Judaica statui fuit coaeva, eodem tempore ac volumine sancitis legibus circa sacra et civilia: ita et religio statui ita implicita fuit, ut illa huic superstes esse non posset: Sic ut destructio templi, et eversio reip. Judaicae certissimum indicium sit abolitae religionis Judaicae. Quatenus autem tota Judaica natio veram religionem amplectebatur, populus Dei, et populus sanctus vocabatur.

§. 10. Potestas circa sacra in Rep. Iudaica penes quem?

Eo ipso autem, quod Deus religionem Judaicam, ejusque ritus adornavit, ac severissima lege sanxit, nemini mortalium potestas competebat eam alterandi, aut quid eidem addendi, demendivè. Unde et ipsis Regibus pessime cessit, Sauli et Vsiae, quod sacerdotum munus involare ausi sunt. Et qui alienos cultus introducere instituerunt, in divino Codice velut perpetua infamia notati extant. Sicut Regibus nihil aliud potestatis cir- ‹29› ca religionem competierit, quam ut curam et inspectionem obirent, quo omnes, etiam sacerdotum summus, munia divinitus praescripta rite exercerent, legesque divinae circa sacra praestarentur sartae tectaeque. Sed et tribus Levitica, ac sacerdotum prosapia hautquaquam constituit peculiare aliquod et independens corpus à summo imperio ejus reipublicae; sed revera fuit pars populi Regum imperio obnoxia, qui et munere eos dimovisse leguntur criminum compertos, et segniter commissa obeuntes increpasse. Sed et David Rex boni ordinis causa munia inter sacerdotes Levitasque dispertitus est, et si non sine consilio Procerum et Seniorum populi, totiusque tribus Leviticae, et ut sorte assignarentur vices munerum tam inter cantores quam janitores. Quo ipso tamen exercita fuit non tam potestas circa sacra, quam circa personas, quae sacris obeundis divinitus destinatae erant, ut in exercendo ipsorum munere nihil oriretur confusionis. Ut autem in tabernaculi vicem substitueretur templum, id est ‹30› pro domicilio fragili et per senium corrupto aedificium magnificum et stabile, non sine consensu Numinis factum est. Cujus templi reparatio, velut praecipui aedificii publici, neminem quoque propius, quam ipsum Regem tangebat, quod penes illum esset, sumtus, et operas ei reparationi necessarias imperare. Quodsi autem Regum quis peregrinos, et à Deo vetitos cultus inducere ausus est, non imperio et intentata poena ad pares cultus populum induxisse legitur, sed exemplo; quo qui seduci se passi sunt, eo nomine poenas divinitus una cum Rege dederunt. Eosdem autem cultus qui aversati sunt, haut ideo obsequium civile exuerunt, sed istos admodum calamitatis publicae tolerarunt. Sicuti et praecipua laude in divinis literis feruntur Reges, qui idololatriam et è propria libidine confictos cultus abrogaverunt. Ejusmodi autem impios Reges idololatriae autores summum in civitate fastigium, quo gaudebant, illis poenis exemit, quas alias lex divina dictabat illis, qui alios ad aliena sacra seducere aggressi fo- ‹31› rent. Est denique et hoc circa Religionem Judaicam observandum, quia ista statui innexa fuit, et merito ejusdem fundamentum dici potuit, sicuti etiam Deus felicitatem Reip. Judaicae, et quietam possessionem terrae ejus, in qua sola civitatem constituere potuerunt, ab observatione praescriptae religionis velut conditione suspendit:

ideo et civilibus poenis per imperium civile exsequendis sancitos fuisse actus, qui ad religionem illam convellendam et destruendam faciebant. Quod inspectis divinis legibus Codice Mosaico contentis facile patet.

§. 11. Religionis Christianae diversus genius à Iudaica.

Ab isthac religione Judaica multis modis differt Christiana, non in eo solum, quod haec jam exhibitum mundo amplectitur Salvatorem, eoque ipso abolet sacrificiorum, et rituum adparatum, qui istum adumbrabant; sed et quod ita divinitus adaptata sit haec, ut omnibus per universum orbem populis possit et debeat congruere; eaque propter revera sit religio universalis; cum contra Judaica, eo ipso, quod statui civili ejus ‹32› populi innexa foret, primario non nisi huic conveniret, ac reliquis gentibus difficilem valde ad se accessum praebet. Ast nunc cultus Christianus nulli certo templo aut loco alligatus est; sed ubique locorum purae manus ad Deum elevari possunt. 1. Timoth. II. 8. Non sumtuosis amplius sacrificiis opus est, sed quae Deo placent jam victimae, pretio haut mensurantur. Quin nec ministerium cultus publici certae nationi aut prosapiae alligatur: Sed in universum quidem omnes Christiani sacerdotes coram Deo vocantur; ministerio autem Ecclesiae citra discrimen generis adhiberi potest, quisquis idoneis ad eam functionem artibus est instructus. Nisi quod foeminas publico docendi munere arceat Apostolus. I. Tim. II. 12. Denique circa possessionem velut ejus religionis omnes populi sunt aequales, nec ulla natio eam velut peculiari jure ad se pertinentem, aut prae reliquis aliquam sibi praerogativam vindicare potest: sed Christus uni populo aeque proprius est, quam alteri. *Heic non est Judaeus, neque Graecus, non est* ‹33› *servus, neque liber, non est masculus, neque foemina. Omnes enim vos unus estis in Christo Jesu.* Gal. III. 28. *Heic non est Graecus nec Judaeus, circumcisus et Praeputium, Barbarus, Scytha, servus, liber; sed omnia et in omnibus Christus.* Coloss. III. 11. Add. 1. Timoth. II. 14. Caeterum quia religio Christiana non uni statui, qui una cum ipsa ortum suum habuit, uti Judaica, implicita fuit, sed eo tempore surrexit, quando orbis terrarum jamdudum civitatibus oppletus erat: id jam nobis praecipue dispiciendum fuerit, num ea religione introducta aliqua alteratio in vita civili, ac jure summorum imperantium orta sit, aut novus status à summo imperio civili separatus, vel exemptus surrexerit? seu, quod eodem redit; num Ecclesia status sit, à statu civili distinctus, qui imperio per homines administrato et exercito contineatur? Per statum autem intelligimus ejusmodi conjunctionem plurium hominum, quae imperio per homines administrato sibi proprio, et aliunde non dependente continetur. ‹34›

§. 12. Qualem se Moses gesserit, conditor status Iudaici?

Ad isthanc rem penitius eruendam non abs re fuerit initio considerasse, qualem se gesserit Moses, sacrorum juxta ac status Judaici conditor; et quam diversum ab hoc sese exhibuerit Jesus Christus, Salvator generis humani, et Ecclesiae ab ipso cognominatae fundator. Mosi igitur jubente Deo propositum fuit posteros Patriarcharum, quos peculiari foedere sibi Deus innexuerat, è servitio Aegyptiorum liberatos in terram Canaan deducere jam olim promissam; simul civitatem, quam recens constitutum ibat, legibus tam circa sacra, quam civilia, instruere. Is ut autoritatem sibi tam apud populares suos, in quos de caetero nullum imperandi jus ipsi competebat, quam apud Aegyptios, qui istos huc usque sibi subjectos habuerant, circumponeret, talia facta humanam potentiam excedentia edidit, quae divinis ipsum auspiciis ferri, secretisque Dei commerciis frui demonstrarent. Quae miracula ad terrorem praecipue incutiendum, ac pertinaciam refractariorum frangendam valebant, ut tantam ‹35› subditorum multitudinem Rex Aegyptius amitteret. Numerus eorum, quos servitio ereptos sui juris faciebat, tantus erat, qui justo populo, eique sat valido, sufficeret: qui et miraculis ejusdem, ac beneficiis motus, et quod praesens Numen ipsius acta comitari, conspiceret, lubens principem ipsum ducemque agnoscebat. Hanc personam dum vixit maxima cum autoritate egit, actusque summi Principis exercuit, leges ferendo circa sacra et civilia, totumque adeo populi statum designando, formandoque. Tum et jus dicere, poenasque fontibus irrogare curae fuit, magistratusque constituere, qui in partem curarum venirent, severissima poena illis inflicta, qui autoritatem ipsius insultare ausi fuerant. Tributis impositis tunc opus non erat, praeterquam quae ad cultum sacrorum adornandum et exercendum facerent. Idem quoque defensioni populi invigilare, et in lacessentes armatos emittere; ac demum cum è vivis abeundum sibi sentiret, successorem designare, qui summa belli administrata populum in ‹36› possessionem terrae tamdiu desideratae introduceret. Manifestum igitur est, Mosen, dum vixit, Principis munus gessisse, novumque statum seu rempublicam condidisse.

§. 13. Qualem contra Christus se gesserit Ecclesiae conditor?

Ab hoc se diverso plane modo gessit Jesus Christus, et ita quidem, ut novum condere statum eidem haut propositum fuisse facile adpareat. Sane per miracula et ipse fidem sibi, autoritatemque adstruxit, sed quae non terrorem aliis incuterent, aut ulli noxam inferrent. Quin cum discipuli ipsum monerent, ut igne coelitus immisso contemtores suos deleret, eos increpuit. Lucae IX. 54-55. Sed per talia facta Deum se demonstravit, quae ad benefaciendum aliis valerent, ac ad amorem et gratiam hominum alliciendam cumprimis forent idonea, simulque manifesto indicio divinitatem arguerent; quod naturae rerum motum aliquem et mutationem inferre solo nutu, nullo adhibito medio, solius Numinis sit. *Circumivit, et benefecit, et liberavit à daemone obsessos.* Actor X. 38. Quae omnia ad statum aliquem condendum nullum re- ‹37› spectum habebant. Deinde sectatores quidem aliquot sibi adscivit, sed exiguo valde numero, ac inermes, inopes, vili professione, nulla auctoritate, quique adeo neque per se insignem statum constituere, neque in alieno statu violentum aliquem motum producere, et res novare valerent. Et cum semel atque iterum plebs doctrina ipsius et miraculis delinita Regem eundem proclamare meditaretur, longe refugit, ac ex eorum se manibus subduxit. Sectatores porro praecipue doctrina sua imbuere curae fuit; unde et Discipulorum vocabulum ipsis inditum, qui et vicissim Magistri doctorisque nomine eum salutarunt. Praeterea novae nihil legis, quod quidem ad statum aliquem formandum faceret, ab ipso latum; sed vetus lex, ad omnes homines spectans, explicata, et ejus observatio inculcata. Jus ab eodem nunquam dictum; Lucae XII. 13. 14. Joan. VIII. 11. Ne arbitri quidem munus susceptum, ut haut eo se fine venisse argueret. Ipse denique tributum aliis exsolvit, ac, cum defugere id posset, in jus se rapi, ac supplicio ‹38› affici passus est. Quae omnia à persona Principis abhorrent.

§. 14. Christus non fecit novum Populum.

Clariora ista fient, si distinctius consideremus, nihil eorum à Christo factum, quae à conditoribus novi status fieri necessum est. His quippe primo omnium curandum est, ut populum sibi faciant, id est, insignem hominum multitudinem, unius imperii vinculo inter se diu connectendam, comparent. Quae multitudo vel alicui civitati junctim decerpitur, ut à Mose factum; vel è pluribus civitatibus sparsim colligitur, sicuti Romulus suum sibi populum fecit. Circa tale institutum hautquaquam sategisse Salvatorem deprehendimus. Numerus discipulorum ejus longe minor, quam qui populi mensuram explere posset, nec ad ejusmodi ministeria adhibitus, quae ad condendam novam civitatem facerent. Qui et ipsi ab eo haut ita dependerunt, sicut à Principe aliquo cives subditique solent, sed uti à Magistro discipuli, non peculiari aliquo homagio in ipsius verba adacti, sed amore atque admiratione tam ipsius per- ‹39› sonae, quam doctrinae deliniti. Vid. Joan. VI. 66. 67. 68. Subinde quoque ad eundem confluebant ingentes hominum coetus, sed eo duntaxat fine, ut doctrinae ipsius auscultarent, et miracula spectarent, inde ad sua quisque dilapsi. Quos nec unquam imperio suo subjicere, aut obsequio civili, cui hactenus adstricti fuerant, subducere in mentem venit. Denique cum mortem subiturus esset, fidissimi hactenus et individui sectatores latibula circumspicere, ac publico abstinere. Unde et Christianorum nomen non nationem aut populum, civemque certae reip. sed certae religionis, doctrinaeque professionem notat.

§. 15. Christus nihil habuit territorii.

Rempublicam quoque seu statum condituro necessum est, ut terrarum quid habeat, ubi cives sui sedem fortunarum, novamque patriam figere possint. Sic Moses cum populares suos in Aegypto in liberum populum erigere non posset, in deserta loca, et ab humano imperio vacua eosdem eduxit, quoad terram Canaan deletis veteribus incolis occuparent. Huc antequam delati forent Israëlitae, ‹40› nihilominus liber, suique juris populus fuere, nullius alterius imperio obnoxius, et qui ex loco, ubi peregrinabatur, temporarium imperium haut subierat, partim quod illae terrae nullius essent, partim quod per alios fines ad modum exercitus transiret, cui libertas sua gladio asseritur, et imperia domini territorii armis eluduntur. Ast Christus ita pauperem se professus est, ut ne quidem haberet *quidpiam propriae terrae, ubi caput reclinaret*. Matth. VIII. 10. Sed nec ipse ad alienas terras adquirendas animum adjecit, aut suos ad id instruxit: ac quoad vixit cum suis in alieno territorio, alienoque imperio obnoxius versatus est.

§. 16. Christus non gessit personam Principis.

Multis quoque aliis indiciis constat, Christum in his terris Principis personam haut egisse, nec agere voluisse. Cum mater filiorum Zebedaei peteret, ut filii sui supremis in regno Christi muneribus potirentur, hic inscitiam ejus increpavit, persecutionum affatim, sed splendoris et imperii nihil mansurum sectatores suos testatus. Sed et suis diserte injunxit, ne ad modum Principum praeeminen- ‹41› tiae quid prae aliis affectarent; *Vos autem non sic*; ac fraterna invicem aequalitate agere jussit. Matth. XX. 20. seqq. Ac aut suo exemplo omnem superbiam procul haberent, pedum lavandorum servile ministerium Petro exhibuit. Denique ad novum statum formandum quam maxime interest, ut conditor ejus diuturna gaudeat vita, rebus eo melius ordinandis. Unde Davidis milites non amplius ipsum in ancipitia praeliorum admittere volebant, ne extingueretur lux Israëlis; cujus unius jactura majoris erat, quam integrae myriadis. Ast Salvator noster ultro se morti obtulit, cum vix quadriennium publico se exhibuisset, nullo designato successore, qui in sectatores suos imperium, aut huic similem autoritatem exerciturus esset.

§. 17. Sed Doctoris.

Uti autem in persona Christi, dum in terris egit, nil adparet, quod Principem aliquem terrenum exprimeret, nec ex actionibus ipsius vel minimum indicium relucet, quod de novo statu formando eundem agitasse arguat: ita illo tempore, quo in pu- ‹42› blico velut versatus est, circa divina tradenda dogmata occupatum eundem fuisse in aprico est. Et sub ista doctoris persona in quorumvis incurrit oculos; cum Salvatoris, quod simul obibat, munus (Joan. I. 29.) non nisi illis cognitum esset, qui Prophetarum in hanc rem oracula ad ipsum adplicare nossent. Porro ad stabiliendam suam in hoc docendi munere autoritatem necessum habuit Christus ejusmodi factis, quae non nisi à divina virtute proficisci possunt, fidem doctrinae suae adstruere; idque partim quia abolendi erant ritus et ipsi quondam divinitus sanciti; partim quia doctrinae ab ipso traditae praecipua capita humanae rationis captum superabant. De caetero modus docendi ab ipso adhibitus ab omni fuco, et adscititio cultu alienus fuit, ut nihil affectati, nihil quod suspicionem fictionis movere posset, adpareret. Nativa heic et purissima simplicitas, sed cui tanta efficacia inest, ut quicquid ab hominibus inventum est cultus persuadendis auditorum animis, si cum Salvatoris nostri dictione comparatur, puti- ‹43› dum plane sit, et insipidum. Sed nec externum quoddam adminiculum promovendae suae doctrinae ab ipso adscitum reperitur. Non imperio jussuque humano homines ad illam percipiendam et amplectendam compulsi. *Qui capere potest, capiat; qui aures habet ad audiendum, audiat*, aliquoties ab ipso ingeminatum legimus. Scilicet quia Deus non vult obtorto collo homines in coelum rapere, et Dimacharum Gallicorum hospitationibus in salutis viam eosdem pertrahere; sed salutis media tali modo proponere placet, ut eadem respuere penes hominem adhuc sit, ipseque suae perditionis causa esse possit. Pariter nec ostentato aliquo emolumento, mundanisque illecebris hominum animos ad se pertrahere instituit; quin adversa potius, calamitates, persecutiones, afflictiones sectatoribus suis denunciavit, praemiorum maxima parte ad alteram demum vitam reservata, non minus, quam poenis, quae doctrinam ipsius adspernantes mansurae sunt. Quod ipsum intrinsecam doctrinae Christi efficaciam ac nobilitatem arguit; cum alias ho- ‹44› mines praecipue per ea moveri soleant, quae in sensus incurrunt, et statim repraesentantur: in futurum prominentia non nisi languide, et intercurrente subinde dubitatione animos vellicent.

Est autem et illud circa modum docendi à Christo adhibitum observandum, quod docuerit, uti Matthaeus VII. 29. loquitur, ὡς ἐξουσίαν ἔχων, *ut potestatem habens*, non uti Scribae, id est, qui non ad traditiones et autoritates veterum Magistrorum provocaret, aut purum exegeten et interpretem legis ageret; sed qui pro imperio, et velut potestatem praescribendi habens ad instar legislatoris dogmata sua auditoribus proponeret; Sic volo, sic jubeo; cuique adeo nemo refragari deberet. Et hoc ipso Christus cum officio Doctoris potestatem regiam conjunxit, dum amplissima praemia spondet doctrinam suam amplexantibus, intra aeternas miserias relictis, qui eandem negligunt. *Qui non credit, jam non condemnatus est.* Id quod circa alias veritates speculativas secus habet, quae fere impune ignorantur. Huc imprimis ‹45› facit locus Joannis XVIII. 37. Scilicet quod Christum perdere vellent Judaei, causa erat, quia doctrinam ejus aversabantur, eundemque Messiam promissum agnoscere nolebant. Quo minus autem in suo foro ipsum peragere reum possent, ubi forsan colorem aliquem calumnia repertura fuerat, jus gladii tunc istis ademptum obstabat. Unde rebellionis crimen confingunt, veluti regnum populi Judaici ab eodem affectaretur. De hoc cum Jesus à Pilato examinaretur, non negavit, sed confessus est confessionem bonam. I. Tim. VI. 13. Regnum sibi esse non de hoc mundo, seu quod simile sit aliis imperiis, quibus reges in subjectos populos utuntur. Nam si idem ex eo Principum genere foret, ministri ipsius, non imbellis discipulorum turba, sed validissimae Angelorum legiones, ad jussa ipsius obeunda excubantes (Matth. IV. 11.) defensurae dominum suum fuerant, ne in Pilati manus traderetur. Et cum Pilatus instaret; ipsum utique Regem se profiteri, agnovit id, Regem se esse, sed veritatis, cui ut testimonium fe- ‹46› rat, in mundum venisse. Joan. I. 17. Ea confessione edita Pilatus agnovit, id negotium non esse suae cognitionis. *Quid est veritas*? quasi dicas, si haut alium te, quam veritatis doctorem et statorem fers, nil mihi tecum est; cum veritas imperio humano non subsit. Nam in Imperio Romano, ex tam multis populis composito, sentire cuique uti volebat, et Numen colere suo more licebat. Id quod patet inter alia ex Actor. XVIII. 14. 15. XXIV. 29. XXVI. 31. 32. Athenagorae Apologia l. I. D[igestis] de Collegiis et Corporibus. Unde et Pilatus dimittere eundem constituerat, ni demum innocentis supplicio furorem Judaeorum demulcendum satius duxisset. Hac autem confessione edita respondere Salvator amplius Pilato nolebat, quia hic eam veritatem cognoscendi desiderio nullo tenebatur. Est igitur Regnum Christi Regnum veritatis, in quo ipse per veritatem animos hominum ad obsequium suum pertrahit. Cujus ea virtus est, ut iis artibus et mediis, quibus imperia civilia subjectos ad obedientiam adstringant, o- ‹47› pus non habeat. Eoque istam veritatem propagandam et conservandam non opus fuit statu aliquo mundano, sicuti et propter alias veritates humanas et Philosophicas statum aliquem formare opus non est. Nam veritatis indoles est, ut intrinseca vi animis hominum influat, modo dextre proponatur, ostentato simul fructu, quem eadem producere apta sit. Cui in veritate à Christo tradita peculiariter accedit divina quaedam virtus et gratia, etiam ad illa amplectenda animos subigens, quae alias supra captum rationis videbantur.

§. 18. Apostoli fuerunt propagatores doctrinae à Christo traditae.

Isthoc in regno veritatis Christus post exutam à se humanam conversationem subrogavit sibi Apostolos, sed longe dispari dignationis gradu, non velut Reges, sed ministros et praecones veritatis à se traditae. *Sicut misit me Pater, ita et ego mitto vos*. Joan. XX. 21. Quomodo autem Pater misit Christum? Nempe uti est apud Jesaiam LXI. 1. Luc. IV. 18. ad evangelizandum pauperibus, ut sanaret contritos corde, ut prae- ‹48› dicaret captivis remissionem. Ut tamen dignatio Regis veritatis penes solum Christum foret. *Nec vocemini Magistri. Unus enim vester est Magister Christus*. Matth. XXIII. 10. Cum illi missi sint, ut gentes doceant servare illa omnia, quae Christus ipsis praecipit. Paulus Actor. XX. 24. functionem suam vocat *ministerium quod accepit à Domino Jesu ad testificandum Evangelium gratiae Dei*. Unde et summus inter istos gradus est Apostolorum, Ephes. IV. 11. quod vocabulum missum ab altero notat. Sic ut ne hi quidem pro imperio et pro autoritate dogmata proposuerint, sed à Christo accepta alios edocuerint. Hos cum propter mortem Salvatoris consternati essent, et pusillanimes facti, effusa Spiritus Sancti gratia singulari modo confirmavit, ut in publicum prodire, et doctrinam istam, frementibus quatumvis Judaeis, divulgare auderent, periculorum securi, quae hoc nomine ipsos mansura erant. Et quia ad propagandam aliquam doctrinam maximo est impedimento diversi- ‹49› tas linguae, (Vid. 1. Corint. XIV. 9.) ideo Apostolos in festo Pentecostes dono linguarum instruxit Spiritus S. ut per harum diversitatem gentes in unitatem fidei congregentur; cum alias imperiorum conditoribus inter artes sit, unitatem linguae in suis civitatibus procurare. Ubi et illud notandum, inter populos, quorum linguis Apostoli loquebantur, Actor. II. recenseri quoque nonnullas eorum, qui sub Parthico erant imperio, quod tunc non minoribus odiis ab imperio Romano dissedebat, quam nunc Germanicum a Turcico. Ita non obstante internecino inter diversos populos odio, per quod, ut in unum statum coalescerent, inepti erant, nulla aut difficili communicatione, unitas tamen doctrinae in eos introduci poterat, ut uno Regno veritatis continerentur.

§. 19. Apostolis potestas docendi divinitus est collata, ab imperio humano haut dependens.

Circa exercendum autem docendi officium Apostoli sane majori polluerunt potestate, quam qui scientias humanas profitentur, qui publice docendi munus sibi arrogare non possunt, nisi expresso aut tacito ‹50› consensu summi imperii civilis; è cujus placito et iisdem conticescendum est. Id quod circa Apostolos secus fuit, quorum potestas docendi à Christo collata imperio civili haut fuit obnoxia, ut silere hoc loqui vetante, aut alterare suam doctrinam tenerentur; ac si ejusmodi jussa adspernarentur, haut ideo in majestatem imperantium peccasse censeri deberent. Eam ob causam Christus, quando Apostolos in possessionem velut sui muneris immittit, ita praefatur, Matth. XXVIII. 18. *Mihi data est omnis potestas in coelo et in terra*. Per quam potestatem quod non intelligatur ejusmodi facultas, quae per modum humani imperii se exserat, sed potestas homines ad salutem aeternam deducendi, et ad eum finem media constituendi, ostenditur Joannis [XVII]. 23. *Sicut dedisti ei potestatem omnis carnis, ut quotquot dedisti ei, det eis vitam aeternam. Haec est autem vita aeterna, id est, medium ejus adipiscendae, ut cognoscant te solum Deum verum, et quem misisti Jesum Christum*. Et Lucae X. [16]. *Qui vos audit, me audit: et* ‹51› *qui vos spernit, me spernit. Qui autem me spernit, spernit eum, qui misit me*. Ita nullo interdicto humano prohiberi poterant Apostoli, quo minus in universum orbem irent, et doctrinam sibi à Christo traditam populos docerent, istamque admittentes baptizarent, seu initiarent, et velut Sacramento adigerent. Ac ut hujus potestatis, doctrinaeque suae fidem facerent, dono miraculorum simul fuere instructi. Quo tamen non amplius opus est, postquam ista doctrina passim fuit propagata, et à plurimis accepta. Sicut v. g. Principes edicta sua inter tubarum clangores publicare solent; qui non repeti solent promulgatione semel facta. Tali igitur autoritate instructis non potuit recte objici illud, quod Athenienses Paulo exprobrabant, Actor. XVII. 18. *Quid vult spermologus hic dicere?* neque mali quid intentari, quod veteres et receptos ritus abolitum irent. Iidemque recte adspernati sunt interdicta summorum imperantium talem doctrinam tradi prohibentium; quod ‹52› *Deo magis oporteat obedire quam hominibus*. Actor. IV. 19. V. 29. Ac si maxime summi imperantes ob spreta sua mandata in corpus saeviant, ideo tamen doctrina Christi non fuit abneganda. Matth. X. 28. 32. 33. Unde si qui imperantes doctrinae se Christianae opposuerunt, tantum abest, ut actum aliquem legitimum imperii civilis exercuisse censendi sint, ut potius majestatem divinam laeserint, velut violatis ejusdem legatis, cum etiam ab hominibus missi inviolabiles habeantur.

§. 20. Apostoli nihil exercuerant imperii.

Praeter hanc potestatem Evangelium annunciandi, etiam ingratiis summorum imperantium, nihil penes Apostolos imperii aut coactionis deprehendimus. Equidem aliquando cum docendi munere conjunctum est quid coercitionis, in puerili cumprimis informatione; sed quod à potestate patrum, aut ab his in alios translata promanat. Ab Apostolis autem docendae fuerunt gentes, id est, homines sui juris, et puerili disciplina superiores. Et quid vi adhibita efficerent adversus integros populos ac civitates, ‹53› inermes, singuli fere, aut bini? *Arma militiae nostrae*, inquit Apostolus 2. Cor. X. 6. *non carnalia sunt, sed potentia Deo ad demolitionem munitionum, quibus consilia demolimur, et omnem celsitudinem, quae extollitur adversus cogitationem Dei et captivam ducimus omnem cogitationem ad obediendum Christo*. Quae arma et latius enumerantur 2. Corinth. VI. 4. seqq. *tolerantia multa, afflictiones, necessitates, anxietates, plagae, carceres, labores, vigiliae jejunia; puritas, scientia, benignitas, Spiritus Sanctus, charitas non simulata; sermo veritatis, potentia Dei, arma justitiae*. Add. Ephes. VI. 11. seqq. 2. Corinth. VIII. 8. IX. 7. Coloss. I. 23. 25. 2. Thessalon. III. 12. 14. 15. Equidem in parabola de convivio Luc. XIV. invitatores jubentur convivas compellere ad intrandum, seu necessitatem adferre, sed non talem, quae vi metuque constat, aut qua obtorto collo homines rapiuntur, sed qualis invitationi ad convivium quadrat, rogando, hortando, Majestatem convivatoris, convivii illecebras ostentando. ‹54› Sic Paulus 2. Corinth. V. 29. dicit; *Nomine Christi legatione fungimur, tanquam Deo vos obsecrante per nos. Rogamus pro Christo, reconciliamini Deo*. In aperto autem est, legatos nihil imperii habere aut exercere in eos, ad quos mittuntur, sed per rationes, et persuasiones negotia sua expedire. Pascendi quoque vocabulum Joannis XX. per se nihil imperii involvit, sed idonei pabuli suggestionem notat; praesertim cum Salvator dicat; *Pasce oves meas, non tuas*; ne putet, se uti posse grege velut suo; sed ut ad easdem leges se adstrictum sentiat, quam Jacobus sibi ipsi dixerat Genes. XXXI. 30. 39. 40. Denique diserte Salvator noster, Matth. X. 14. 23: *Quicunque non exceperit vos, neque audierit sermones vestros, exeuntes ex aedibus et civitate illa excutite pulverem pedum vestrorum, ultione spreti Evangelii ad diem judicii rejecta*. Id quod re ipsa expressit Paulus Actor. XIII. 51. XVIII. 6. Illae autem dispositiones seu statuta, quae leguntur 1. Corinth. XI. 2. seqq. usque ad 22. 33. 34. 1. Corinth. XIV. 1. Timoth. II. 8. seqq. ‹55› V. 9. et si quae alia sunt, proprie non proveniunt ab imperio, aut potestate legislatoria, sed à munere docendi, et inter praecepta moralia locum sortiuntur.

§. 21. An indirecte munus docendi habeat vim imperii?

Sed an non saltem obliquo modo imperii quid exercere potuerunt Apostoli, et eorum succedanei hactenus, ut tanti pretii doctrinam, à qua salus hominum dependebat, hisce subtraherent, ni in aliis quoque rebus ipsorum jussis obtemperarent? Quanto enim obsequio non redimendum fuerit doctrina potiri posse, qua via ad coelum panditur, cruciatus aeterni effugiuntur? Enimvero Apostolis cauponationem ejusmodi in mentem venire potuisse improbum fuerit credere, qui, quae gratis acceperunt, gratis quoque dare gavisi sunt, et execrabile flagitium duxere, Simonem talia licitari ausum. Pauli dictum est 1. Corinth. IX. 16. *Si evangelizem, non est quod glorier; necessitas enim mihi incumbit. Vae autem mihi est, nisi evangelizem*. Quin nec plane locum habere potest ejusmodi cauponatio. Nam uti ignoti nulla ‹56› cupido; ita si desiderio Evangelii accendere velis alium, id ipsi fuerit exponendum. Sed hic casus nullo modo metuendus erat ab illis, quibus vita munus cara habebatur, quam commissam divinitus functionem negligere. Post semel autem promulgatum Evangelium si vel maxime unius civitatis sacerdotes inter se conspirent praedicatione, sacrorumque administratione abstinere, nisi in certa eorum postulata reliqui cives consenserint, nihil tamen efficient, cum si insanire pertendant, alii possint inveniri, qui ministerio fungantur. Neque enim Christus suam doctrinam penes solos sacerdotes esse voluit, ab his de manu in manum tradendam, sed codice eam consignari voluit, qui non à certo collegio paucorum custodiendus, ab iisque solis inspiciendus esset, sicut Romae libri Sibyllini; sed quem omnibus evolvendi jus foret. Sic ut ex illo aliis quoque doctrinam Christianam haurire liceat, eamque informationem capere, quae obeundo Ecclesiae ministerio sufficiat. Quodsi autem extraneus quispiam sacerdos sacro- ‹57› rum usu divitati alicui interdicere aggrediatur, nemo talia ausa curabit, nisi vecordi plane superstitione laboret. Cujus rei nostro seculo illustre dedit exemplum Resp. Veneta, quae utut ritui Romano addicta, insuper habito Pontificis Romani interdicto, sacerdotes sacra uti ante exercere jussit.

§. 22. An claves praebeant legitimam causam struendo imperio?

Altioris indaginis esse videtur, quod Salvator noster Petro et reliquis Apostolis claves regni coelorum commisisse dicatur, cum hoc effectu, ut *quod* ab hisce *in terris solvatur, ligeturve, idem quoque in coelis solutum ligatumve sit.* Matth. XVI. 19. Joan. XX. 23. Quanti autem est, aditu coelorum arcere posse peccatores; aut noxa solutos eosdem ibidem recipere? Aut quid non obsequii extorquere quis possit ab homine, saltem gravioris peccati reo, quae magna pars est, si iste non alia lege hunc noxa exsolvere velit, quam promisso obsequio, aut praestito certo postulato? Heic igitur primo dispiciendum est, quid metaphorica dictio claves regni coelorum heic notet; [*in marg.* Quid notetur per Claves?] quam diverso sensu in divinis literis ac- ‹58› cipi observamus. Apocal. I. 18. Filius Dei *claves* se dicit habere *inferorum et mortis.* Id quod aliqui explicant de potestate animadversionis et poenarum; quasi dicat: Ego habeo potestatem perdendi impiorum corpora et animas in inferno. Ut iste locus sit parallelus Matth. X. 28. Nec tamen incommode notari possit ea dictione facultas liberandi à morte et inferno, ac destruendi vim mortis et inferni. Lucae XI. V. 52. Scribae dicuntur habere *clavem cognitionis.* Quod alii explicant de officio docendi sapientiam. Possis etiam capere de ipsis divinis literis, fonte illo cognitionis et sapientiae, cujus interpretationi scribae isti peculiariter vacabant. Apocal. III. 7. Filius Dei dicitur habere *claves Davidis, quo aperiente nemo claudat, et quo claudente nemo aperiat.* Add. Apocal. IX. 1. XX. 1. Apud Jesaiam XXII. 22. Eliacimo Hilkiae filio imponendae humeris dicuntur *claves dominus David, ut claudat, et nemo aperiat, ut aperiat, et nemo claudat.* Quo loco vox clavium non notat potestatem aliquam despo- ‹59› ticam, sed ministerium, seu functionem ministerialem; qualis est oeconomorum, quales se suosque collegas dicit esse Paulus 1. Cor. IV. 1. Quibus dictis inter se collatis in genere dici potest, illum alicujus rei claves habere, qui habet medium dictam rem obtinendi, aut ad eam perveniendi; qua potestate autem circa ejus medii usum aut administrationem idem gaudeat, ex aliis circumstantiis dijudicandum fuerit.

§. 23. Quid sit remittere peccata?

Restringitur porro istarum clavium usus ad remissionem et retentionem peccatorum. Remotis quippe peccatis, seu posita peccatorum remissione, cui reliqua salutis media conjuncta intelliguntur, regni coelorum aditus patescit. Remanentibus peccatis, et reatum suum exserentibus, coelum clausum manet, in quod nihil impurum intromittitur. Quae ergo partes et quae potestas Apostolorum circa remissionem peccatorum fuerit, ut intelligatur, primo dispiciendum, quid remittere peccatum sit, quid idem retinere? Qui igitur delictum admittit, rea- ‹60› tum contrahit tam apud legislatorem, cujus autoritas violata, quam apud eum, qui peculiariter isto delicto laesus fuit. Aliquando et delictum aliquod totam societatem tangit hactenus, quia existimationem ejusdem apud alios minuit, quod saepe crimine ab uno discantur omnes. Ex hoc reatu legislatori, laeso, ac toti societati nascitur jus ad exigendam eo nomine à peccante satisfactionem; prorsus uti contracto aere alieno creditori nascitur actio à debitore ejus restitutionem exigendi. Quo respectu peccata in Divinis literis debita vocari solent. Duplex autem ista actio, et quandoque triplex, quae ex eodem delicto diversis personis nascitur, separatim quaelibet subsistit, nec una extincta altera statim simul extinguitur. Nam uti Deus non remittit debitum, nisi peccans laeso satisfecerit, Matth. V. 23. 24: ita licet quis cum laeso transegerit, haut eo minus apud Deum remissio peccati est quaerenda; et ubi delictum exempli foeditate fuerit atrox, tota societas deprecatione est placanda. Igitur remittere peccatum, est ‹61› remittere actionem, seu renunciare actioni, quam quis ex peccato illo in peccantem habebat. Et cui actio ex delicto competit, ille etiam proprie potestatem remittendi peccata habere dicitur, quantum sese ejusdem actio extendit. Caeterum ea potestate remittendi peccata ne Deus quidem ita absolute utitur, ut mero ex beneplacito et citra ullum alium respectum peccata quibusdam condonet, in aliis exsequatur. Nam nullo respectu promiscue ex mero lubitu delicta condonare, est legum vim abolere: et frustra legem fert, qui licentiam impune istam violandi indulget. Ebrae. IX. 22. Matth. V. 18. Quia autem laeso Numini satisfacere supra humanas vires est positum, admirabili temperamento justitiae et misericordiae Jesus Christus eam satisfactionem praestitit, quam qui fide amplexus fuerit, ei peccatorum remissio apud Deum obtingit. Laesos autem homines ad remittendam suam actionem, ubi laedens veniam petit, faciles jubet esse Deus, quod et ipsi quotidie venia apud Deum, communem patrem et dominum, o- ‹62› pus habeant. Imo et in alios quoque homines subinde impingant; qui si summo jure adversus ipsos uti vellent, male cum iisdem ageretur. Igitur damus hanc veniam petimusque vicissim. Matth. VI. 12. 14. 15. V. 25. XVIII. 21. seqq. Luc. XVII. 3. Sed et circa peccata condonanda, quae scandalo totam societatem dehonestarunt, haut adeo rigidi esse debemus, si peccans seriam poenitentiam prae se tulerit. 2. Corinth. II. 6. 7. 8. Est autem probe observandum, etiam de remissione, quae à laeso fit, pronunciari à Christo Matth. XVIII. 18. *Amen dico vobis, quaecunque ligaveritis super terram, erunt ligata in coelo, et quaecunque solveritis super terram, soluta erunt in coelo.* Nam ut haec verba de solis discipulis intelligantur, antecedentia non permittunt, quae non ad solos Apostolos, sed quosvis fideles spectant.

§. 24. Cujus vice Apostoli peccata remiserint?

Quodsi igitur ponamus, Apostolos illo peccato, cujus remissio ab ipsis fieri debebat, peculiariter non fuisse laesos, necessum est, ut ab ipsis ea remissio profecta sit ‹63› vel nomine peculiariter laesi, vel nomine societatis, vel nomine legislatoris humani aut divini. Laesi jus ex delicto, velut è contractu invito quaesitum, nemo ipso non consentiente et mandante condonare potest; non magis quam alia ejusdem jura invito auferre valet. Est autem ea satisfactio seu compositio cum laeso ita necessaria, ut ea utique praecedere debeat requisitionem veniae apud Deum; saltem ut peccans serium propositum habeat eam satisfactionem, quantum possit, praestandi. *Prius reconcilieris fratri tuo, et tunc veniens offer munus tuum, velut symbolum Dei reconciliandi.* Matth. V. 24. Add. Luc. XIX. 8. Sic Paulus Philemoni offert refusionem damni ab Onesimo eidem dati v. 18. Unde vulgata Confessionariorum regula est: Non remittitur peccatum, nisi restituatur ablatum. Nam ludibrium est, et contradictorium, poenitentiam facti injusti apud Deum profiteri, et nihilominus retinere velle fructum ex eo facto provenientem. Circa id, quod interest totius societatis in atroci delicto partem suam utique ‹64› habebant Apostoli. Vid. 1. Corinth. V. 4. 5. 2. Corinth. II. 10. XI. 29. Qua de re infra pluribus erit agendum. Id duntaxat hoc loco notasse suffecerit, hoc quicquid est autoritatis non exhaurire totam clavium potestatem. Nomine autem imperantium et legislatorum civilium delicta remittere penes Apostolos non fuit, quorum officium istorum jurisdictionem aut potestatem haut quidquam tangebat, aut eandem ullo modo imminuebat. Unde et obtenta apud Deum remissione isti id quod sua interest circa delicta persequi possunt, ac solent. Restat igitur, ut Apostoli remissionem peccatorum nomine et vice Dei exercendi acceperint potestatem; id quod non obscure insinuant illa verba; *Quicquid solveritis in terris, solutum erit in coelo; et quicquid ligaveritis in terris, ligatum erit in coelo.*

§. 25. Quo modo se habuerit illa facultas remittendi peccata?

Ut autem recte intelligatur, quid et quantum potestatis ista clavium traditione concessum sit, inspiciendum est, quomodo Christus ipse, dum in terris versatus est, pecca- ‹65› ta remiserit? Eam in rem insignis est locus Matth. IX. 2. Marc. II. 3. Luc. V. 20. VII. 47. 48. 49. 50. Ubi primo Salvator sibi vindicat potestatem remittendi peccata testimonio miraculi, quod non nisi à divina virtute proficisci poterat. Deinde nulla accusatione aut defensione, nulla quoque diserta delictorum confessione praecedente, sed solummodo conspecta fide Christus pronunciat, Remissa sunt tibi peccata tua. Ac si universum Novum Instrumentum excutiamus, apparebit, neque Christum, neque Apostolos remissionem peccatorum exercuisse per modum jurisdictionis, ac velut pro tribunali excussis delictis: sed ubicunque fides adfuit, ibi et immediate remissio peccatorum secuta fuit. *Qui credit, non judicatur; qui non credit, jam judicatus est.* Et confessio, quae remissionem peccatorum tacite aut expresse praecedere debet, non est similis illi confessioni, quae à reo in judicio exigitur, quippe quam sequitur condemnatio. Josuae VII. 19. 20. 21. Sed habet similitudinem cum ea confessione, ‹66› quam morbo aliquo occulto laborantes Medico faciunt; quo is idonea medicamenta applicare queat. Psalm. XXXII. 3. 4. 5. Adeoque poenitentiam necessario comitatur, quod neque Deum, neque proximum laesum poscere veniam queamus, nisi confiteamur peccata, id est, nisi agnoscamus et profiteamur non peccasse. Proverb. XXVIII. 13. 1. Joan. 1. 9. Jacob. V. 16. Denique Christus et Apostoli, dum tempus gratiae labitur, nulla judicii forma constituta, praedicarunt duntaxat, seu annunciarunt poenitentiam et remissionem peccatorum. Sed consummato seculo judicium ordinaria forma exercendum dicitur, uti tribunali insidebit summus judex, sellae ponentur pro assessoribus, libri aperientur, et quilibet sententiam accipiet juxta opera sua: Apocal. XX. [12.] et quidem sententiam definitivam, non velut in judicio revisorio, ut duntaxat inferioris judicis sententia confirmetur, aut rescindatur. Cumprimis autem observandum est, non esse perpetuam et inseparabilem connexionem et subordinationem ‹67› inter remissionem peccati, quae fit à Deo, et quae fit abs quolibet homine; quod fieri possit, ut remissione ab hominibus facta eadem apud Deum non sequatur; puta si apud peccantem nulla fides adfuerit, aut duntaxat simulatio sit; et ut vice versa solutio facta sit à Deo, retento peccato apud homines, puta si per duritiem veniam petenti quis ut satisfactionem offerenti ignoscere abnuat, aut sacerdos privatos ob affectus absolutionem neget. Adeoque non semper, quando sacerdos dicit, *Remissa tibi sunt peccata tua*, etiam Christus idem in coelis dicit. Nam solus Deus fidem inspicere, et cogitationes hominum potest: homines autem indicia, quae in sensus occurrunt, sequuntur; quae simulari, et à vero animi sensu discrepare possunt. Unde et in foro humano sufficit ad absolutionem pronunciari secundum acta et probata, etiam quandoque à rei veritate discrepantia, id quod apud Deum non procedit, qui intima cordis inspicit, inania simulationum aut dissimulationum insuper habet. Imo si ‹68› vel centies sacerdos pronunciet, Remissa tibi sunt peccata tua, ubi fides abfuerit, nihil aget. Denique nec illud insuper habendum, collatis in Apostolos clavibus Deum hautquidquam potestate sua peccata remittendi, aut peccatores poenitentes in gratiam recipiendi abdicasse, aut eam non nisi mediantibus illis exercere voluisse, aut duntaxat extremam sibi velut provocationem reservasse, adversus iniquitatem sacerdotum. Alias enim incassum quotidie invocaremus Deum; *Et remitte nobis debita nostra.* Quae omnia si probe considerentur, adparet, claves Regni coelorum Apostolis commissas esse nihil aliud, quam doctrinam Evangelii de remissione peccatorum per fidem in Christum; quam dum proponunt Apostoli credentibus, eorum peccata remisisse dicuntur, eodem senso, quo iidem salvare homines dicuntur, quibus Evengelium credentibus annunciant. 1. Timoth. IV. 16. Et vice versa, quibus Evangelium annunciant non credentibus, illos ligare dicuntur, ita ut et in coelis ligati sint, ‹69› juxta illud

Joannis III. 18. Reserarunt igitur Apostoli Regnum coelorum, quando annunciarunt credentibus gratiam Dei et remissionem peccatorum per Christum: occluserunt illis, qui eam doctrinam per infidelitatem adspernati sunt. Etsi peculiariter alicui ea doctrina Evangelii per ministrum Ecclesiae adplicetur, is est sensus; Si credis, prout prae te fers, annuncio et confirmo tibi, peccata tua tibi remissa esse per et propter Christum, ita ut nunc certus esse possis, eadem et tibi in coelis ab ipso Christo remissa esse: Si non credis, eadem tibi retenta sunt. Necessario quippe nexu fidem consequitur remissio peccatorum etiam ante pronunciatam sacerdotis absolutionem; sic ut ab arbitrio humano hautquidquam dependeat, credenti remissionem peccatorum adplicare velit, an minus. Sed qui credit, jam coram Deo justificatus est, etamsi forte absolutionem sacerdotalem obtinere impeditus fuerit. Quae cum ita sint, patet ex intentione Salvatoris claves illas non debere esse instrumentum, aut ‹70› medium parandi imperium, aut terrenum aliquod emolumentum. Nam Christus jussit Apostolos praedicare remissionem peccatorum, et quod gratis acceperant, gratis dare; non autem verbum Dei cauponari. Nec isti per praedicationem homines fecerunt sibi subjectos, sed Christo. Unde et indignabatur Paulus, quod aliqui ab ipso, aut Apollo apud Corinthios denominari sustinerent. 1. Corinth. I. 12. 13.

§. 26. An Petro aliqua heic praerogativa concessa.

Quicquid autem potestatis aut muneris id est, aequaliter idem in omnes Apostolos fuit collatum, nulla cujuspiam praerogativa, saltem ex quo imperium aliquod sibi fundare possit. Neque enim in palmariis locis, ubi autoritas muneris Apostolici in ipsos confertur, ullum vestigium disparitatis cujusdam inter ipsos adparet. Matth. XXVIII. 18. 19. 20. Joh. XX. 21. 22. 23. Add. Matth. XXIII. 8. seqq. Luc. XXII. 26. 27. Ioan. XIII. 14. 15. 16. Galat. II. 9. 14. Et dictum Matth. XVI. 18. quo se tantopere jactant sectae Romanae addicti, sane nihil continet, ex quo Petro, mul- ‹71› to minus Episcopis Romanis primatus aliquis in universas Ecclesias extrui queat. Confessus erat Petrus d. l. Jesum esse filium Dei vivi. Praeclara confessio, et ob quam isti merito velut acclamari debeat, Tu es Petrus, q. d. macte ista confessione Petre! Non tamen ut ideo tam insignem, qualis fingitur, praerogativam prae reliquis mereri posset. Nam neque suo duntaxat nomine istam edidit Petrus, sed omnium eorum vice, quos Christus tunc allocutus est. Sicuti et expresse idem dicit Ioannis VI. 69. *Nos credimus, et cognovimus, quod tu es Christus filius Dei vivi.* Neque primus eam confessionem Petrus edidit, sed ante eum Ioannes Baptista, Ioan. I. 34. 36. et Andreas, ibid. 42. et mox Philippus atque Nathanael; ibid. 45. 49. Quin nemo se Christi discipulum ferre potuit, nisi edita hac confessione. Vid. Matth. X. 32. 33. Ioan. XI. 27. Actor. IV. 12. VIII. 37. IX. 20. 22. Tum ut ostenderet Christus, quanti momenti foret ea confessio, addit; ‹72› *super hac petra aedificabo Ecclesiam meam*; id est, haec doctrina, quod Jesus sit Filius Dei vivi, erit fundamentum et lapis velut angularis, cui superstruendum est mysticum aedificium Ecclesiae, seu coetus eorum, qui nomen Christi profitentur. Ita ut idem, et non amplius hoc dicto contineatur, quam quod habetur Joan. XX. 31. 1. Joan. II. 22. III. 20. IV. 2. nempe hoc: Fundamentalis articulus religionis Christianae est, quod Jesus Nazarenus sit Messias, idemque Filius Dei vivi.

§. 27. An excommunicationi insit vis imperii?

Restat ut videamus; num aliqua vis imperii, qualis ad statum formandum sufficit, insit potestati illi, ab Apostolis, et Ecclesia usurpatae, ad excommunicationem seu bannum infligendum?

Id quod negandum est, si sermo sit de genuino ejus usu, et scopo, ad quem ista ab initio est instituta. Nam quod ea ipsa res, si quis eadem abuti non horreat, ambitioni, et iniquo jugo simplicibus struendo inservire queat, ipsa experientia satis loquitur. Videtur autem non leve discrimen esse inter excommunicationem Judaicam, qua ‹73› quis Synagoga excludebatur, et eam, quae Christianis initio fuit usurpata. Apud Judaeos cum totus populus una cum imperantibus eandem religionem profiteretur, et haec statui innexa foret, fieri poterat, ut exclusio à Sacris alios quoque effectus in foro humano produceret, adeoque indolem poenae humanae et civilis haberet, ac infamiam simul civilem produceret. Prout et in ea Republica non pauca ad religionem spectantia poenis humanis sancita reperiuntur. Sed cum neque Salvator noster et Apostoli quid potestatis civilis exercuerint, et coetus Christianorum primitus alieno imperio obnoxii egerint, excommunicatio, bannumve, et quicquid erat disciplinae Ecclesiasticae, nullum potuit effectum producere, qui ad conditionem alicujus civilem pertingeret, ac poenae humanae proprie dictae indolem et vim haberet. Id quod clarius patebit, si loca Novi Instrumenti, ubi de hac re agitur penitius excutiantur. Matth. XVIII. 15. 16. 17. *Si peccaverit in te frater tuum, vade et argue eum ‹74› inter te et ipsum solum. Si te audierit, lucratus es fratrem tuum: Sin vero te non audierit, adhibe tecum adhuc unum aut duos; ut it ore duorum aut trium testium consistat omne verbum. Quodsi non audierit eos, dic Ecclesiae. Si Ecclesiam non audierit, sit tibi velut Ethnicus et publicanus.* Sane ex hocce loco nihil imperii aut jurisdictionis infertur; sed ostenditur modus controversias componendi Christianis dignus. Prorsus uti Paulus 1. Corinth. VI. circa res litigiosas in fratrem potius compromittere, aut plane injuriam pati jubet, quam apud infidelium tribunalia litigare, non sine prostitutione nominis Christiani. Quo et spectat illud Matth. V. 40. Sic quanquam alias, qui alterum laesit, apud laesum prius super satisfactione et reconciliatione agere debeat; tamen si iste injuriam agnoscere negligat, Christus à laeso transactionis initium proficisci vult; (Vid. Marc. XI. 25. Luc. VI. 27. Actor. VII. 60.) nec istum statim coram judice reum peragendum, sed privatam reconciliationem potius tentan- ‹75› dam, demonstrata citra arbitrium injuria, num ultro satisfacere laeso, et cum eodem in gratiam redire velit. Si hoc modo nihil proficiatur, duos vel tres testes adhibendos, qui duritiem animi exuere suadeant, ac testari queant, à laeso nihil omissum gratiae reducendae idoneum. Si ne hoc quidem modo iste expugnetur, ad totum fidelium coetum ejus loci causam deferendam: (nam ut heic per Ecclesiam soli presbyteri intelligantur, nulla ratio subigit.) Si ne hujus quidem autoritati cedat, habe eum velut ethnicum et publicanum: Cui et injuria ista non remittetur, velut quam agnoscere, eoque nomine poenitere, et praestanda praestare noluerit. Id est, ejus conversationem velut impuri hominis de vita. Id quod cuivis non ex vi alicujus imperii, sed communis libertatis licet. Nam quod Ethnicorum et publicanorum conversatione extra negotia civilia necessaria abstinuerint Judaei ‹76› tralatitium est. Alias autem ethnici et publicani conditio nihil in se habebat infamiae, aut poenae civilis, et qui in Judaeos tunc imperium obtinebant, ipsi ethnici erat, qui aversationem Judaeorum flocci faciebant. Et è communi est libertate, quem velim in familiarem mecum conversationem recipere; à qua ut excludantur homines perverso ingenio et pravis moribus sapientes suadent, et cuique libero homini est integrum. Pari modo Apostolus devitari hominem haereticum jubet, post unam et alteram admonitionem, ne quis ipsius pravis sententiis inficiatur. Tit. III. 10. Add. 2. Thessalon. II. 14. Qui tamen poenam divinitus infligendam haut effugient. 2. Petri II. 1. 2. Galat. I. 8. 9. Pariter locus 1. Corinth. V. 1. seqq. 2. Corinth. XIII. 2. 10. de incestuoso, quem Paulus Satanae tradere constituerat, quocunque sensu capiatur, nihil jurisdictionis aut imperii involvit. Uti nec dicta 1. Corinth. VI. 9. seqq. 1. Timoth. I. 20. 2. Joann. V. 10. quae tantum innuunt communem libertatem, per quam penes quemlibet ‹77› est ejus conversationem declinare, quae sibi dedecus aut noxam allatura est, salva de caetero conditione, qua idem in civitate gaudet. Et quidem ita, ut ob vitiosos istos mores mundus non sit deserendus, id est, ut ideo conversatio, quam vel muneris conditio, aut necessitas imperat, aut alia civilis vitae ratio exigit, à nobis haut sit abdicanda. Quae ratio aeque in homine vitioso, qui Christiani nomen gerit, quam in ethnico locum habet.

§. 28. Apostolorum instructio nihil imperii sapit.

Denique si instructionem inspiciamus, quam Apostolis et discipulis suis praescripsit Christus, manifeste adparebit, ad nihil minus, quam statum aliquem formandum ipsos fuisse missos. Ad statum requiritur imperium, ex quo promanat praeeminentia unius prae altero, quae ambitioni materiam praebet. Satus quoque certos reditus exigit sumtibus ejusdem tolerandis; unde avaritia ubi se jactet invenit. Ast nihil magis laborare videtur Salvator, quam ut ambitionis, et avaritiae contagio discipulos suos ‹78› arceat. Vid. Matth. XVIII. 1. 2. 3. 4. Marc. IX. 33. seqq. Luc. IX. 46. Matth. XXIII. 8. Joan. XIII. 13. 14. Imprimis consideranda est instructio, quam Christus discipulis suis praescribit, quando istos velut speciminis causa cum dono miraculorum mittit ad solos Judaeos. Matth. X. Etsi dubium non sit, quin pleraque ab ipsis observanda fuerint, etiam quando post legationem ad omnes gentes suscepturi erant. Uti primum omnium interdicitur ipsis, ne doctrina, donoque miraculorum abutantur ad corradendas pecunias, quae alias nervus rerum gerendarum habentur. *Gratis accepistis, gratis date.* Actor. III. 6. *Aurum atque argentum non habeo.* Quin ne obtentu necessariae sustentationis avaritiae litare inciperent, etiam crumenam, aut binas tunicas, aut calceos, baculumve habere vetuit, contentos eo victitasse, quod ab auditoribus ultro suppeditaretur. Et quanquam ista omnium sarcinarum et impedimentorum remotio ad instantem duntaxat profectionem haut ‹79› longinquam et modici temporis pertineat: tamen in universum proventus, qui docendo Evangelio vacantibus merito tribuuntur, mercedis pro labore exhausto nomine nuncupantur, ac ultra modestos sumtus vitae tolerandae idoneos non porriguntur. Qui privati patrimonii modus est; et ad opes publicas, et quantae ad statum requiruntur, nihil facit. 1. Corinth. IX. 11. seqq Matth. X. 10. Luc. X. 7. 1. Tim. V. 18. qui locus proprie ad sacerdotes spectat, ne pietatem in quaestum vertant, et fugiant φιλαργυρίαν, studium pecuniae, velut radicem omnium malorum, adeoque et abusuum atque superstitionum, quae Romanam Ecclesiam inundaverunt. Tum ne numero terroris quid incutiant, bini duntaxat mittuntur. Marc. VI. 7. Ac ne vi doctrinam suam cuipiam obtrudant, sed amica salutatione accessum sibi parent, ac si quos doctrinae suae recipiendae pronos offendant, hospitio eorundem fruantur, importune adspernantes ‹80› deserant, excusso etiam pedibus pulvere. Sequitur prolixa de imminentibus persecutionibus praedictio, quas non oppositavi, sed patientia superare, demonstrata innocentia avertere, aut fuga declinare jubentur. Add. Matth. V. 10. 11. Atqui statum aliquem condituris pro regula est: Tu contra audentior ito. Post Salvatoris nostri ad coelum adscensionem in universum orbem dispergeuntur, prout cuique instinctus fuit, haut constituta aliqua velut sede imperii, unde in singulos regimen, et quo referrent acta sua, aut unde autoritatem et consilium peterent; aut ubi velut centrum communicationis et correspondentiae mutuae foret: cujus neque vola neque vestigium in divinis literis adparet. Sed nec terrarum quid occupare poterant, cum versarentur in locis, ubi jam imperia constituta erant. Nec à conversis ad ipsorum doctrinam exigere plus opum licebat, quam quantum eleemosynarum rationem habebat. Nam plura erogare conantes sine dubio per imperia civilia prohiberi poterant, ‹81› velut imminuto jure tributa exigendi. Sicuti et si promiscue omnes Christiani, aut magna eorum pars exemplo quorundam Hierosolymitanorum Actor. II. 44. 45. V. 4. bona sua in commune conferre voluissent, summis imperantibus fas fuisset, inconsultos impetus coërcere, quod exinde reipublicae opes insigniter attenuandae forent. Denique Apostoli homines sedibus suis haut exciverunt, uti Moses Israëlitas Aegypto dimovebat; sed quietos et immotos eos prioribus honestis functionibus vacare permiserunt, non alia mutatione allata, quam ut nova religione imbuerentur.

§. 29. Regnum Christi non involvit imperium humanum.

Dispiciendum porro est, annon doctrina Christiana, quatenus animos hominum per fidem unit sub obsequium Christi, per eam ipsam unionem producat statum, qui imperio contineatur ejus generis, quod in civitatibus conspicitur? Id quod negandum esse facile adparet, si consideretur, quae indoles Regno Christi aut Dei, Regnove coelorum, his in terris existenti, in divinis literis assigne- ‹82› tur Regnum sane constituit unio fidelium sub Christo Rege, sed quod non est de hoc mundo, adeoque nec paris naturae cum illis statibus, qui summo imperio civili reguntur. Rex ibi est Jesus Christus, qui in praesens oculis sese mortalium subtraxit, et velut aulam suam in coelis locavit. Subjectos ille civesque habet per totum orbem diffusos, quicunque doctrinam ipsius viva fide amplectuntur; quos intrinseca ejus doctrinae virtus adversus illecebras aut terrores humanos in officio continet. Quam ob causam etiam imperio aliquo civili in hoc Regno opus non est, quod ad solidam pietatem nihil facit. Nam non potest alteri gratiam Dei conciliare, nec in cive efficere internos illos motus, qui Deo maxime probantur, et citra quod exterior actus, quem vis imperii civilis forte extorquere valet, inanis habetur. Et cum Regnum Christi sit Regnum veritatis, imperio humano et coactione ad illud opus non est, quippe cum veritas praevia doctrina et accedente divina gratia placide sese animis hominum insinuet, cum praemia ‹83› poenaeque, quae eam doctrinam amplectentes aut adspernantes manent, in futurum promineant, post hanc demum vitam repraesentandae. Quodsi alicui placeat singula dicta excutere, in quibus Regni Dei, Christi, aut coelorum mentio fit, nihil reperiet, quod statum aliquem, aut imperium civili simile sapiat. In id Regnum recipiendi poenitentia se praeparare debent. Matth. III. 2. IV. 17. Evangelium Regni Jesus praedicasse dicitur Matth. IV. 23. IX. 35. Virtutes, ac dispositiones animorum in iis, quos Christus Regno suo idoneas, eoque nomine beatos praedicat, Matth. V. 1. seqq. ad virtutes civis in statu aliquo mundano parum faciunt. Eo in regno parvus aut magnus vocatur, prout quisque praecepta Christi neglexerit aut servaverit. Matth. V. 19. VII. 21. *Ejus Regni justitiam ante omnia quaerere jubemur.* Matt. VI. 33. *Ejusdem Regni mysterium est singularis operatio verbi divini.* Matth. XIII. 21. 31. 33. 44. 45. 52. Intra limites hujus Regni dicuntur tolerari, qui ejusdem veri cives non sunt, sed hostili potius in ‹84› istud animo: id quod in statu aliquo mundano non indulgetur. Matth. XIII. 24. 47. Hujus Regni claves in doctrina de remissione peccatorum consistunt. Matth. XVI. 19. Sic quae de jure praecedentiae Regno Christi traduntur, à more Regnorum hujus mundi plane abhorrent. Matth. XVIII. 1. seqq. XX. 21. seqq. XXIII. 8. Marc. IX. 33. 34. X. 42. In Regnis mundanis cuilibet integrum est jus suum persequi; in Regno Christi nequam civis est, qui jus suum concivi suo non condonaverit. Matth. XVIII. 23. seqq. *Regnum Christi etiam parvulorum est.* Matt. XXI. 14. Marc. X. 14. In eo Regno laborantes dispar labor, par praemium manet. Matth. XX. 1. Id Regnum adspernantibus aufertur Matt. XXI. 43. cum regna mundana superbos debellare soleant. A Judaeis repudiatum gentilibus communicatur. Matth. XXII. 2. Ei fruendo requiritur vigilantia Matth. XXV. 1. In mundanis Regnis eo facilius cuique jus civitatis patet, quo est opulentior: *In Regnum Christi difficile est divitibus intrare.* Matth. XIX. 23. Marc. X. 23. Lucae XII. 32. In Regnis mundanis boni est ci- ‹85› vis circa rem bonis artibus augendam industrium esse: id quod in Regno Christi inter postrema habetur. Luc. XII. 31. Inter praecipuas causas, quare societates civiles subierimus, est, ut bona nobis nostra salva sint. Atqui Christus dixit: *Qui non renunciat omnibus, quae possidet, non potest meus esse discipulus.* Luc. XIV. 33. Sic et, *Non venit Regnum Dei cum observatione; Neque dicent; Ecce hic, aut ecce illic. Ecce enim Regnum Dei intra vos est.* Luc. XVII. 20. 21. Plura dicta accumulare nihil attinet, cum ad hunc gustum omnia reliqua sint.

§. 30. Num Ecclesia sit status?

Enimvero etsi unio fidelium sub Rege Christo, corpusque adeo illud mysticum, cujus caput Christus, membra fideles sunt, statum non efficiat:. nihilominus quaestio adhuc restat; an non illa ipsa multitudo fidelium in his terris existens inter se constituat statum aliquem seu rempublicam, quae uno imperio humano, aut quod humano simile sit, contineatur? seu quod eodem redit: An Ecclesia ex intentione Salvatoris debeat esse status, seu Res- ‹86› publica? Accipimus heic vocabulum status populari modo, pro societate hominum independente, quae summo imperio continetur et regitur. Cujus quaestionis hic scopus est, ut, postquam demonstratum fuerit, Ecclesiam ex intentione Christi et Apostolorum non fuisse, nec debuisse esse statum, inde colligatur; eam Ecclesiam, quae status est, et qua status est, non esse à Christo.

Ad hanc igitur quaestionem penitius excutiendam primo observandum est, quae sit vocabuli Ecclesiae in sacris literis significatio? [*in marg.*: Quid in scripturis notet Ecclesia vocabulum?] Est igitur Ecclesia vocabulum è democratiis petitum, quo Graeci notabant conventum, congressum aut concursum populi seu plurium civium ad auscultandum, consultandum, decernendumve de negotiis civilibus; ab evocando derivatum, non quod semper notaret coetum minorem è majore aliqua multitudine evocatum, (nam et universos cives in ecclesiam seu concionem coire nihil repugnat;) sed quod è privatis aedibus et commorationibus ad communem locum evocarentur. Sic ut ex prima originatione ista vox non significet› ‹87› statum aliquem, sed certam affectionem Reip. democraticae; quippe cum consensum suum commode declarare multi homines vix possint, nisi in uno loco convenerint. Id porro vocabulum à LXX. Interpretibus adhibitum fuit pro conventu plurium hominum non solum cultus divini exercendi causa, sed et qui aliam ob causam etiam pravam congregati fuerunt. Psalm. XXVI. 5. Siracidos XXIII. 34. XXXVIII. 24. Actor. XIX. 32. 39. 40. sic ἐκκλησιάζειν est convocare coetum ad negotia civilia. Numer XX. 8. 10. Josuae XVIII. 1. 2. Paral. XV. 9. XXXIV. 29. In Novo autem Instrumento Ecclesia ut plurimum notat vel universam fidelium multitudinem, ubicunque locorum agentem, vel coetum fidelium unius provinciae, oppidi, vel etiam privatae domus, aut familiae.

Utroque significatu si Ecclesiae attributa et actiones consideremus (ex his quippe in moralibus de alicujus rei indole judicari solet,) nihil inveniemus, quod statum arguat. Frequentissimum elogium eorum, è quibus Ecclesiae componuntur, est, quod sancti, et fratres, et redemti sanguine Christi Dei adpellentur. [Quae actiones Ecclesiae in sacris literis tribuantur?] Frequentissimae actiones ‹88› audire verbum Dei, laudare Deum, preces fundere, exercere opera charitatis, versari in timore Domini, jejunare, curam agere pauperum, Act. XIV. 23. Paulus et Barnabas in Ecclesiis, quas per Asiam plantaverant, dicuntur constituisse Presbyteros, χειροτονήσαντες, per suffragia coetus creantes; quomodo in democratiis decreta fieri solent: ne pro imperio presbyteros Ecclesiis imposuisse viderentur, sed quos ipsi fidelium coetus cupiebant, et probabant. Et nihilominus tali modo creati dicuntur à Spiritu S. constituti pastores Actor. XX. 28. Sicuti 2. Paralip. XIX. 5. 6. à Josaphato constituti praefecti munus Domini dicuntur gerere. Ille quippe etiam à Deo in officio aliquo positus dicitur, qui dotibus idoneis instructus legitima via ad officium pervenit, siquidem ipsum officium sit Deo probatum. Est igitur actio Ecclesiae constituere Doctores; quae tamen non est actio propria status. Nam id juris etiam privatum collegium, quod civitati subest, habere potest.

Actor. XV. 2. Antiochena Ecclesia, oborto dissidio super quaestione fidei, deputa- ‹89› vit aliquos, qui Ecclesiam Hierosolymitanam consulerent, quos deputatos honoris gratia fratres prosecuti extra urbem sunt. Hierosolymis ea quaestio ventilatur, et deciditur. *Visum est spiritui sancto et nobis.* Deputare aliquos ad obeunda negotia juribus summorum imperantium haut adversa, consulere alios coetus super controversiis circa fidem, ejusmodi quaestiones discutere, et definire actiones sunt, quae summum et independens imperium non inferunt, sed in privatos quoque homines aut privata collegia cadunt. Ubi quod expediendum suscipitur, non pro imperio injunctum, sed velut ultraneo consensu admissum habetur. Actor VI. 1. seqq. Ecclesia Hierosolymitana elegit viros certos, qui eleemosynarum curam haberent. Quae actio privati collegii mensuram non excedit. Idem etiam de eo habendum, quod frater χειροτονηθείς delectus ab Ecclesiis dicitur comes Paulo peregrinationis. 2. Cor. VIII. 19. Actor XX. 28. Ecclesia grex nuncupatur, qui pascendus sit ab Episcopis puro Dei verbo, et ‹90› quem infestare soleant lupi, id est, viri perversa loquentes, ut abducant discipulos post se; qui vigilantia et admonitione doctorum sint arcendi. 1. Corinth. VI. 1. seqq. Ecclesiae et Christianis ut talibus, non tribuitur aliqua jurisdictio; sed ab Apostolo illis injungitur, ut si oriatur inter membra Ecclesiae is super negotio civili, eam potius ad fratres deferant è compromisso componendam, quam ut apud ethnicorum tribunalia litigando opinionem avaritiae sibi contrahant. 1. Corinth. VII. 17. seqq. docetur; ingressu in Ecclesiam non aboleri personam, quam quis in vita civili gessit, seu suscepto Christianismo non indui novam personam civilem, quae priorem personam aboleat. Unde suscepto Christianismo servus non fit liber; et civis non exuitur obligatione, qua antea summis imperantibus civilibus tenebatur. Rom. XIII. 1. seqq. Add. 1. Timoth. V. 8. 14. VI. 1. 2. Quae modestia in Ecclesia, id est, in conventibus Christianorum doctrinae et Sacramentorum causa institutis sit adhibenda, docet Paulus 1. Corinth. XI. 18. seqq. ‹91› XIV. 34. 40. Quae in istis Ecclesiis seu coetibus agitantur, isthaec exprimuntur. 1. Corinth. XIV. 28. Psalmi, doctrina, lingua, revelatio, interpretatio, quae omnia ad aedificationem attemperanda sunt. 1. Corinth. XII. 28. insignium in Ecclesia membrorum munia haec enumerantur: *Apostoli, Prophetae, doctores, potestates miracula edendi, dona sanationum, subsidia, gubernationes, genera linguarum.* Add. Ephes. IV. 11. Quae omnia ad Evangelii propagationem et confirmationem spectant; Et ab eodem spiritu proveniunt, qui unicuique dispensat sicuti vult; et sic ut qui nobiliore dono est praeditus, non magis se membrum corporis mystici jactare queat, quam is, qui minus splendidis donis est praeditus, aut idem in hunc imperii quid affectare. Quin ut omnibus donis sit praestantior caritas, quae in quemvis Christianum cadere debet.

Quod Ecclesiae peculiariter incumbit tributi genus, Eleemosyna est. 1. Corinth. XVI. 1. 2. Corinth. VIII. 2. 3. 8. 1. Timoth. V. 16. quae ‹92› tamen pro imperio non exigitur. Quo et pertinet obligatio Ecclesiae ad mercedem doctoribus suis exsolvendam. Philip. IV. 15. 2. Corinth. IX. 14. 1. Timoth. V. 18. 2. Corinth. XI. 28. Paulus profitetur sibi incumbere curam omnium Ecclesiarum, quae versetur circa sustentandos infirmos et reprimenda scandala. 2. Corint. XII. 13. negat Paulus, Ecclesiam Corinthiacam esse inferioris conditionis, quam alias Ecclesias ab iis plantatas, qui officii Apostolici dignationem prius quam Paulus acceperunt. Sicuti et in divinis literis nullum vestigium extat subordinationis unius Ecclesiae sub alia. Nec minus modicorum oppidorum imo et privatarum familiarum congregationes Ecclesiarum nomine appellantur, quam frequentissimarum urbium: sicuti et particulares Ecclesiae in Judaea Ecclesiae Dei vocantur. 1. Thess. V. 11. 14. 2. Thess. I. 4. Ephes. I. 22. V. 23. 24. 25. Coloss. I. 18. 24. Ecclesiae caput Christus vocatur; quam sibi ipse gloriosam reddidit, non habentem maculam aut rugam, aut quidquam ejusmodi, sed ‹93› ut esset sancta et irreprehensibilis: sanctificata per redemptionem à Christo factam, et mundata lavacro aquae. Eph. V. 26. 27. Add. 1. Joan. III. 5. 9. Quae in rectore Ecclesiae alicujus particularis qualitates requirantur, 1. Timoth. III. 2. seq. Tit. I. 7. 8. 9. II. 7. 2. Tim. IV. 2. ad facultatem docendi et puritatem morum referuntur; nec ulla inter eas est, quae propria sit ejus, cui status alicujus regimen incumbit: Monogamus, vigilans, sobrius, modestus, hospitalis, aptus ad docendum, non vinolentus, non percussor, non turpis lucri cupidus, aequus, alienus à pugnis, alienus ab avaritia, qui domui suae bene praesit; qui modestos et morigeros habet liberos, non novitius, non inflatus; doctoris virtutes aut privati hominis sunt. 1. Timoth. III. 15. Ecclesia vocatur *Domus Dei*, et στύλος καὶ ἑδραίωμα, *columna et fulcrum veritatis*, sicuti ad columnas leges et edicta affigi solent ab omnibus legenda. Quanquam unus et alter Codex vetustissimus ista verba, *Columna et stabilimentum veritatis* ad sequentem sententiam referat: ita ut prior sententia terminetur verbis *Eccle-* ‹94› *sia Dei viventis.* Inde nova sententia incipiat: *Columna et stabilimentum veritatis, et citra controversiam magnum mysterium est, Deus manifestatus est in carne.* Ita ut hoc parallelum sit dicto Matth. XVI. 18. Joan. XX. 31. Elogia Ecclesiae exprimuntur Hebr. XII. 22. ubi vocatur Mons Sion, civitas Dei viventis, Jerusalem coelestis, Panegyris myriadum angelorum, coetus primogenitorum, qui adscripti sunt in coelis, ubi est judex universorum Deus, et novi foederis mediator Jesus, et Spiritus perfectorum justorum. Apocal. II. III. laudantur egregia facta, taxantur vitia Ecclesiarum Asiae, cum comminatione, amotum iri candelabrum ipsarum, seu Evangelii doctrinam iis ademtum iri, nisi resipuerint; sicuti singulae particulares extingui queant. Haec igitur omnia si expendantur, nihil occurrit, quod statum aliquem et imperium mundanum, aut huic compar arguat.

§. 31. Primitivae Ecclesiae non potuerant esse status.

Sed nec desunt rationes, ex quibus evinci queat, non potuisse ab Apostolis condi Ecclesias, quae indolem status ‹95› haberent, si vel maxime id voluissent; quod tamen nec necessarium fuisse, nec omnino debuisse fieri arbitramur. Cujuslibet status primarius finis est securitas, ac ut conjunctis animis viribusque aliorum injuriae arceantur. Quem ad finem insigni virorum numero opus est, et quidem talium, qui ad vim arcendam idonei sunt. Atqui istis quoque coetibus Ecclesiarum vocabulum tribuitur, qui modico aliquo oppido, imo qui et una familia continebantur. Quin salvator noster pronunciat; *ubi duo vel tres congregati fuerint in nomine suo, se fore in medio eorum.* Matth. XVIII. 20. Unde et Tertullianus: *Tres faciunt Ecclesiam, sic ut Collegium.* Ubi autem Christus est in medio, ibi utique sufficientia erunt salutis media, verbum, minister, sacramenta; adeoque scopus religionis Christianae obtineri poterit, si vel maxime quis non sit conjunctus numeroso alicui fidelium coetui. Nec conjunctio cum tanta fidelium multitudine, quanta ad statum constituendum requiritur, per se facit ‹96› aut necessaria est ad finem religionis Christianae obtinendum. Seu ut quis salvus fiat, nihil interest, in magno an in modico coetu vivat. Ex quo et illud consequitur, si contingat etiam majorem partem alicujus Ecclesiae deficere, reliquos tamen scopum fidei suae haut eo minus assequi posse; secus atque in statibus fieri solet, ubi deleta majore civium parte finis civitatis non amplius obtineri potest. Sicuti nec illae qualitates civium, è quibus statui insigne decus aut robur accedit, in Ecclesia attenduntur hactenus, ut quis ideo bonus Christianus haut habeatur, quia opibus, viribus, aut sapientia parum polleat. 1. Corinth. I. 20. 21. 22.

Deinde ad statum aliquem condendum requiritur territorium aliquod, ubi sedem fortunarum figere cives queant. Et qui jam sub aliquo statu degit, si novum se in statum conferre velit, necessum est, ut vel in alium locum commigret, aut praesens imperium loci, ubi agit, excutiat. Unde Moses abdicato Aegyptiorum jugo populum Israëliticum in desertum Arabiae subducebat. Sic Romulus ‹97› novum statum conditurus Regum Albanorum imperio renunciabat, et qui novo statui accedere volebant, desertis suis oppidis Romam commigrabant. Atqui neque Christus, neque Apostoli Christianos in alias sedes transtulerunt, sed quemlibet sub imperio, cui hactenus subjectus fuerat, degere permiserunt, prioris domini jure hautquidquam imminuto. Unde ne numerosissimi quidem Christianorum coetus in statum aliquem assurgere potuerunt. Adeoque cum per professionem religionis Christianae summorum imperantium jura, quae in personas ac bona civium obtinent, haut tollantur aut imminuantur, neque unus duobus dominis servire queat, nulla velut materia supererat extruendo in mediis civitatibus statui, quin nec ejusmodi quidem collegio, quod summi imperantis juribus aliquid decerperet, Rom. XIII. 1. seqq. 1. Petr. II. 13. Porro quanta opus vis ad sustentandos sumtus in conservationem alicujus status faciendos requiratur, nemini ignotum est. Quanquam autem per jura imperanti- ‹98› um dominia privata civium non tollantur: tamen saltem hactenus haec per illa restringuntur, ne civibus integrum sit de opibus suis tantum subtrahere juri summorum imperantium, quantum statui alicui sustentando sufficere possit. Nam hoc modo vel istorum status subtractis opibus languescet, vel novus in medio istorum statu status exsurget, maximo reipubl. cum periculo et incommodo. Igitur quia civitates, quae tempore Apostolorum extabant, non minus ac quaevis aliae jus in bona civium quaesitum habebant, doctrina autem Christi nemini jus suum legitime quaesitum adimebat, non aliud velut patrimonium sustentandis illis coetibus, ut talibus, constitui poterat, quam quod summorum imperantium juri nihil detraheret, quodque adeo à summis imperantibus liberae privatorum dispositioni relinqueretur. Quod fere intra mensuram privatae et moderatae beneficentiae, et eleemosynae continebatur. Et quidem ut si immobilia ad hunc usum collata forent, à tributaria obligatione ideo non eximerentur. ‹99›

§. 32. Diversa est structura interna Ecclesiae, atque status.

Sed ex toto coelo compages interna status alicujus, et vincula, queis membra eorum inter se connectuntur, differunt ab ea structura, quae in corpore alicujus Ecclesiae reperitur. Circa primam statuum sive civitatum originem constat, homines animadversis vitae segregis incommodis atque periculis, quaerendae securitatis causa inter se convenisse super sua in unam societatem conjunctione: inde facto decreto super modo regiminis certum hominem aut concilium constituisse, penes quem vel quod societatis regimen foret, eidemque voluntatem, et usum virium suarum circa procurandum societatis bonum submisisse. Aliter plane circa plantandas Ecclesias sese res habet. Non enim homines ultro, agnita miseria sua, inter se convenerunt de conversione sui ad Deum; sed cum ignorantiae tenebris circumfusi, salutisque suae securi agerent, Deus demum permissos à se annunciavit et praecepit, ut omnes ubique resipiscerent. Actor. XVII. 30. Nulla ergo est conventio hominum inter se ad subeundam et ‹100› constituendam Ecclesiam, sed singuli pro se, citra respectum ad alios sacramento Christi succedunt. Unde cum alias in civitatibus patremfamilias membra suae familiae sequantur, et haec per istum jure civitatis potiantur, in Ecclesia secus se res habet. Heic enim maritus non trahit secum uxorem, nec dominus servum. 1. Corinth. VII. 12. 21. Sic in Narcissi infidelis familia erant Christiani servi, quos salutat Paulus Roman. XVI. 11. Et indignus Christo est, qui patrem aut matrem, filium vel filiam plus quam ipsum diligit. Matth. X. 37. Luc. XIV. 26. Matth. XII. 50. Et de hac separatione, divisione, ac dissidio, quod per Christi doctrinam excitandum dicitur, explicandum est dictum Matth. X. 34. Luc. XII. 51. quod nempe obligatio erga Christum potior et validior sit aliis necessitudinis inter homines vinculis. Unde et deficiens ab Ecclesia pater, maritus, aut dominus, filium, uxorem aut servum secum non trahit. Deinde in Ecclesiis formandis non opus est decreto super certa regiminis forma introducenda; absurdaeque ‹101› adeo sunt quaestiones, monarchica, aristocratica, an democratica forma competat Ecclesiae. Hae quippe formae cadunt in statum aliquem, seu civitatem: Ecclesia autem status non est. Cum porro disparem à civitatibus finem habeat Ecclesia, disparia quoque sunt munia, quae utrinque proveniunt. Quam personarum varietatem finis civitatum producat, nemini est ignotum. Ast personarum, quae respectu Ecclesiae oriuntur, simplicissima est divisio in doctores et auditores.

§. 33. Doctores Ecclesiae multum differunt ab imperantibus civilibus.

Caeterum doctores Ecclesiae ab iis, qui imperium in aliquo statu gerunt, non tantum differunt circa finem munerum suorum; sed etiam circa modum constituendi ingens inter utrosque est discrimen. Neque de eo discrimine sermo nobis est, quod multi imperantes ipsa nascendi sorte imperium adquirunt, quod in doctoribus Ecclesiae secus est: sed de illo, quod in istis quoque imperantibus conspicitur, qui electione ad imperium provehuntur. Hi enim quando constituuntur, universi suam voluntatem submittunt voluntati ‹102› electi circa media servandae civitatis, ut quaecunque hic probaverit, illi quoque probaturos se, et ad eadem exsequenda et adhibenda connixuros profiteantur, collata quoque potestate talia pro imperio et intentatis poenis exigendi. Ast vero quando ab Ecclesia aliqua seu coetu fidelium in docendi munere quispiam constituitur, fideles hautquaquam voluntatem suam voluntati doctoris ita submittunt, ut quam viam aut quae media salutis is propositurus sit, ipsi coeco obsequio amplecti velint, aut debeant. Sed revera nemo fidelis suam voluntatem et fidem alteri cuipiam absolute subjicit, praeterquam Deo; cujus voluntatem et jussa interpretari, et ad illa complectenda auditores hortari, doctorum munus est. Ut enim doctrinae ab homine propositae, quae captum rationis superat, fides concilietur, necessum fuerit, ut haec fides proveniat vel ab autoritate ipsius proponentis, vel à coactione seu vi adhibita, vel à principio aliquo superiore. Autoritatem suam destruit homo eo ipso, dum rationi dis- ‹103› sona proponit, nisi alio adminiculo fidem sibi adstruat. Unde apud Graecos, qui sapientiam et rationem quaerebant, Apostolorum praedicatio stulta habebatur. 1. Corinth. I. 23. Et Paulus eo nomine apud Philosophos Athenienses Spermologi convitio adspergebatur. Actor. XVII. 18. Sed nec coactione aliqua aut imperio humano quid efficitur ad amplectenda fide mysteria religionis Christianae. Christus Apostolis dixit; *docete: huic respondet, credite, et quidem ex toto corde.* Ad eam fidem producendam vis aut emolumenta mundana ineptum plane medium sunt.

Superest igitur, ut ejusmodi dogmatibus à superiore principio fides concilietur: quod est gratia divina Evangelium comitans, et miracula, quibus initio Apostolis doctrinam suam confirmare divinitus dabatur. Marc. XVI. 20. Actor. XIV. 3. Hebr. II. 4. Etsi promulgatione Evangelii semel facta non opus est amplius ejusmodi miraculis; sicuti quae inter promulgationem Decalogi erum- ‹104› pebant tonitrua et fulgura deinceps non repetebantur. Sic igitur Christiani soli Christo absolute fidem rationemque suam submiserunt, cui et propria divinitas irrefragabilem autoritatem circumponebat, et vox Patris coelo delapsa; *Hic est filius meus dilectus, in quo mihi bene complacitum est: hunc audite.* Sed et sicuti populus Israëliticus fidem suam subjecit Mosi, postquam is divini sui muneris manifestam demonstrationem dederat; Exodi XX. 19. ita et Apostolis omnem voluntatem suam subdere tenebatur, postquam et hi legationis suae divinitus commissae fidem divina per miracula facere possent. Quanquam praedicationi eorum etiam sine miraculis efficacia erat, et ubi iidem apud gnaros veteris Instrumenti sua dogmata proponebant, haut indignabantur, si auditores sui inquirerent, num ipsorum dicta isti congruerent. Actor. XVII. 10.

Enimvero reliquis doctoribus, qui immediatam suam vocationem divinis miraculis demonstrare nequeunt, nemo absolute et citra ex- ‹105› ceptionem fidem suam ita subjicit, ut amplexurum se profiteatur, quicquid illi dixerint; sed eatenus duntaxat, quatenus ipsorum doctrina conformis est doctrinae illorum, quorum divina autoritas manifestis documentis demonstrata fuit. Unde et doctoribus Ecclesiae non sufficit dixisse, sic volumus sic jubemus; sed necessum est, ut demonstrent, à se tradita ex amussim congruere doctrinae à Christo et Apostolis promulgatae. Nec auditores resolvunt fidem suam in autoritatem doctoris; sed in autoritatem Dei, cujus verbo conformia esse debent doctoris dogmata. Et scholae quidem humanae à doctoribus et fundatoribus nomen sortiri solent, ut dicatur, v. g. schola Platonis, Aristotelis, Zenonis: sed Ecclesiae non nisi à Deo et Christo nomen ferre debent. Ac reprehendit Paulus Corinthios, quod quidam eorum se dicerent Pauli, alii Apollo, alii Cephae, alii Christi, 1. Corinth. I. 12. Sic igitur posita jam scriptura sacra Christiani non sunt similes discipulis Pythagoricis, quibus sufficere debet ἀυτὸς ἔφα *ipse dixit*: sed et hisce competit ‹106› potestas evolvendi scripturas, et ad hasce doctorum suorum tradita exigendi. Unde non discipulos solum, sed et auditores scrutari scripturas jubet Christus Joan. V. 39. Et Paulus 1. Thessal. V. 21. *omnia probare, quod bonum est retinere* jubet, et 1. Joan. IV. 1. spiritus probare, an sint ex Deo. Nec adparet, quomodo probatio sui ipsius, quam Paulus 1. Corith. XI. 28. omnibus injungit, ad mysticam coenam accessuris, absque meditatione scripturae sacrae fieri queat. Sed nec cum doctoribus Ecclesiae comparatum est, sicut cum Medicis. Nam hi quidem medicam artem callent, eamque cum fructu adplicant aegrotis ignarissimis. Haut ita doctor Ecclesiae solus dogmata religionis callere debet; sed ea demum praeclara est Ecclesia, ubi cognitione rerum divinarum auditores doctoribus non concedunt. Nam Apostoli omne consilium Dei hominibus annunciarunt, nec uni alicui doctrinae Christianae custodiam commendarunt, sicut Romani quondam libros Sibyllinos Decemviris, ut non nisi ab illo ‹107› ejus notitia peti possit. Porro quia Christiani fidem suam non autoritati alicujus hominis, sed solius Dei superstruunt, omnes quoque à Deo docti dicuntur Joan. VI. 45. 1. Thess. IV. 9. quod petitum est ex Jesa. LV. 13. Jerem. XXXI. 34. Unde et Paulus 2. Corinth. I. 24. negat se Corinthiorum fidei dominari, aut quod eodem fere redit, se dominari iis nomine fidei.

Caeterum uti auditoribus majorum profectuum in proclivi est doctorum suorum tradita ad normam sacrarum scripturarum conferre; ita quantum simplicioribus sufficit hunc usum praebere possunt symbola, seu brevia et plana compendia articulorum fidei praecipuorum, quae et omnibus, queis Christianum nomen geritur, à juventute tam à parentibus, quam publicis doctoribus inculcari debent. Quibus et simplex illa articulorum fidei notitia sufficere potest, nulla subtiliorum disceptationum cura, aut necessitate. Et sane quam non operosa aut diffusa scientia ad hoc requiratur, ut quis fidem salvificam habeat, facile colligitur ex Roman. X. 9. 10. ‹108› 1. Timoth. I. 5. 2. Timoth. II. 23. Tit. III. 9. 1. Joan. III. 23. Sic quia non solum lapis angularis et velut centrum Religionis Christianae est, quod Jesus sit Christus filius Dei, Joann. XX. ult. Conf. VI. 40. Sed etiam primis Christianismi temporibus idem articulus maxime à portis inferorum infestabatur; igitur Apostolus etiam simplicibus hanc regulam tradit: *Omnis spiritus, qui confitetur Jesum Christum in carne venisse, ex Deo est: et omnis spiritus, qui non confitetur Jesum Christum in carne venisse, ex Deo non est.* 1. Joan. IV. 2. 3. Etsi ex hoc non consequatur, Christianum non debere notitiam habere aliorum quoque articulorum: aut circa alia fidei capita liberum esse credere, aut non credere, quod velis, salva fidei orthodoxia.

§. 34. Num Ecclesia universalis sit status?

Cum itaque in Ecclesiis particularibus ingens difformitas à statu adpareat; disquirendum est, num forte istae Ecclesiae inter se junctae magnum aliquem statum absolvant? Heic igitur constat, in sacris literis vocabulum Ecclesiae tribui etiam universis fideli- ‹109 › bus ubicunque terrarum degentibus, et de illis pronunciari, velut de uno aliquo corpore: ut tamen nihil adpareat, ex quo colligi queat, illos ex intentione et instituto Christi statum aliquem constituere. *Ite in mundum universum, et praedicate Evangelium omni creaturae;* jussum Salvatoris est ad suos discipulos. Ast, quod novum statum formaturis quam maxime necessarium erat, non designatur certus locus, unde in reliqua foret regimen; non designantur illae vel illi, penes quem vel quos in reliquos gubernatio esse debeat. Non ostenditur modus communicationis caeterorum cum sede regiminis, quae communicatio propter capacitatem orbis, aliasque difficultates tunc exerceri non poterat, diversis civitatibus fere hostilem ad modum inter se agentibus. Sed nec adparet vinculum aliquod, quod universitatem Christianorum in unum statum colligare idoneum sit. 1. Cor. XII. 12. 14. *Quemadmodum corpus unum est, et membra habet multa, omnia vero membra corporis unius, multa cum sint, unum* ‹110› *sunt corpus: sic et Christus. Etenim per unum spiritum nos omnes in unum corpus baptizati sumus, sive Judaei, sive Graeci, sive servi, sive liberi, et omnes unum spiritum hausimus.* Joan. X. 18. *Oves meae audient vocem meam, et fiet unum ovile, unus pastor.* Igitur ut omnes oves fiant unum ovile, sufficit, ut audiant vocem pastoris Christi. Ephes. IV. 3. 4. 5. *Tolerantes vos invicem per caritatem, studentes servare unitatem spiritus per vinculum pacis. Unum corpus, et unus spiritus, quemadmodum et vocati estis in una spe vocationis vestrae. Unus Dominus, una fides, unum baptisma, unus Deus et Pater omnium.* Sic apud Ioannem Christus in sermone valedictorio praecipue caritatem discipulis inculcat, velut peculiarem notam professionis Christianae. Quam et Fratrum vocabulum Christianis peculiariter dilectum insinuat. Add. 1. Corinth. XIII. Coloss. III. 14. Galat. VI. 10. Sunt haec omnia vincula sacrosancta, sed ad constituendum, et connectendum aliquod corpus mysticum, ‹111› non ad Regnum aliquod de hoc mundo idonea. Et possunt haec omnia inter se communia esse illis, qui in diversissimis statibus degunt; cum nihil horum dependentiam aliquam ab imperio hominis notet, aut involvat.

§. 35. Est inutile, omnes Christianos in unum statum coalescere.

Sed nec adparet usus aut finis, ob quem quicquid est Christianorum in unum statum coalescere debeant. Ut idonei doctores in Ecclesiis ubique constituantur, iidemque officium suum rite obeant, à singulis coetibus longe promtius et accuratius effici potest, utpote qui suos norunt, et sub oculis habent, quam ab uno aliquo, utut sapientissimo, qui in remotis locis agit: quem et multitudo negotiorum facile obtundere potest, et cui alienis oculis videndum, alienis auribus audiendum est. Sed nec propter lites doctorum Ecclesiae inter se aut cum aliis opus est peculiare tribunal erigere, quae nullibi commodius, quam in ea civitate, ubi degunt, decidi possunt; nec ulla ratio est, ut isti defugere velint judices, ‹112› quos reliqui cives agnoscere tenentur. Colorem aliquem habet, quod jactatur; melius et firmius unitatem fidei conservari, controversias componi, ac haereses compesci atque extingui posse, si in unum statum coaluerint omnes per orbem terrarum Ecclesiae, et ab uno capite, sive Princeps is sit, sive senatus è pluribus constans regantur.

§. 36. An in Ecclesia opus sit judice controversiorum?*

Enim vero si res penitius inspiciatur, in cassum ejusmodi usum monarchae Ecclesiastici ostentari adparebit. Nam si ejusmodi judex universalis in Ecclesia debet esse, eundem oportebit esse infallibilem, et omni exceptione majorem; et quidem non solum in quaestionibus juris, sed et in quaesti-

* Titel fehlt im Original, wurde aus späteren Auflagen ergänzt.

onibus facti: cum saepe de dogmate aliquo verum an falsum sit satis constet, sed id in dubium veniat, num dogma aliquod huic vel illi recte tribuatur, an minus. Alias enim fieret processus in infinitum, si de veritate decisionis ab eo judice facta adhuc dubitare fas foret. Tum et oportebit eam judicis autoritatem fallere et falli nesciam ita manifesta in luce positam esse, ut non citra absurditatem <113> in dubium revocari possit. Alias enim si isti quaestio status moveatur, ad alium judicem eundum fuerit, eumque itidem infallibilem, postquam in propria causa nemo judicem se ferre potest.

Atqui cum ejusmodi infallibilitatis privilegium non nisi à Deo conferri potuerit, (nam etiam ex compromisso omnium Christianorum idem conferri nequit,) è divinis literis clare demonstrandum fuerit, id autoritatis atque eminentiae in unum aliquem collatum, ut ipse, ejusque in perpetuum successores controversias fidei definire valeant citra omne erroris periculum. Cujus quidem rei in sacris literis nec vola nex vestigium extat. Sed pari autoritate, eodem Spiritu sancto impletos Apostolos in orbem universum misit Christus. Post istos reliquis doctoribus Ecclesiae, aliisque fidelibus nulla alia via est ad penitiorem religionis Christianae cognitionem, quam divinarum literarum devotum, assiduumque studium. 2. Timoth. II. 24. 25. Quod si quis spiritum Propheticum, divinosque afflatus jactet, id liquido probandum fuerit. 1. Corinth XIV. 20. <114> Illae autem artes in omnibus episcopis et doctoribus inveniri debent, quas tradit Paulus 2. Timoth. II. 24. 25. servum Domini non oportet pugnare, sed placidum esse erga omnes, propensum ad docendum, tolerantem malos, cum mansuetudine erudientem eos, qui obsistunt, si quando det illis Deus poenitentiam ad agnoscendam veritatem. Ex quibus consequitur, si quis nunc ejusmodi infallibilem facultatem controversias decidendi sibi velit arrogare, ipsum circa requisita ad genuinos scripturarum sacrarum sensus eruendos prae reliquis omnibus Ecclesiae doctoribus esse oportere instructissimum, et ita quidem, ut ne plurium quidem conjuncta opera solius istius perspicaciam adaequet.

Deinde circa ejusmodi universalem controversiarum judicem, si quis ejus esse usus debeat, necessarium fuerit penes eundem esse facultatem adigendi universos Christianos, ut decisioni ab ipso factae unique adquiescant. Alias enim si sententia ab ejusmodi judice prolata nullo alio pondere valeat, quam perspicuo veritatis lumine, vel pe- <115> tetur quod est in principio, vel nihil tribuetur ejusmodi judici, quod non cadat in quemvis Christianum sacrae scripturae peritum. Istam porro facultatem cogendi oportebit proficisci vel à peculiari privilegio divino, vel à compromisso omnium Christianorum, vel ab imperio in universas Ecclesias. De privilegio divino aut Christianorum omnium compromisso nullibi, quod legerim, extat. Nec minus, si quod eum in finem usurparetur abs quopiam imperium, ejus titulus idoneis documentis fuerit demonstrandus. Neque heic suffecerit traditionem, aut diuturnam usurpationem crepare. Nam ista etiam diuturnam injuriam notare potest, neque firmum aliquod juris fundamentum suppeditat; cum fieri potuerit, ut modica ab initio auctoritas successu temporis intolerabilem in Dominatum degeneraverit. Sic ut traditio merito sit suspecta, cujus fontes in sacris literis non reperiuntur. Ne dicam, quod ejusmodi imperium ab indole religionis Christianae plane abhorreat. Si enim id prohibendum esset, ne <116> controversiae oriantur, durius servitii genus introducendum foret, quam illud, de quo conqueritur Tacitus; *adempto per inquisitiones et loquendi, audiendique commercio; utque ipsa cum voce memoria perdatur, si tam in nostra potestate foret oblivisci, quam tacere.* [*Agricola* 2] Et ejusmodi imperio forte hypocritas et mussitantes haereticos effeceris, orthodoxos Christianos non effeceris. Quin uti latentia ulcera detegi expedit, quo malignum pus amoveri, ac medicina eo facilius adplicari queat; ita praestat scrupulos, qui animum vellicant, erroresque in apertum proferri, quo idoneis adhibitis remediis eximi queant, quam ut citra medicinam velut suppurantes gangraenam demum producant.

Sed et non possunt non hoc modo in una civitate duo summa imperia introduci, cum obtentu judicii de controversiis non minus obnoxii teneri homines queant, quam per jussa circa civiles actiones. Nam cum ejusmodi imperium è fine civitatum institutarum non promanet, necessum est, ut id separatum et singulare sit. Unde si ‹117› idem penes illum sit, qui summum imperium civile in civitate habet, idem dominus erit conscientiae simul, et vitae. Sed si penes alium sit id imperium, tunc vel iste executionem quoque habebit sententiarum à se latarum, vel ipse habebit satis sententiam pronunciasse, executione imperantibus civilibus delegata. Priori casu duo summa imperia in una civitate maxima incommoda et distractiones parient: Posteriori casu summi imperantes civiles ad nutum istius judicis sacri carnificum munia obibunt. Quae omnia cum compagem vitae civilis mirum in modum convellant, liquidissimis documentis opus fuerit, ut cuipiam sano persuadeatur, Christum sua doctrina tam exitiabiles morbos in civitates introducere voluisse.

Enimvero ut nullae omnino controversiae surgant, fieri quidem non potest; id quod Christus in parabola praedixit. Matth XIII. 24. et Paulus 1. Corinth. XI. 19. Sed si quae controversia oriatur, necessum utique est, ut qui illam movet, aliquem praetextum, aut colorem saltem è divinis literis adducat. Nam si ‹118› quis novum aliquem articulum fidei venditare velit, non excitata in testimonium scriptura sacra, merito velut delirus rejicietur. Nec minus sophismata duntaxat febriculosae philosophiae heic jactans merito explodetur. Et ad traditionem citra scripturam provocare, est defectum fundamenti fateri. Quod si quis caput aliquod fidei in Ecclesia receptum solicitare audeat, itidem velut ineptus rejicietur, ni dubitationi suae è Codice sacro saltem speciem aliquam adstruere norit. Hoc autem si quis fecerit, ubi praesertim studium veritatis prae se tulerit, sane ita crude repelli non potest, sed rationes ejusdem audiendae, et examinandae sunt. Igitur res demum ad interpretationem locorum scripturae redibit; quam ut rite inveniamus non opus est imperio aliquo, aut irrefragabili autoritate, sed iis duntaxat adminiculis, quibus quorumvis scriptorum genuinus sensus eruitur, nempe cognitione linguae, ac diligenti meditatione totius systematis divinae doctrinae, perspectaque dog- ‹119› matum inter se connexione et analogia. Quibus si accedat nativa ingenii rectitudo, et animus praejudicio, privati emolumenti, et pravorum affectuum nebula liber, non adeo magnae molis erit genuinum scripturarum sensum eruere. Et ita quidem, ut qui huic contradicere audeat, demum ab intelligentibus utique causa cecidisse agnoscatur. Sicuti Salvator noster aliquoties Pharisaeos et Saducaeos è divinis literis, et ratiociniis inde extructis ita convicit, ut quid amplius reponerent, non haberent. Praesumitur autem in quovis Christianorum coetu tot esse idoneos doctores, quot suffecerint redarguendis, qui falsa et nova dogmata disseminare instituunt. Aut si unius coetus doctores non suffecerint, licebit in subsidium vocare vicinas et celebriores Ecclesias. Sic ut hoc intuitu facile universali controversiarum judice supersederi queat. Sed et ubi ingens multitudo est dissentientium, quae praesertim integras civitates impleat, itidem inutilis fuerit ejusmodi judicis opera. Nam si adhibita vi eos cogere ‹120› instituat, ad falsam opinionem exuendam, isti vim reponent. Ast si eosdem non nisi per scripturas divinas, et rationes ex his petitas convincere aggrediatur, id aeque per quosvis doctores idoneos, quam ejusmodi judicem praestari poterit.

Neque vero metuendum, errores eo usque praevalituros veritati, ut haec ubique et in perpetuum opprimatur, nec per egregios doctores in clara luce posita nubeculas illas dissipatura sit. Et res ipsa loquitur, plurimas haereses, citra vim adhibitam, et absque opera ejusmodi judicis praevalente veritate plane evanuisse, aut in obscuritatem abiisse. Major pervicacia inest illis erroribus, qui cum emolumento temporali sunt conjuncti, et qui inter rationes status, in quem Ecclesia aliqua particularis evaluit, habentur. Quo ex genere sunt, quos in Papatu Protestantes impugnant: quibus omnibus, si quis accurate attendat, emolumentum aliquod status Pontificii continetur, ita ut neque Pontificis sectatores aliquid circa controversos istos articulos remittere valeant, citra imminutionem potentiae et ‹121› proventuum suorum: nec Protestantibus ulla via ad concordiam cum istis pateat, nisi dominatum Papae, quem excussere, denuo subire velint. Quorum et crassus valde disputandi est modus, dum semper autoritatem Ecclesiae crepant, et omnes disputationes ac dubitationes de capitibus fidei tolli jactant, si quis in eandem fidem suam resolverit. Quo ipso se partem juxta, judicemque faciunt, et ex proprio testimonio litem, quae ipsis intenditur, solvere instituunt, adeoque factum proprium in locum juris allegant. Ea enim apud illos perpetua est fallacia, quod sibi solis vocabulum et dignationem Ecclesiae arrogent, exclusis omnibus, qui ab illorum communione alieni sunt. Etsi et hoc ipsorum sit proprium, ut insuper habitis demonstrationibus, et ratiociniis, per divinas literas suggestis, alias per artes, Apostolis ignotas, ad se stabiliendum, ac evertendos veritatis defensores grassentur. Unde et illegitimo illi statui peculiaris generis exitium divinitus est destinatum.

§. 37. Exemplum controversiae Apostolorum tempore compositae.

Caeterum quomodo sit proceden- ‹122› dum, ubi controversiae quid in aliqua Ecclesia ortum sit, tutissimo discitur exemplo, quod Actor. XV extat. Ubi observandum, controversiam tunc fuisse de summa rei Christianae; an nempe salvus quis fieri possit, non admissa circumcisione secundum ritum Mosis. Nam Paulus Galat. V. 2. pronunciavit: *Si circumcidamini, Christus nihil vobis proderit.* Nec insuper habendum, quaestionem illam fuisse motam intra primordia Ecclesiae nascentis, Canone nondum completo, et cum adhuc superstites essent, qui doctrinam ex ore ipsius Christi hauserant, ac peculiari dono Spiritus sancti perfusi, ac Apostolorum autoritate praediti erant. Praeterea dubitandum non est, quin in Paulo et Barnaba sat facultatis, et divinae doctrinae fuerint ad redarguendum illum errorem. Sicuti et non obscure colligitur è d. l. v. 2. istos satis rationum errantibus opposuisse; quas cum è Judaea qui descenderant convellere haut nossent, hosce ad autoritatem Ecclesiae Hierosolymitanae provocasse, (vid. vers. 24. d. c.) velut è qua reli- ‹123› gio Christiana in reliquum orbem promanavit, et ubi applausum suae sententiae sperabant ab iis, qui aegre admodum abolitionem Synagogae digerebant. Sicuti et non paucos ibi sententiae isti adstipulatores fuisse, è v. 5. patet. Ne igitur per hanc controversiam turbaretur Ecclesia Antiochena, deputantur Paulus et Barnabas, cum quibusdam aliis ad Ecclesiam Hierosolymitanam istius decidendae gratia. Eo cum hi pervenissent, indicitur conventus non solum Apostolorum et Presbyterorum, sed totius Ecclesiae, admissa etiam adversa parte; cujus rationes audiuntur, et super hisce multa συζήτησις seu disceptatio instituitur. Re in utramque partem sufficienter ventilata Petrus surrexit, non velut universalis controversiarum judex, aut pro autoritate et imperio litem decisurus, sed demonstrativo modo progrediens, ad visionem sibi factam Actor. XI. 19. provocat, et ad effectum quem Evangelium apud incircumcisos produxerit. Ubi ratiocinatur; cum per Spiritum Sanctum aeque purificentur corda ‹124› credentium incircumcisorum absurdum esse asperrimi ritus observantia frustra onerare Christianos; cum praesertim in eo salus inveniri nequeat, quam sola Christi gratia producat. Et succinebant Paulus et Barnabas, expositis miraculis, quae Deus per ipsos inter gentes edidisset. Quod factum non fuisset, si ob omissam circumcisionem isti inter profanos forent habendi, aut si pars necessaria Christianae fidei eosdem deficeret. Postquam ergo conticuissent, id est, postquam nemo superesset, qui in contrarium quid proferre, aut ad allatas rationes excipere valeret, demum et Jacobus surrexit, et Petri visionem Prophetarum praedictionibus consonam declaravit. Eoque et ipse concludit, non esse negotium facessendum illis, qui è gentibus ad Christum convertuntur. Ut tamen aliqua in re Judaeis gratificarentur, hique tanto libentius fidelium è gentilibus conversationem admitterent, censent hisce abstinendum ab idolothytis, scortatione, suffocato, et sanguine, rebus lege Mosaica vetitis, et ex parte legi naturali adversis, ‹125› uti scortatio est, sed quae per licentiam morum ethnicorum impune frequentabatur. Et reliqua in se indifferentia facile omitti poterant, ne aliis offensae ansa praeberetur. In eam sententiam omnes discesserunt, etiam uti videtur illi, qui antea dissenserant et nomine non solum

Apostolorum et seniorum, sed et fratrum Epistola Synodica ad Ecclesiam Antiochenam conscribitur, per deputatos Judam et Silam perferenda. Qui Antiochiam delati eam Epistolam non velut pro imperio promulgarunt, sed pellectam fratribusque probatam praevio copioso sermone commendarunt.

§. 38. De natura et usu Conciliorum quaedam observationes.

Ista si probe expendantur, nonnulla inde possunt deduci, quae ad intelligendam Conciliorum naturam non parum faciunt. Ac primo id manifestum est Concilia non esse corpora perpetua, queis regimen Ecclesiae sit commissum; sed esse conventus extraordinarios, à selectis fere et eminentibus in Ecclesia viris constantes, ad graviores in Ecclesia obortas controversias componendas. Quae, quod ab antiquissimis temporibus in Ecclesia fuerunt ‹126› frequentata, manifesto indicio sunt, in Ecclesia non dari infallibilem aliquem controversiarum judicem. Quid enim opus foret tot viros delassare, si penes unum est fallere nescia omnium ejusmodi litium decisio, et, quod magis est, si Conciliorum decreta non nisi ab istius confirmatione valent? Unde et viri, è quibus concilium componitur, non possunt considerari velut membra alicujus senatus aut collegii, quorum major pars suffragiis suis propositum negotium decidere queat, sicut ista decisione quicquid est Christianorum utique stare teneatur; praesertim cum in universum veritas non semper à majori suffragantium numero dependeat. Multo minus illis potestas aliqua legislatoria competit, ut Ecclesiae leges vel canones pro imperio injungere queant. Sed non aliter ibidem considerari possunt, quam deputati Ecclesiarum, ad examinandas controversiarum rationes, et decisionem è divinis literis eruendam. Ad quam decisionem amplectendam Ecclesiae non tenentur, nisi ‹127› quatenus eam divinis literis congruam deprehenderint. Id enim facile fieri potest, ut aliqua controversia prius obscura et difficilis videatur, cujus decisio post excussas in utramque partem rationes liquidissima adpareat. Quodsi autem à Conciliis aliquid super moribus decretum fuit, id non aliter vim obligandi habere intelligitur, quam ex antegresso mandato aut subsequente adprobatione Ecclesiarum; sic ut Concilia nullum in Ecclesiam imperium obtineant.

Porro ut obiter hoc quoque tangam, Concilium esse supra Papam, thesis est, quae apud eos, qui scripturas et rationem sequuntur, assensum facillime invenit. Cui enim non persuadeatur, conjunctam plurium industriam et eruditionem plus valere ad veritatem eruendam, quam unius hominis judicium, cui saepissime mediocris admodum rerum divinarum scientia est. Sed quod isti quoque hanc positionem asserere velint, qui sedem Romanam omnium Ecclesiarum centrum, ac Papam Oecumenicum ‹128› Episcopum agnoscunt, id quidem non parum absurditatis habet; cum status Ecclesiae Romanae Monarchicus sit, ista autem thesis meram Aristocratiam oleat. Sed nimirum paucis verbis totum arcanum ejus assertionis exprimi potest. Vult quippe Clerus Gallicanus agnoscere Pontificem Romanum caput Ecclesiae, quatenus id rebus suis expedire judicat. Sed si longius autoritatem suam porrigere iste aggrediatur, quam vel rationes ejus regni, vel Cleri ferant, jam libertas Ecclesiae Gallicanae, et vetus Sorbonae doctrina occinitur, simul simplicioribus fucus fit, velut Gallicana Ecclesia ab illis erroribus et abusibus immunis sit, quos crassos sane, et abominandos Roma progenuit. Sed et illud in aprico est, ubi controversia aliqua intra Ecclesiae cujuspiam pomeria solide componi queat, non opus esse alias Ecclesias eadem defatigare; aut si una Ecclesia ei negotio componendo doctores idoneos non habeat, ac aliarum Ecclesiarum doctores in subsidium vocandi sint, supervacuum esse, plures excire, quam qui ad scopum istum obtinendum ‹129› sufficiant. Sic Antiocheni ad solos Hierosolymitanos litem suam deferebant, aliis Ecclesiis Phoeniciae et Samariae, quas istorum deputati transibant, non fatigatis. Porro qui ad Concilium à diversis Ecclesiis mittuntur, à sua quisque Ecclesia autoritate et mandatis instructi esse debent. Alias enim doctor iste aut Episcopus Ecclesiam suam non repraesentabit; cum haec assensum suum non absolute submiserit doctrinae doctorum suorum, sed quatenus congrua verbo divino proponunt. Et cum hac exceptione capiendum est illud Hebr. XIII. 17. Praeterea in Conciliis audiri, qui controversias movent, et eorum rationes examinari, et legitime discuti; tum et omnia ad normam verbi divini exigi debent. Quodsi agatur de aliquo emolumento, non de simplici dogmate, hi de quorum emolumento agitur, non possunt sibi solis potestatem decidendi vindicare in fraudem caeterorum. Ex quo facile colligitur, dissidium inter Ecclesias Protestantes, et Pontificem Romanum non posse componi per Concilium. Nam nec inter hosce ‹130› super solis dogmatibus disceptatur, sed de imperio, dignitate, bonisque opimis. Nec adparent, qui neutri partium addicti decisionem tam arduae litis suscipere queant, aut cui partes submittere se velint. Nec ita stulti sunt Protestantes, ut consessui è solis Pontificiis, velut capitalibus ipsorum hostibus, constanti se submittant: nec ut id faciant, salva fronte ab his postulari potest. Sicuti nec unquam Pontificem tantum fortunae suae taedium capiet, ut eam in compromissum ultro deducturus sit. Consessus autem ex aequali utriusque partis assessorum numero convitium erit, aut Centaurorum Lapitharumque convivium.

§. 39. Quae natura fuerit Ecclesiarum sub imperio infidelium?

Postquam hactenus prolixe fuit ostensum, Ecclesiam non esse statum, restat ut dispiciamus, ad quodnam demum genus corporum moralium Ecclesiae sint referendae, prout quidem illae se primitus habebant sub imperio Principum Ethnicorum? Eas igitur constat habuisse indolem Collegiorum, seu ejusmodi societatum, queis plures ho- ‹131› mines certi cujusdam negotii gratia inter se connectuntur, salvo summorum imperantium in eosdem jure. Qua de re consuli possunt Jcti ad tit. D[igestorum] de Collegiis et Corporibus, et imprimis Jacobus Cujacius VII. Observat. XXX. et XVI. Observ. III. et V. Ubi etiam notant, in Rep. et Imperio Romano collegia religionis causa fuisse libera ac licita. Id quod et inter plurimos alios ostendit Athenagoras Apologia pro Christianis in princ. *Per vestrum imperium, Reges Maximi, alii aliis moribus utuntur ac legibus, nec eorum quis quam lege et judicii metu quae patria sunt, venerari prohibetur.* Et paulo post: *Homines pro suae nationis ac civitatis modo quique sacrificia peragunt ac ceremonias.* Quae religionis libertas etiam inter alias causa fuit, quare Christiana religio tam brevi tempore in vastissimo illo Imperio tanta incrementa potuerit capere, et progressibus Evangelii initio pauci se objecerint: quod Magistratus eam rem ad curam suam ‹132› pertinere non judicarent. Unde et nuspiam leguntur Apostoli veniam praedicandi Evangelium, et plantandi Ecclesias à Magistratibus petiisse. Quanquam et alia causa est, quare ad constituendas Ecclesias consensu Magistratus civilis opus non fuerit; quia nempe Apostoli autoritate ejus, cui in Reges ipsos imperium est, ad praedicandum Evangelium missi sunt; et quia tum Deus hominibus annunciabat, ut omnes ubique resipiscerent. Actor. XVII. 30. Ex quibus colligitur, licuisse non Apostolis solum Ecclesias condere ubivis locorum, ubi verbo divino morigeros invenirent; sed et quocunque sonus Evangelii pertingebat, potuisse fideles ejusmodi societates inter se erigere, seu Ecclesias plantare, nec peculiari indulgentia aut delegatione ab Apostolis impetrata ad hoc opus fuisse, sed ex effato Salvatoris suffecisse, ut vel duo et tres in ipsius nomine congregari voluerint.

Est autem ea natura collegiorum omnium, quae libera hominum coitione constant, ut aliquid habeant democratiae simile hactenus, ut quae eam in uni- ‹133› versum concernunt negotia communi omnium consensu sint expedienda; adeoque nemo in illis potestatis quid in alios sibi arrogare queat, nisi id ab universis ipsi sit delatum. Unde consequitur, ut radicaliter et originarie facultas constituendi doctores, aliosque Ministros Ecclesiae sit penes totam Ecclesiam, universumque coetum fidelium. Quanquam enim initio multis in locis doctores Ecclesiarum ab ipsis Apostolis constitutos extra dubium sit: tamen id non citra consensum Ecclesiae factum satis arguit vocabulum χειροτονεῖν nil nisi democratiam redolens, quod passim circa ejusmodi negotia occurrit. Sed nec probari potest, in omnibus oppidis doctores ab ipsis Apostolis constitutos; aut ipsos singula oppida vicosque circumeundo Evangelium praedicasse. Quin Evangelium in celebrioribus locis publicatum ad alia quoque loca se diffudit; et quà ipsi Apostoli Ecclesiis doctores, episcopos, aut presbyteros, immediate, aut ex peculiari mandato haut dederant, ad hoc munus à fidelium coetibus assumpti sunt, qui vel primi ‹134› Evangelii doctrinam in aliquem locum afferebant, aut qui prae reliquis docendi facultate pollebant. Sane Romae doctores videntur fuisse, etiam antequam Petrus et Paulus eo pervenirent, id quod ex hujus epistola ad Romanos c. XVI. patet. Et praefectus Reginae Candaces Evangelium Aethiopiae intulisse creditur, ibique Ecclesias plantasse, qui tamen à Philippo dum baptisatur in episcopum aut presbyterum ordinatus non fuit. Actor. VIII.

Unde nec à Christo aut Apostolis certa aliqua formula ordinandi Ministros praescripta est, sicuti circa Sacramenta, liquido indicio, nihil aliud ad isthoc munus requiri, quam ut quis ab Ecclesia vocatus, et facultate docendi sit praeditus. Et ordinatio ac impositio manuum facta ab Episcopo aut Presbyteris ritus bonus est, et qui utiliter adhiberi potest, sed qui non usque adeo necessarius est, ut citra illum legitimus quis Ecclesiae minister esse nequeat; praesertim cum efficacia miraculosa, quae primis Ecclesiae temporibus istum ritum comitabatur, 1. Timoth. IV. 14. dudum exole‹135›verit. Est quoque Ecclesiis, sicut aliis Collegiis, aliqua potestas collectandi, seu colligendi stipes ad sustentationem Ministrorum, et pauperum; hautquaquam tamen gemina potestati imperandi tributa, quae summis imperantibus civilibus competit, cujus vi illa etiam ab invitis exigi possunt; sed ultroneam fidelium liberalitatem praesupponens, ac justitiae et humanitatis officium comitans, quod operariis mercedem solvi, et egenos sublevari imperat. Vid. 2. Corinth. VIII. 2. 3. 11. 12. 13. IX. 5. 6. 7. Habent praeterea hoc omnia Collegia, non minus quam Ecclesiae, ut communi consensu statuta condere queant, ad peculiarem eorundem finem spectantia, salvis communibus civitatis legibus. Ex quo genere sunt illa statuta, quae Paulus Corinthiis priori Epistola cap. VII. seqq. commendat. Quae si quis transgressus fuerat, castigationem, aut multam statuto dictatam merito subibat, non velut pro imperio, sed ex conventione imponendam. Et quanquam alias collegio in membra sua circa illa negotia, quae extra finem ejusdem posita sunt, jurisdictio ‹136› non competat, nisi quantum forte à summo imperio civili delegatum sit; id tamen salvo summi imperii jure fieri potest, et saepe solet, concordiae eo melius in collegio servandae, ut obortae inter membra Collegii lites per interpositionem et arbitria reliquorum è collegio componantur. Quo facit illud Pauli 1. Corinth. VI. 1. seqq.

Quia denique inter gentes tempore promulgati Evangelii magna erat morum colluvies, ac multa foeda impune patrabantur, multa etiam officia solo facientium pudore continebantur, nulla legum civilium sanctione, Christiano autem nomine cumprimis dignum habebatur, ut sanctitate morum professionem suam exornarent, ac Ethnicis innocentia praecellerent: inde mature in Ecclesiis sancita sunt multa, quae ad corrigendam publicorum morum licentiam et inquinationem facerent, praeeunte Paulo 1. Corinth. VI. 11. *Si quis, cum frater appelletur, fuerit scortator, aut avarus, aut simulacrorum cultor, aut convitiator, aut ebriosus, aut rapax, cum ejusmodi ne cibum quidem ca*‹137›*piatis.* Add. Galat. VI. 1. 1. Timoth. V. 20. Sic ut Ecclesiae morum quondam censuram in sua membra exercuerint. Id quod citra ullum summi imperii praejudicium fieri potuit, quippe cujus plurimum interest, mores civium esse quam sanctissimos.

Ista tamen omnia non aliis poenis potuerunt sanciri, quam quae extra summi imperii usum exerceri possunt; uti est admonitio, correptio publica, confessio delicti in Ecclesia, et signa poenitentiae ibidem edita: ad extremum excommunicatio, et bannum, quod est vel suspensio temporaria ab usu sacrorum publicorum; vel plena exclusio ab Ecclesia. Id quippe extremum est, quo coercitio alicujus collegii procedere possit, ut nempe quis eodem penitus ejiciatur. Quae exclusio, etsi in se magni momenti, quippe perquam quis spoliabatur beneficiis è participatione Ecclesiae provenientibus, tamen alium effectum civilem non produxit: sed Ecclesia ejectis salva haut eo minus permansit conditio et dignitas civilis, salva existimatio civilis, salva bona, fortunaque, atque alia jura. Nam ut ‹138› poenarum huc quoque penetrantium Ecclesiae infligendi jus sit, neque ad finem ejusdem facit, neque citra fraudem imperii civilis fieri potest, ut à quocunque citra ipsius cognitionem aut delegationem tale quid in cives statuatur.

§. 40. De conditione Ecclesiae sub Christianorum Summo imperio.

Consequens est, ut consideremus, an et quousque Ecclesiae aliquam mutationem à priori conditione subierint, postquam summi quoque imperantes, atque integrae adeo civitates religionem Christianam profiteri coeperunt. Ubi observandum, nihil essentialis perfectionis eo ipso Ecclesiis accessisse; cum neque ad religionem Christianam opus sit civitate, nec ad civitatem religione Christiana; finisque adeo religionis Christianae à fine civitatum longe discrepet. *Nam* πολίτευμα *nostrum ac vera patria est in coelis.* Philipp. III. 20. 2. Corinth. V. 2. 8. *Et si in Christum speramus tantum in hac vita, miserrimi sumus mortalium.* 1. Corinth. XV. 19. Unde nec Apostoli accessum sibi ad summos imperantes quaerere curarunt, quem facile sibi ‹139› parare potuisse videntur dono miraculorum. Sicuti Herodes gaudebat Jesum conspicere, quod speraret, miraculi quid ab ipso se visurum esse. Luc. XXIII. 8. Idque ne vel Evangelii virtus opera humani brachii indigere videretur, vel eo ipso summi imperantes plus potestatis, quam par erat, circa sacra Christiana sibi arrogarent. Neque tamen religio Christiana de potestate ac jure summorum imperantium, quod legitime illis competit, aliquid detrahit aut delibat, quin potius istud confirmat, et quasi consecrat. Matth. XXII. 21. Joann. XIX. 11. Rom. XIII. 1. seqq. 1. Corinth. XV. 24. 1. Timoth. II. 1. 2. 1. Petr. II. 13. 14. Non posset autem non imminui aut limitari potestas summorum imperantium, nec minus alterationis quid accipere officium civium, si Ecclesia status aliquis esse deberet proprio imperio instructus. Vice versa autem eo ipso, quod vel summus imperans, vel universi cives Christo nomina dant, obligatio Christianorum ut talium, aut doctorum Ecclesiae ut talium hautquidquam tollitur aut al- ‹140› teratur; cum ejus rei nullum in sacris literis extet vestigium, nec ulla id necessitas requirere videatur. Sed nec extat in Novo Instrumento dictum aliquod ad summos imperantes directum, quo ipsis peculiare officium circa Ecclesiam exercendum injungatur. Sicuti pro Regibus Israëliticis praeceptum aliquod extabat Deuteronom. XVII. 18. 19. 20. Ex quo colligitur, si quae potestas aut quod jus summis imperantibus circa Ecclesiam et sacra Christiana afferendum sit, id esse deducendum vel ex genuina indole summi imperii civilis, vel ex indole ipsius religionis Christianae, vel ex ultronea delatione ipsius Ecclesiae.

§. 41. Ecclesiae ideo non exuunt naturam Collegii.

His positis adparet initio, ex eo quod summus imperans aut universa civitas Christi Sacramento accedit, Ecclesiam ideo priorem indolem haut exuere, nisi quod, quae hactenus privati conditionem collegii gessit, legitimi tamen, et quod imperio civili prohibere, turbare, persequi, aut destruere fas non erat, ad majorem jam securitatem provehatur, et infidelium persecutiones metue- ‹141› re desinat, summorumque imperantium defensione gaudeat. In plenum autem statum, deposita collegii natura, Ecclesia ideo haut abit, neque superinducta religione Christiana status civitatis alteratur aut aboletur: sed manet summum imperium cum omnibus suis juribus; manent cives cum suis muneribus et obligationibus. Ut enim duo status duoque summa imperia humana, et his respondentes in civibus obligationes in una civitate extent, citra contradictionem et absurditatem intelligi non potest. Et si maxime velis dicere, Ecclesiam et Rempublicam diversos habere fines, et circa diversa objecta occupari, sibi invicem non repugnantia; inde tamen hautquidquam consequitur, Ecclesiam in statum convertendam aut modum propagandi, conservandi, et colendi religionem Christianam in civile regimen transmutandum. Ubi igitur totus aliquis populus ipso cum summo imperante Christianam religionem profitetur, civitas deinceps Ecclesiam sinu suo complectitur citra ullam collisionem, ‹142› aut aemulationem, aut jurium suorum praejudicium, et confusionem, velut collegium omnes cives ipso cum Principe complexum. Sic ut cuilibet civi praeter eam, quam antea gesserat personam civilem, nunc superaddatur persona Christiani, eoque respectu etiam Ecclesiae membrum habeatur. Unde et persona illa, quam quisque in civitate gerit, eique adhaerens dignitas et potentia, ubi idem Ecclesiam ingressus fuerit, quiescit et non attenditur, et Christiani tantum persona sese exserit. Sic qui supremi ducis munere in civitate fungitur, idem in Ecclesia haut plus juris obtinet, quam gregarius miles. Nemini autem ignotum est, unum et eundem hominem citra confusionem plures personas gerere posse, prout diversa munia, aut diversas obligationes sustinet.

§. 42. Reges ideo non fiunt Episcopi.

Deinde et illud dubio, puto, caret, quod Rex, Princeps, aut quivis Magistratus eo ipso, dum Christianam religionem profitetur, haud ideo fiat Episcopus, aut doctor Ecclesiae. Isthoc enim munus distinctum est ‹143› à conditione cujusvis Christiani, et peculiarem vocationem atque aptitudinem requirit. Accedit quod Regum ac doctorum Ecclesiae munera ita comparata sunt, ut ab uno et eodem commode exerceri nequeant, non ob naturalem aliquam repugnantiam, sed ob gravitatem negotiorum, quae utrumque munus comitantur, quibus rite obeundis unus homo par non est. Nec minus illud in aprico est, summos imperantes, suscepta religione Christiana, non accepisse potestatem alterandi Ministerium Ecclesiae, idque in ordinem redigendi, aut obligationem eidem imponendi, ut verbo Dei aliquid alienum tradant, aut humana commenta pro articulis fidei venditent. Quid enim et quomodo isti docere debeant, jam divinitus fuit praescriptum, ac non minus regibus, quam aliis heic sola obsequii gloria est relicta. Cui conjunctum est, ut accedentibus ad sacra Christiana summis imperantibus non minuatur aut alteretur munus, et obligatio ‹144› doctorum Ecclesiae, aut reliquorum Christianorum, quippe divinitus et citra operam imperantium civilium injuncta; nec si quod his vel illis ut talibus jus competebat.

§. 43. De obligatione et jure Regum Christianorum ut talium, qua versatur circa Ecclesiae defensionem et sustentationem.

Nec tamen ideo nulla peculiaris obligatio, aut peculiaria jura enata sunt summis imperantibus ex eo, quod religionem Christianam susceperunt; quae ex conjunctione officii, quod cuilibet Christiano homini incumbit, cum summo imperio resultarunt. Ex obligationibus illa prima esse videtur, quod summi imperantes debeant esse defensores Ecclesiae, et protectionem huic praestare, contra quoscunque cives, qui eandem insultare ausi fuerint: nec minus si extranei civibus ideo injurias inferre instituant eo duntaxat nomine, quod Christiani sint. Quanquam enim doctrina Christiana vi et armis propagari non debeat: quo minus tamen injuria à Christiano nomine arcenda sit, ubi commode fieri queat, non prohibet patientia et injuriarum tolerantia, tantopere à Salvatore discipulis suis commendata; cujus adhibendae tunc demum stricta ‹145› necessitas incumbit, quando legitima istas declinandi ratio non suppetit. Unde Paulus intentatas virgas ostentato jure civitatis Romanae, et Judaeorum in se furorem provocatione ad Caesarem declinat. Actor. XXII. 25. Et Salvator persecutionem per fugam ex una civitate in aliam evitandam suadet. Matth. X. 23. Cum autem summi imperantes quasvis injurias à civibus suis arcere debeant; tum circa illas avertendas, quae ob professionem Christianam alteri inferuntur, eo promptiores esse debent, quo indignius est, aliquem eam ob causam mali quid pati.

Deinde Principes hanc quoque obligationem ut Christiani suscipiunt, quod curare debeant, ut suppetant necessariae impensae, quae ad cultum Christianum requiruntur. Nam supra jam ostensum, Ecclesiae nullum aliud primitus fuisse patrimonium, quam eleemosynas et collationes fidelium; quae cum incertae sint et instabiles, egere subinde necessum erit doctores et ministros Ecclesiae, qui istis sustentandi sunt, aut tenuem fidelium plebem premi, cui alias onera Reipublicae ‹148› sat gravia incumbere solent. Atqui postquam ipsi Principes, totaeque civitates Christo nomen dederunt, indignum videtur, tantis opibus praeditos tam jejunos Ecclesiae velle relinquere proventus, praesertim cum in civitate tanti quaevis functio aestimari videatur, quantum eidem sustentandae impenditur. Ac dicta Rom. XV. 27. et 1. Cor. IX. 11. tanto magis ad Principes Christianos pertinent, quo facilius et uberius istud ab hisce praestari potest, velut penes quos opum publicarum dispensatio est. Equidem enormes reditus Ecclesiae doctoribus inutiles, Ecclesiae juxta ac civitati noxios arbitramur. Et qui ministerio Ecclesiae sese adplicant, hautquidquam munus suum in quaestum vertere debent, et eum sibi scopum praefigere, ut rem augeant, cultura regni Dei post principia collocata. Sed quia alias vias rem quaerendi non admittit istud munus, si cui id, prout par est, obire cordi sit; et ad autoritatem eidem apud vulgus conciliandum facit, si honeste et liberaliter illos haberi adpareat; cum contra omnibus ludibrio sit, quem sua functio esurire ‹147› patitur, et in quem jactari possit illud Comici; *Apparet servum hunc esse domini pauperis miserique*: [Terenz, *Eunuchus* III ii] igitur eam sibi materiam expromendae devotionis in cultum divinum vindicare debent Principes, ut Ecclesiae doctoribus è certis proventibus constituant idonea salaria, quibus honeste sustentari queant. Ab altaribus Sacerdotes alendi erant; altaribus autem non nisi egregiae animantes destinabantur. Add. Galat. VI. 6. 2. Timoth. II. 4. 1. Petr. V. 2. 3. II. 13. Huic conjuncta est cura non solum aedium sacrarum, sed et scholarum, ubi Ecclesiae praeformatur juventus non illa solum, quae aliquando ministerio Ecclesiae adplicanda est, sed et quae aliis vitae civilis muneribus destinatur. Nam modicum valde è sermonibus publicis capient fructum, qui rudimentis fidei Christianae non probe in scholis imbuti fuerint.

§. 44. De juribus Principum circa Ecclesiam; ubi primo de generali inspectione in acta Ecclesiae.

Quod autem jura attinet, quae Principibus circa Ecclesiam competunt, id primo manifestum videtur, cum per doctrinam Evangelii legitima vis imperii civilis ‹148›

haut minuatur, et vero Princeps Ecclesiae in sua ditione sedem concedat; eo ipso ad eundem spectare generalem quandam in hancce, non secus ac in reliqua collegia, inspectionem saltem hactenus, ut videat, ne quid in sui praejudicium ibi agatur. Quia enim illa est humani ingenii pravitas, ut nulla res tam sancta sit, quin ubi humanis manibus tractetur, in abusum trahi queat, contactuque foedetur; dubitare non licet, quin etiam doctrinae Christianae aliquid pravi admisceri, ejusve obtentu noxii quid in rempublicam introduci queat. Unde in civitate, in qua antea extabat Ecclesia, ubi ipse Princeps post ad eandem accesserit, potestas utique ipsi competit inquirendi et cognoscendi, quid negotiorum, et quo modo in conventibus presbyterorum, aut, si qua sit, Episcopali audientia tractetur; num forte justos isti limites migrent, aut à legibus civilibus discedant, aut quae proprie ad imperium civile spectant, velut suo jure sibi assertum eant. Quo ex genere inter alia sunt causae matrimoniales, quae nullo aut futili è fundamento sacerdotes ad ‹149› suum forum pertraxere, magno cum praejudicio summorum imperantium civilium; quorum uti est circa matrimonium leges ferre, naturali et divino juri congruas; ita et si quid circa isthoc controversiae oriatur, penes eosdem est jus dicere. Tum quia circa mores emendandos etiam doctores Ecclesiae satagunt, Principi jus est inquirere, num sanctissimis morum praeceptis à Salvatore traditis aliquid ab istis admisceatur, quod summo imperio civili in fraudem cedat. Talia enim assumenta uti haut quaquam pars sunt doctrinae Christianae, quin maxime eam ad sordium instar deformant: ita ut amoveantur ab iis, quorum maxime interest, nemo repugnaverit, nisi qui publice profiteri velit, religionem Christianam à se in spurios usus detorqueri. Et si omnia recte in conventibus Presbyterorum seu Consistoriis aut Episcopali audientia peragantur, cur erubescant hi, aut indignentur, Principes super ibi actis accurate edoceri velle? Atque ejusmodi inspectio et examen etiam post susceptam religionem Christianam à Principibus ‹150› continuari potest, ne successu temporis clam aliquis abusus in Ecclesiam irrepat, reipublicae quoque noxam illaturus.

§. 45. De jure Principum circa Ministros Ecclesiae.

Deinde cum vocandi et constituendi doctores et ministros Ecclesiae originarie sit penes universitatem fidelium: Princeps quoque eo ipso, dum fidelium coetui annumeratur, non potest non in partem ejus juris venire. In partem dico. Nam ut singulis Ecclesiis judicium et approbatio circa doctores suos integrum relinquatur, si nulla peculiaris consideratio interveniat, utique par est. Neque enim eo modo id jus vocandi doctores Ecclesiae ad Principes spectat, quo jus constituendi magistratus, et alios, qui munia civitatis publica obeunt. Hoc quippe in solidum ipsi competit velut pars summi imperii. Sed doctores Ecclesiae ut tales non sunt proprie publici officiales Regis, sed sunt servi Christi, ac Ministri Ecclesiae, non civitatis. Et quia primitiva ministrorum Ecclesiae constitutio facta fuit per χειροτονίαν, seu suffragia fidelium, merito Principi suff- ‹151 › fragii praerogativa tribuetur in illa Ecclesia, cujus ipse membrum est. Reliquas Ecclesias suae ditionis merito libertati suorum suffragiorum relinquet, nisi graves rationes autoritatem ab ipso interponi subigant; nec temere aliquem invitae Ecclesiae obtrudet, si haec idoneas causas istum recusandi habeat. Nam haut multum aedificabit doctor invitis auditoribus ingestus, et cujus apud istos nulla aestimatio, nullus amor est. Est tamen penes summos imperantes prospicere, ne per ambitum aut largitiones homines inepti et vitiosi ad munus sacrum grassentur: Id enim ne fiat, etsi totius Ecclesiae intersit, à nemine tamen majore cum efficacia prohiberi potest, quam per summos imperantes. Unde et hi delegare possunt, qui doctorum electionibus intersint, suaque autoritate impediant, ne quid indecorum aut vitiosum heic admittatur: nec minus, qui inquirant, utrum qui sacro ‹152› officio admovendi sint, doctrina, docendique facultate rite instructi, ac moribus probati sint. 1. Timoth. III. 10. Quia porro etiam doctores officium suum negligenter aut prave obire, adeoque dissidia et offendicula contra doctrinam à Christo traditam gignere queunt, Rom. XVI. 17. summorum imperantium est constituere, qui in doctores Ecclesiae inspectionem habeant, eosque si à limite aberraverint, corrigant, aut coërceant. Etsi cum isti quoque inspectores sint homines à peccatis non exemti, curandum sit, ne istorum potestas nimis sit libera, sed ut et ipsi à reddendis rationibus non sint immunes, et coram Principe, aut Consistorio in eum finem constituto conveniri queant, si et ipsi limites officii migrasse, et ministro cuipiam injuriam fecisse arguantur. Ista omnia cum ad bonum ordinem in Ecclesia faciant, et vero à nemine commodius procurari queant, quam à summis imperantibus, manifestum est, Principes, ut primaria membra Ecclesiae, istarum sibi rerum curam recte vindicare. ‹153›

§. 46. De jure convocandi Synodos.

Praeterea ubi dissidii aliquid et controversiae circa dogmata in Ecclesia exortum fuerit, in diversa tendentibus doctoribus, istius componendae cura ad summos imperantes spectat, non solum ut sunt membra Ecclesiae, sed etiam ut sunt capita reipublicae: quod ex ejusmodi opinionum divortiis propter intemperiem ingenii humani graves quandoque motus in ipsa civitate exsurgere queant. Unde tali casu penes summos imperantes est eximios doctores, aliosque idoneos viros convocare, et controversiam istis examinandam, et ex verbo Dei definiendam committere; tum et directionem ejus coetus, praesidiumque gerere; quod ad decus ac tranquillitatem ejusmodi conventuum faciat, familiarem istis hominibus fervorem moderatione eorum temperari, qui tractandis negotiis publicis adsueverunt. Nam si alius quispiam sibi facultatem ejusmodi conventum cogendi arrogaverit, ubi reliqui adesse abnuerint, non habebit, quomodo istos ad comparendum, aut directionem ipsius agnoscendam compellat; ‹154› nec si quid decretum fuerit, id commodius executioni dari poterit, quam per eam, cui in civitate imperium competit. Etsi in tali casu imperium non ulterius adhiberi potest, et debet, quam quantum indoles doctrinae Christianae permittit. Quodsi autem aliarum quoque civitatum doctores in subsidium vocandi sint, manifestum est illis, ut extra civitatem proficisci queant, Principum suorum veniam esse impetrandam. Quodsi autem è re videatur, selectos doctores è pluribus civitatibus in concilium coire, id aliter fieri non potest aut debet, quam ut summi imperantes earum civitatum super ista re inter se conveniant. Nam neque alienis civibus ad nos accedere ejusmodi negotii expediendi causa, nec nostris ad alios abire licet, nisi consensu summorum imperantium. Et propter aequalitatem summorum imperantium inter se nemo quid praerogativae sibi prae aliis arrogare poterit, sed omnia ex compacto peragenda erunt.

§. 47. De jure circa disciplinam Ecclesiasticam.

Quae causa fuerit, ut Chri- ‹155› stiani primitus inter se disciplinam aliquam sancirent, ob licentiam morum, et laxitatem legum civilium inter ethnicos, quo ab hisce morum sanctimonia distinguerentur, supra expositum est. Ea causa, postquam universae civitates ipsis cum Principibus sacra Christiana sunt amplexae, hactenus expiravit, quod non amplius ista morum sanctimonia ad pudorem ethnicis incutiendum faceret, cum hisce exterminatis jam omnes cives ad parem morum puritatem contenderent. Enimvero cum post conversionem totius civitatis hautquaquam cura sanctimoniae remissior esse debeat, jam quaestio surgit: Utrum praestiterit disciplinam Ecclesiasticam relinquere eo, quo antea fuit loco; an vero nonnihil eandem alterare, postquam summi imperantes Ecclesiae accesserunt? Ubi posterius utique adserendum videtur, quod non solum illa disciplina tali modo, aut per tales exercita non sit pars essentialis et perpetua ‹156› Christianismi, sed pro tempore introducta ob vitiosas civitatis leges, moresque; sed et quia ista facile in abusum trahi, et in genus aliquod imperii invalescere potest, non sine insigni summorum imperantium praejudicio. Quod prohibere uti summis imperantibus jus est, velut convulsioni civitatis ansam praebiturum; ita per eosdem sanctitati morum alia via consuli potest, suppletis legibus civilibus, ac vitiosis ad tribunal civile pertractis. Neque enim adparet, quare contaminati mores non aeque emendari, peccatoresque pudore suffundi poenis civilibus, quam castigatione Ecclesiastica queant; scandalumque publice datum aeque per illas, quam hanc aboleri: Quod si aliquis dicat, magis profici ad sanctimoniam morum per disciplinam Ecclesiasticam, quam poenas civiles; nam per illam emendari animum, has sustineri posse persistentibus animi sordibus: ei reponimus, hunc effectum non semper obtineri à disciplina Ecclesiastica, cum et hac quis defungi queat haut correcta animi labe, aut obfirmata ‹157› in impudentiam fronte. Et in quibusvis delictis, quae poenis fori humani obnoxia sunt, expiatio in foro divino per medicinam quaerenda est verbo divino praescriptam; cui ab hoc disciplina Ecclesiastica hautquaquam annumeratur. Non enim ideo peccata remittuntur, quia quis disciplinam Ecclesiasticam subiit; sed quia animum per sanguinem Christi fide adplicitum emundavit. Quod si tamen utique expedire videatur, certum genus vitii castigationi Ecclesiasticae subjici, optimum fuerit, id definiri à judice civili, talemque hominem ab hoc ad ministros Ecclesiae remitti ad castigationem recipiendam. Ut omnino penes Christianos Principes sit definire, quaenam delicta poenis civilibus, quaenam castigationi Ecclesiasticae subjicienda sint; et circa haec quoque sibi sententiam reservare, quem gradum castigationis Ecclesiasticae delinquens subire debeat; ministris Ecclesiae executionem demandare. Atque isthoc praecipue circa bannum observandum est, ut nempe ejus infligendi potestas non relinquatur arbitrio ‹158› ministrorum Ecclesiae, sed ut ad hocce non nisi de sententia summorum imperantium procedi queat. Nam in civitate meris Christianis constante eundem fere illud effectum cum capitis deminutione habet, ac hominem inter Christianos infamem, atque intestabilem efficit, eoque et ad conditionem civilem effectus suos porrigit. De qua statuere in civitate penes neminem, quam summos imperantes, salvo quidem horum imperio, esse potest.

§. 48. De potestate condendi statuta circa res Ecclesiasticas.

Denique cum per religionem Christianam jura summorum imperantium haut imminuantur, hisce, ubi et ipsi nomen Christo dederint, potestas competit inquirendi, quidnam canonum seu statutorum in Ecclesia receptum sit; et si quae reperta fuerint vel supervacua, vel ipsorum juribus adversantia, abolendi: ac si quid adhuc desiderari videatur, quod ad decus et ordinem Ecclesiae faciat, id supplendi, adhibitis tamen in consilium saltem praecipuis ex Ecclesia; atque in universum ‹159› ejusmodi statutis vim legum civilium addendi. Enimvero probe circumscribendum est objectum hujus potestatis condendi statuta, ut illud duntaxat porrigatur ad ea, quae religionem circumstant, externamque adeo ejusdem τάξιν καὶ εὐσχημοσύνην, ordinem et decus spectant. Et quidem ut ne heic quidem nimia statutorum multitudine fideles onerentur. Vid. Coloss. II. 16. 21. 22. 23. 1. Timoth. IV. 34.

Ast si quis huc usque potestatem summorum imperantium extendere instituat, velut penes ipsos quoque sit religionem Christianam, aut quaedam ejusdem dogmata per modum legis civilis sancire, seu iisdem sanctionem legis civilis addere, aut poenis temporalibus aliquem cogere ad amplectendam religionem, vel ad profitenda aut abneganda certa dogmata, de quibus inter Christianos dissensio est; is genium religionis Christianae, modumque ejusdem propagandae à Christo et Apostolis adhibitum plane evertit, ac fidem nostram, quae gratia Spiritus Sancti excitatur, et πληροφορία, ‹160› plena fiducia cordis constat, transmutat in externum obsequium linguae ad verba formanda à sensu animi plane discrepantia declinandae poenae temporali.

Ubi tamen limitatio aliqua est addenda circa illa, quae religio Christiana cum naturali communia habet, et quae cultum Numinis in genere involvunt. Talium enim praeceptorum violationes quin poenis quoque civilibus sanciri possint, velut fundamentum Reip. convellentes, dubitandum non est: qualis est idololatria, blasphemia, violatio sabbathi, ubi prius ad liquidum fuerit deductum, quibus actibus absolvatur, quod in lege de sabbatho est morale et perpetuum. Ex quo capite recte potuerunt Principes, qui sacra Christiana primum susceperunt, simulacra ac templa deastrorum, lucosque et alia loca superstitionibus paganis dicata destruere, ac congressus ejusmodi superstitionis causa prohibere. Sed et illud dubium non est, quin Principes Christiani homines profanos, qui religionem Christianam in universum adspernantur, ejusque mysteria contumeliose habent ‹161› poenis civilibus afficere, aut saltem civitate exturbare queant.

De caetero per vim, poenasque humanas intentatas illuminatio mentis, et intrinsecus assensus dogmatum rationis sibi relictae captum exsuperantium haudquidquam produci potest. Sensa autem animi dissimulare, et aliud animo tectum, aliud lingua promtum habere, ac vocabulorum in summis labiis natorum recitatione defungi, adhibitis quibusdam ritibus et motibus corporis, nihilominus, quam religio est, ubi internus ac debitus animi habitus, motusque abfuerit. Sed nec ostentato emolumento aliquo temporali, honore, praerogativa, aliquem allicere doctrinae Christi congruum est, qui sectatoribus suis praemia post hanc vitam pollicitus est, heic crucis, affatim fore praedixit. Et qui ejusmodi emolumenti intuitu ad religionem accedit, non obscure innuit, pluris à se emolumentum, quam religionem fieri. Quales cultores Deo probari nemo sanus crediderit. Praeterea cum summi imperantes non sint constituti religionis causa, nec aliquo colore postulare queant, ‹162› ut cives fidem suam absolute submittant fidei ipsorum, aut si cives ad obsequium hoc descendere velint, id ipsos de salute sua certos reddere queat; inde consequitur, si quis è sacris literis demonstrare se posse confidat, errorem aliquem, praesertim qui salutis fundamenta convellere videatur, in doctrinam publice receptam irrepsisse, illum non posse aut debere objecta summi imperantis autoritate protelari, sed ad placidam disceptationem cum idoneis doctoribus admittendum esse; et tunc denum, quando liquido et legitime convictus est, eidem silentium imponendum. Sola coactione civili non nisi hypocritis oppletur Ecclesia, et talibus, qui cauteriatam habent conscientiam. Nam quia in religione animus et verba conspirare debent, non possunt non in perpetuis conscientiae angoribus versari, qui quocunque respectu profitentur, quae animo non probant; quod ista cordis et linguae discrepantia Deo se illudere sentiant.

§. 49. Quid juris summis imperantibus det cura servandae tranquillitatis publicae?

Enimvero ut extrema quaevis circa extinguenda in religione dissidia adhibeantur, ‹163› à multis obtentui sumitur cura servandae tranquillitatis publicae, quod haec per ista saepenumero immane quantum concutiatur; eoque summa civitatis felicitas in eo vertatur, ut omnes cives circa religionem eadem sentiant. Quin et officium Regium eo magis circa promovendam quocunque modo religionem occupari, quanto salus animae corpori praestat; nec ullo modo amorem Regis in cives luculentius exprimi, quam si in veram salutis viam eosdem ducat. Speciem habent ista, et non exiguam vim, ut miti etiam ingenio Principes permoveri queant ad potentiam suam immanitati sacerdotum accommodandam. Tanto majus operae pretium est, quousque istae rationes valeant, accurate discutere.

Igitur id initio observandum, eam semper fuisse Ecclesiae sortem, eamque fore divinitus praedictum esse, ut in agro Ecclesiae Zizania tritico immixta sint, id est, falsa dogmata veris; quae haud violento modo eradicari vult Salvator, sed extremo judicio reservari. Unde adhibita saevitia strages dari ‹164› potest, nocentes juxta atque innoxios involvens, error omnis ex Ecclesia eradicari funditus non potest. Deinde nemo magis humanum genus amavit, quam Salvator noster, pro quo et saevissimam mortem pacisci voluit. Atqui hic non nisi docendo doctrinam suam propagavit, cum in proclivi eidem fuisset vel duodecim legiones Angelorum ad isthaec ministeria adhibere. Igitur non est imitator Christi Rex, qui convertendis suis civibus petulantissimorum dimacharum legiones immittit. Et quantuscunque sit iste amor in cives, qui obtentui sumitur, per eundem hautquaquam immutari debet modus propagandi doctrinam Christianam, et redarguendi errores, quem religionis Christianae indoles requirit.

Praeterea ad tranquillitatem civitatis non absolute necessarium est, ut omnes cives circa singula religionis capita consentiant; seu quod eodem recidit, dissensus circa capita religionis per se non turbat quietem civitatis; sed intemperies ingeniorum, ambitio, gloriae et potentiae cupiditas, zelusque prave temperatus; ‹165› quae ab isto dissensu ansam sumunt turbulentiam suam expromendi. His vitiis fraena injicienda sunt, ne per petulantiam turbent eos, queis salvo adversus Principes obsequio nil aliud quaeritur, quam conscientiae libertate frui. Quare igitur Princeps cives bonos et quietos non patiatur abundare suo sensu; qui si errant, non ipsius, sed suo duntaxat periculo errant? Neque enim ideo gladius Magistratibus est concessus, ut eodem controversias, vel uti Alexander nodum Gordium dissecent. Ne tamen quis arbitretur, nos infinitam licentiam quibusvis haeresibus conciliatum ire, quod immane quantum à nostro instituto abest; profitemur, utique maxime optandum et laborandum esse, ut in civitate sit una fides et religio, nimirum talis, quae cum doctrina Christi et Apostolorum divinis scripturis contenta examussim congruit, atque id ipsum ad tranquillitatem civitatis non parum conferre. Nam non cujusvis religionis unitas in civitate commendationem meretur, v. g. paganae, Muhammedicae, Arianae, Anabaptisticae, Antichristicae; sed verae ‹166› sed antiquae, id est sacris scripturis contentae. Nam haec demum genuina est antiquitas, omnis labis expers, quae ex ipsis fontibus fidei Christianae promanavit. Sicuti v. g. inter Judaeos quondam illi demum vere pro se antiquitatem allegare poterant, qui Codicem Mosaicum consentientem habebant. A genuinis fontibus quicquid discrepat, utut complurium seculorum traditione nitatur, non nisi inveteratus error est.

Unde id demum juris cura tranquillitatis publicae Regibus dat, ut quae publice recepta sunt doctrinae Christianae compendia, catecheseon, symbolorum, confessionum, aut quocunque vocabulo veniant, ad normam sacrarum literarum probe exigi curent, non à paucis solum, qui factionis, aut privati respectus suspicionem incurrere possint, sed ab omnibus, queis solida divinarum literarum peritia est: et ubi ista recte se habere deprehenderint, publicam, privatamque doctrinam ad eadem conformari imperent. Ubi ejusmodi publica formula fidei non extet, summo- ‹167› rum imperantium est operam dare, ut per rerum divinarum peritissimos aliqua componatur, ab omnibus civibus approbanda, et profitenda, ad quam etiam, quicunque docendi munere funguntur, sint adstringendi. Ejusmodi formula fidei ubi publice recepta fuerit, integrum est Regibus jus civitatis abnegare illis, qui eandem profiteri abnuunt, nisi rationes reipublicae aliud heic suadere videantur. Tum et si quis contra docere aggrediatur, praesertim circa capita summam religionis Christianae tangentia, is ut absistat monendus, et si quid rationum pro sua sententia adferat, solide redarguendus, convictoque silentium imponendum est. Si ne sic quidem quiescere velit, civitate ejiciendus est. Nam cum haereticum hominem devitare jubeat Apostolus, et vero à nobis postulari nequeat, ut in unius aut paucorum heteroclitorum capitum gratiam alio migremus, consequens est, ut iste solum vertat, ‹168› postquam legitime convictus et monitus pervicaciter errorem suum fovet, et periculum est, ne alios cominus contagio inficiat. Aliam poenam locum habere non arbitramur, nisi is error cum blasphemia conjunctus sit.

§. 50. De tolerantia diversarum Religionum.

Potest tamen contingere, ut summi imperantes ab ea, quam ipsi profitentur, religione dissidentes salva conscientia in civitate tolerare possint, et quandoque etiam teneantur. Aliquando enim tanta est multitudo dissentientium, ut sine insigni diminutione nostrae civitatis expelli nequeant, aut huic grave detrimentum conciliaturi sint, si in aliam se civitatem contulerint. Nam execrabilem immanitatem spirat illud dicterium certorum hominum; praestare desertam habere regionem, quam ab haereticis cultam. Et pessime temperatus erat Zelus illius Principis, qui dicebat; se malle album baculum dextra tenentem ditione sua excedere, quam haereticos in ea tolerare. Sed cum doctrina Evangelii ad destruendas Respublicas instituta haut sit, nec ulla Principi obligatio incumbat religionem vio- ‹169› lento aliquo aut turbido modo propagandi, aut plus heic conari, quam ratio officii peculiariter sibi injuncti admittit; igitur merito supersedet ejusmodi media extirpandorum errorum adhibere, quibus civitas turbatur aut debilitatur, et quae neque Salvator ipse adhibuit, neque Apostolis adhibere praecepit. Id tamen ab istis, qui tolerari in civitate volunt, utique requiritur, ut bonos se, modestos, et quietis virtutisque amantes cives exhibeant, nec suae religioni admixta habeant dogmata, quibus aliquid detrahatur juribus summorum imperantium, aut obsequio iisdem debito, et per quae cives ad seditiones, turbasve movendas disponantur. Nam talia dogmata, eorumque propagatores quin utique extirpandi jus sit summis imperantibus, dubium non est, cum ista ad religionem non spectent, sed sordes sint à pravis hominibus religioni adspersae. Deinde et illud ad officium summorum imperantium spectat in civitate, ubi plures una religione tolerantur, ut prohibeant, ne dissidentes dissidii ejus causa conviciis se mu- ‹170› tuo impetant, aut contumeliose habeant; ex quibus non potest non animorum exacerbatio provenire, fomes factionum, injuriarum, turbarumque intestinarum. Multo magis autem dissidentes in religione tolerari debent, quando sacrorum sibi suorum libertatem stipulati sunt, cum primitus in civitatem reciperentur: aut quando eandem publicis conventionibus, edictis, legibus fundamentalibus, et capitulationibus quaesivere; quae Principibus non minus sancte observanda sunt, atque ipsi postulant, ut subditi promissum ipsis obsequium sancte praestent. Idem dicendum est, si dissidentes non legitime auditi et convicti sint, sique iidem dogmata sua è communi religionis Christianae principio liquido demonstrare parati sint. Pro convictis autem nequaquam sunt habendi, in quos ab adversariorum aliquo conciliabulo sententia fuerit pronunciata, qualem horum rationes status et emolumenta dictabant, iisdem actorum testium, ad judicum vices subeuntibus. Nec absurde aliqui disserere videntur; non esse, quare Princi- ‹171› pes tam fastidiosi sint circa indulgendum jus civitatis viris bonis et utilibus ob solam circa quaedam religionis capita dissensionem: cum satis caveri queat, ne isti alios in suam sententiam trahant; ac si nobis nostrae religionis morumque fiducia sit, major utique spes sit, illos in nostras partes posse permoveri, quam nos ab iisdem seducendos. Igitur multis falso Zelum veritatis jactari, qui revera metuant, ne inscitia sua in lucem protrahatur, ubi ad disceptationem cum dissentientibus descendendum fuerit. Et experientia constare, illis seculis aut locis, ubi parum aut nihil dissensionis circa religionem agitatum est, sacerdotes in socordiam et barbariem degenerasse.

§. 51. Cavendum Principibus, ne fidem adhibeant hominibus obnoxiis.

Caeterum cum in quovis negotio par est, ut liquida è scientia procedant Principes, quibus demum omnis culpa publice actorum praestanda est; ita cumprimis eo majore circumspectione iisdem circa religionem procedendum, quo atrocior habetur injuria, ‹172› quae isto nomine alicui infertur. Quid enim indignius, quam homines innocentes malis mactare ob veras de Numine sententias, ideo tantum, quia hae aliis praejudicio aut affectu excoecatis improbantur? Et cum turpissimum sit Principi propriam animi ob immanitatem tyrannidem exercere; quanto foedius est, eundem rerum ignarum tyrannidis alienae carnificem agere? Unde ni Princeps gravissimo reatu animam suam adstringere velit, cavebit in hoc negotio ad severam aliquam sententiam procedere, nisi prius et in jure, et in facto probe informatus fuerit. Nec est, quod judicium suum resolvat in autoritatem suorum sacerdotum, quantamcunque pietatis et probitatis speciem prae se ferant. Nam innumeris exemplis constat, quantopere Principes ingenio caetera probo et miti ad saevitiam in insontes exercendam compulsi sint ab hominibus stolidum impetum, aut immanem malitiam sub sanctimoniae professione occultantibus. Igitur si nemo sani cerebri Princeps pronunciare audet in controversia medica, physica, aut ‹173› mathematica, qui harum disciplinarum non probe est gnarus: qua fronte idem in controversia Theologica sententiam feret, et quidem tanto cum incommodo ejus, contra quem pronunciatur, ni ipse solidam sacrae doctrinae notitiam habeat. Sed quia rarissimum est in istius fastigii hominibus, ut tantum operae in cognoscendis rebus Theologicis ponant; id saltem optandum foret, ut isti Principes sensum communem, et naturalem rationem in consilium adhibere, et paulisper animum à praejudicio liberare vellent. Nam saltem in controversiis, quae inter Protestantes atque Pontificios agitantur, ubi quis non ultro animum obfirmare velit, talia indicia ultro se offerunt, quae facile arguant, in utram partem favor Principum inclinare debeat, et utram suus procedendi modus reddat suspectam. Nam primo quidem id non levem scrupulum movere idoneum est, quod Protestantes scripturam sacram omnibus evolvendam commendant, ac non solum aequo animo ferant, sed et ultro invitent atque hor- ‹174› tentur quosvis, ut sua dogmata cum ista accurate conferant, et ad eandem velut obrussam exigant: quoque adeo eam solam controversiarum suarum judicem deposcant, in quam gratiae, favoris, odii, aut ullius corruptelae suspicio cadere nullo modo potest. Quin et quod fiducia causae suae facile ferant, à suis hominibus scripta Pontificiorum evolvi, ac publice passim prostare, velut quorum offuciae ita sint manifestae, ut nemini, qui ipsorum doctrinam probe imbiberit, ab istis seductionis periculum immineat. Contra quam suspectum esse debebat, quod apud Pontificios tam anxie maxima suae Synagogae pars à lectione Sacrorum Bibliorum arcetur, ita ut saltem in illis locis, ubi inquisitio viget, minore periculo blasphemia, perjurium, et foedissima flagitia patrentur, quam oracula divina evolvantur; quorum et autoritatem variis modis elevare non verentur, et contra tanto hiatu Traditiones et autoritatem Ecclesiae crepant; quorum illae factum duntaxat, non jus probare possunt; hujus autem vocabulum illi ‹175› ipsi coetui falso velut proprium tribuitur, cujus dogmata sub disceptationem vocantur, qui propria in causa nimis quam impudenter judicis vices subire praetendit. Nec minus quod tam anxie suos à conspectu librorum arceant, queis Protestantium doctrina traditur, quos per Indices expurgatorios, aliaque edicta plane ditionibus suis proscribunt. Quodque imprimis caveant, ne Principibus occasio fiat accurate cognoscendi, quidnam à Protestantibus proprie doceatur. Sicuti inter alia notissimum est, quam aegre impetrari potuerit, ut Augustana Confessio Caesari Carolo V. praelegi posset. Sane extra studia partium positus non aliter judicare potest, quam illos causae suae confidere, hos trepidare, ne doctrinae suae debilitas pelluceat, ubi vel cum fontibus veritatis, vel cum adversariorum disputationibus conferatur. Deinde et istud non leve momentum adferre debebat, quod dispar plane sit conditio partium, quibus inter se certamen est, et quod disparia plane sint emolumenta, quae isto certamine defen- ‹176› duntur. Quanquam enim utrique parti gloria Dei et studium veritatis subinde in ore sit, neque abnui possit, multos esse, qui isto stimulo agitentur, aut agitari se putent; tamen qui indolem maximae partis mortalium consideraverit, facile persuadere sibi poterit, aliud quid subesse, quod tanta pervicacia partes inter se committat. Id quale sit, divinare haut in arduo erit, si quis conditionem cleri, cujus praecipuae in hoc certamine partes sunt, utrinque consideraverit. Juxta Protestantium igitur instituta cleri conditio hautquaquam invidenda est. Autoritas ipsius non superat doctorum conditionem, potentia tenuis, opes non ultra privatam sortem, alicui intra paupertatem. Tum vita fortunaeque ipsorum non minus, quam reliquorum civium summis imperantibus obnoxia, quos si infensos experiantur, haut aliud praesidii humani ipsis superest. Ast Cleri Pontificii qui splendor! quae potentia! Quae opes! Quam ita compositae illis rationes, ut ipsorum fortunae quam minimum ab summis imperantibus dependeant! ‹177› Utros igitur verisimilius est pro commodo aliquo terreno pugnare; num illos, qui victores ultra privatam fortunam, eamque sat modicam nunquam assurgunt; an vero illos, quibus status, opesque defenduntur, quas nullum Europae Regnum, aut Imperium exaequaverit? Sane qui rerum peritus est, inficiare non potest, quin eadem causa Clerum Pontificium impellat ad tantos clamores in Protestantes tollendos, quae Demetrium illum subigebat ad seditionem Ephesi excitandam, Actor XIX. 27. Praeterea cum tota religio Christiana nil nisi charitatem et mansuetudinem spiret, meritissimo suspicionem Principibus injicere debebat illa immanis Pontificii Cleri saevitia in eos, qui ab ipsis dissentiunt, id est, qui fastigium, opes, statum atque monarchiam ipsorum impugnatum eunt. Sane postquam infidelium persecutiones veterem Ecclesiam premere desierunt, ab Arianis primum saevitia in dissentientes exerceri fuit coepta; orthodoxis pudori fuit, fidem suam vi, armis, saevisque artibus propagasse. Saltem à Christo non esse spiritum ‹178› istum crudelitatis, inter alia cȍlligitur ex Luc. IX. 54. 55. 56. Ubi iste Jacobum et Joannem, qui ignem coelo demittere in Samaritanos cupiebant, his verbis increpavit: Nescitis, cujus Spiritus estis vos. Et gladius, quo Christus pugnat, ex ore ipsius exit, Apocal. I. 16. XIX. 15. Non vagina ad femur pendente extrahitur. Sed et nuspiam in sacris literis vera Ecclesia ebria dicitur sanguine haereticorum; ast meretrix Babylonia sanguine sanctorum et testium Jesu ebria pronunciatur, Apocal. XVII. 6.

§. 52. Alicubi jura Principum imminuntur obtentu religionis.

Denique cum alias Principes circa jura sua tuenda valde Zelotypi esse soleant, huc quoque deflectere oculos par erat, utrius partis doctrina summorum imperantium juribus plus praejudicii afferat, aut utra cum istis magis conspiret. Nam si per religionem aliquam jura Summorum imperantium insigniter imminuantur, suspectum id ipsum Principibus esse debebat, et ad inquirendum ansam praebere, quo fundamento istae sacerdotum praetensiones nitantur; cum uti- ‹179› que summa imperia religione Christiana priora extiterint, adeoque in hoc liquido exprimendum fuerit, si quid per eandem istis esset detrahendum. Quod si igitur religio Pontificia penitius inspiciatur, adparet, eidem addictum Clerum in validissimum, ac summo artificio consertum atque compaginatum statum coaluisse, cujus caput à compluribus jam seculis peculiarem sibi ditionem possideat, eoque nomine Princeps civitatis sit: cujus tamen potestas non intra hanc solam coerceatur, sed et per alias civitates paria sacra profitentes, sese efficaciter diffundat. Nam ab eo quicquid est Sacerdotum, dependet, quorum cumprimis apud populum ubique magna est autoritas: idemque in solidum curam sibi sacrorum arrogat, quorum tanta in commovendis hominum animis vis est. Jam autem si quidquam aliud, maximum est summis imperantibus praejudicium, si quis in ipsorum ditione habitans, imperio sese eorum subtrahat, et ab externo Principe dependeat, imperiique civilis potestatem in se vel plane non agnoscere, vel non ultra ‹180› quam placitum est, velit. Cum enim conditio statuum inter se sit satis lubrica, et infida, tantoque suspectior, quo propius isti se mutuo contingunt, plusque communicationis invicem habent; manifestum est, si qui in medio aliquo statu habitantes extranei cujuspiam status pars sint, id paulo minus esse, quam si hostilia praesidia in nostras arces inducantur, aut castra hostium in media nostra ditione ponantur. Quod praejudicium eo gravius est, si ex ipsis Principum civiumque bonis sumtus depromantur, quibus status iste extraneus sit sustentandus, istique opes ex ipsa civitate sine fine ac modo cumulare integrum sit, quorum tamen nomine ad sumtus Reipublicae tolerandos immunem se praetendat. Ac si idem leges ferat, jubeatque et vetet, etiam quae jussis summorum imperantium repugnant, et si alio poenae genere non minus efficaci jussa ipsius sanciantur. Denique si idem directa aut obliqua via in ipsos summos imperantes imperii sibi aut coërcitionis quid arroget. Nec minus ista Cleri ab extraneo capite dependentia in- ‹181› gens praejudicium civibus infertur, quorum fortunae in lubrico ponuntur, si status istos inter se collidi contigerit; qui duobus dominis servire coguntur, aut inter duorum dominorum repugnantia imperia misere distrahuntur; quibus suae civitatis onera eo gravius incumbunt, quo majores opes immunium sacerdotum aviditas absorpserit. Quibus denique duo tribunalia sunt metuenda, sacerdotum tribunal non minus terribili, quam Regum, id quod satis exemplo inquisitionis constat. Talium cum in Protestantium Religione nihil deprehendatur, apud Pontificios autem ista manifestissima sint, non injuste solum, sed et imprudenter faciunt Principes, qui Sacerdotum illecebris ad opprimendos cives sacris Protestantium addictos seduci se patiuntur. Nam quod hisce objicitur, alicubi per istos tumultus et bella civilia excitata, aut cum extraneis Principibus rationes fuisse implicitas, tanti non est. Talia enim citra culpam Religionis ex ipsa rerum conversione orta sunt, quae raro sine gravi motu peragitur. Aut istorum origo ab atro- ‹182› citate adversae partis provenit, quorum gladios ut à jugulis suis miseri amoverent ab hisce vis opponenda, aut qua propriae vires non pertingebant, undecunque auxilium circumspiciendum fuit. Uti autem nefas est innoxiam ob religionem alteri vim intentare; ita religionis tuendae causa vim opponere illis non nefas est, quorum alias injuriam armis arcere inter vetita non habetur.

§. 53. De jure reformandi.

Superest ut dispiciamus, penes quem sit errores et abusus, qui in Ecclesiam tam circa dogmata, quam mores aut regimen Ecclesiasticum irrepserunt, corrigere; seu quod eodem redit, penes quem sit jus reformandi? Ubi id quidem manifestum est, si clerus de errore aut abusu admonitus ultro ac citra moram et tergiversationem eundem correxerit, reformatione alia non opus esse; sicuti actio superflua est, ubi debitor ultro praestanda praestat. Sed si clerus utut monitus istos emendare abnuat, aut moras et offucias objiciendo correctionem eludat; alterutrum necessarium est, ut vel nullum heic praeter patientiam sit remedium, vel ut ejusmodi abusus et errores excutere sit penes eos, quibus hi fraudi et prae- ‹183› judicio cedunt. Prius si quis asserere instituat; ei demonstrandum fuerit, vel divinitus in clerum ejusmodi potestatem ἀνυπεύθυνον fuisse collatam, ut pro lubitu fidelibus insultare, et quaevis dogmata, etiam falsa obtrudere queat, ita ut his contra hiscere integrum non sit; vel fideles assensum et voluntatem suam ultro cleri placito subjecisse citra omnem exceptionem, et plane irrevocabiliter, ut amplecti et tolerare velint, quicquid huic doctrinae ipsis tradere, aut oneris imponere placeat. Quodsi talia asserere velle nimis impudens videatur; id demum restat, ut ostendatur, clerum, et qui ejus caput se fert, nunquam vel in doctrina, vel in moribus, aut regimine ecclesiae errasse. Cujus contrarium ita manifeste ab integris Christianorum nationibus demonstratum est, ut à nobis in praesens quid moveri supervacuum sit. Unde contra censemus, si quis error aut abusus in Ecclesiam irrepserit, per quem legitimum jus summorum imperantium sublatum aut imminutum sit, hisce istum corrigere, ac reformare fas esse velut ex libertate naturali, qua isti in excellenti gradu ‹184› gaudent, per quam propria autoritate praejudicia sibi illata averruncare possunt. Etsi ne plebs ea reformatione offendatur, consultum sit eandem

super isto abusu, ac imperantium jure perspicue edoceri. Idque multo magis faciendum, si error iste vel abusus ipsum quoque populum tangat. Tunc enim praescitu et consensu universi populi reformatio commodissime suscipi potest ac debet. Neque obstat, quod hoc modo communio abrumpitur cum illis, qui erroribus et abusibus pristinis mordicus inhaerent. Nam si qua est laceratae Ecclesiae culpa, ea hoc casu non penes eos est, qui errores et abusus abolent, sed qui dominatus et lucri sui causa istos corrigere abnuunt. Et nihil frequentius in vetere historia Ecclesiastica occurrit, quam errorum manifestos sua communione exclusisse. Sed nec illis, qui tali modo errores et abusus reformant, rebellionis, aut defectionis crimen, vel simile quid exprobrari potest, aut debet. Nam rebellis est, qui legitimo alterius imperio in ipsum constituto se subtrahit. Sed qui jugo aut usur- ‹185› pationi alicujus se subducit, cui neque divinitus, neque per ultroneam submissionem è liquida scientia profectam imperium in ipsum est quaesitum, praesertim si aliquod ani- 11
mae periculum inde ipsi proveniat, justus conscientiae et libertatis suae vindex est. Nunquam enim in aliquem doctorem, aut Episcopum, aut coetum certo loco definitum aliquod tale imperium in reliquos omnes fideles est collatum, ut ab ejus libidine hi citra ullum remedium dependere cogantur. Et valde impudens est, quod coetum aliquis, v. g. Romanus sibi vel soli, vel per eminentiam Ecclesiae vocabulum et dignationem arroget, velut extra Ecclesiam sint, qui extra Romani coetus communionem existunt. Nam Ecclesia Romana vel pro universali Ecclesia est habenda, vel pro particulari. Per Ecclesiam universalem juxta mentem sacrarum scripturarum intelligitur universitas fidelium ubicunque terrarum degant, quorum conjunctio unitate Dei, Salvatoris, baptismatis, fidei, salutis, definitur. Ab hac illi demum excluduntur, qui hocce unitatis vinculum ab- ‹186› rumpunt, id est, qui Deum et Christum abnegant, qui baptisma rejiciunt, qui fidem habent à sacris literis discrepantem saltem in praecipuis capitibus. Haec quippe solum et genuinum fundamentum Catholicismi sunt, non imperium aliquod in omnes orbis terrarum Ecclesias constitutum, chimaerae simile, et quod rerum humanarum conditio adspernatur. Cum igitur verum Dominum, verum baptisma, veram et S. Scripturis conformem fidem, verum Deum et Patrem omnium habere possint, etiam qui nullum Ecclesiae Romanae in se imperium graves ob causas agnoscunt; patet pro universali Ecclesia Romanam non posse haberi; adeoque posse membrum esse Ecclesiae universalis, qui Ecclesiae Romanae dominatum, errores, et abusus vel nunquam subierunt, vel agnitos exuerunt. Sed si pro particulari Ecclesia habetur Romana, sicuti est, aut saltem esse debebat, (nam in praesens ea non simplex est Ecclesia, sed status aliquis imperium religione coloratum per magnam Europae partem exercens) non ‹187› magis pro rebellibus traduci possunt, qui ab ista discesserunt, quam pro hominibus ratione destitutis, et insanis, qui Aristotelis insipida dogmata adspernantur. Nam omnes fidelium coetus, qui veram fidem profitentur, inter se aequales sunt intuitu et capitis, Jesu Christi, et genuinae indolis, et ultimi scopi. Et si Christus promisit, se vel in medio duorum aut trium fore, qui in nomine ipsius congregantur; non est quod vel numerosissimus et splendidissimus coetus alteri minori sese praeferat.

Absurdum autem plane est, si in verbis istis Symboli, *Credo unam Sanctam, Catholicam et Apostolicam Ecclesiam*, Romanae sectae addicti aliquid sibi praesidii positum putant. Nam nisi hic est sensus eorum verborum, una tantum in terris est Ecclesia Romana, et extra eam nulla, ea quidem Pontificiis nihil prosunt: quem tamen sensum et verba ipsa, et sana ratio, et sacrae literae et experientia ‹188› respuunt. De caetero Una tantum in terris est Ecclesia, quia unus est Deus unus Christus, unum Baptisma, una vera fides. Veritas enim per rerum naturam non potest esse nisi una; sed error et falsitas sine numero et modo est. Sed nec Romana Ecclesia aliquid peculiaris sibi Sanctitatis arrogare potest, praesertim circa illa, ob quae Protestantes ab eadem sese dissociarunt. Catholici vocabulum proprie dogma aliquod notat, non statum aut imperium in omnes diffusum, ita ut Catholica Ecclesia sit, quae universa dogmata sacris literis tradita amplectitur, nullo excepto: haeretica contra, quae aliqua quidem dogmata in S. Scripturis tradita retinet (nam quae nulla plane talia agnoscit, coetus infidelium, et apostatarum est,) sed aliqua ibidem tradita vel negat, vel iisdem opposita docet. Igitur Romana Ecclesia Catholicae vocabulum non prius sibi vindicare potest, quam liquido demonstraverit à se nihil Sacris Scripturis adversum doceri. Nec ejusdem vocabuli, si quae est, dignationem Protestantibus detrahere potest, nisi contra ostenda- ‹189› tur, ab his dogmata S. scripturae repugnantia defendi. Apostolica denique Ecclesia dicitur, quia doctrinae Apostolorum superstructa est. An autem immediate ab ipsis Apostolis plantatus sit aliquis fidelium coetus, an vero ab aliis viris istorum doctrinam hauserit, ad veritatem Ecclesiae nihil interest.

§. 54. Num civibus absque Principe competat jus reformandi.

Sed uti reformatio facile procedere potest, ubi tota civitas in eam ipso cum summo imperante consensit: ita quaestio remanet, quid liceat parti civium, si summi imperantes, universo clero aut majore ejus parte conspirante, errores et abusus agnoscere nolint, vel etiam potentiam suam ad istos conservandos accommodent? Ubi arbitramur, siquidem errores isti fundamentum fidei directe, aut obliqua via convellant, fas esse errores istos agnoscentibus à reliquorum sese communione separare, ubi hosce erroribus suis pertinaciter inhaerere constiterit, non obstante contraria summorum imperantium, aut cleri sententia. Cum enim cuilibet pro se cultus suus Deo sit adprobandus, nec absolute alteri curam animae ‹190› suae resignare, aut hic ejusdem salutem isti praestare queat, adeoque nullus Christianus fidem suam absolute in judicium Cleri, aut summorum imperantium resolverit, sed non nisi quatenus S. Scripturae examussim congruerit: apparet, posse cives à communione etiam summi imperantis, infectique Cleri se disjungere, siquidem liquido demonstrari ab ipsis possit, huncce in sontico errore versare. Collegium quippe Ecclesia est, cujus membra non imperio humano connectuntur, sed unitate fidei orthodoxae, quam qui deseruerit, nullo amplius mystico vinculo connectitur cum illis, qui in vera fide persistunt. Sicuti nec conjunctio cum pluribus per se ad rationem salutis quid facit: sed hoc quidem fine perinde est, multi, an pauci sint fideles, ingentes, an modicos coetus iidem constituant. Neque ista secessione aliquid detrahitur juribus summi imperantis, cum praesupponamus, secedentes orthodoxam profiteri fidem, nec eidem adfuisse dogmata juribus summorum imperantium aliquid detrahentia. Nam nec pro- ‹191› pter religionem institutae sunt civitates, et Ecclesia non abiit in naturam civitatis, aut ab hac absorbetur, quando Princeps Christianus factus est; nec eo ipso hic dominus Ecclesiae aut conscientiarum factus est. Et si, non obstante illa secessione, Principi ab istis omnia praestentur, quae ex natura imperii civilis exigi possunt, aut debent, non habet iste, quod ulterius istorum conscientias urgere praesumat. Et revera nihil interest summorum imperantium, an civis eandem cum ipsis fidem teneat, an minus; aut quod nos praesupponimus, an eundem cum Principe errorem profiteatur; sicuti id interest ejusdem, ne cives ipsius imperio deserto in peculiares se coetus civiles erigant. Etsi ne hoc quidem vinculum imperii excludit necessitatem conservandi vitam et fortunas; puta si hostis ingruat, cui repellendo pares non sint, eidem se dedere possint, abdicato priori Domino. Quantacunque ergo autoritas Principis in Ecclesia fingatur, longe major est favor eorum, qui obtentu capitalis erroris à Principis ‹192› religione et communione discedunt. Nam vitam pro Principe periculo exponere aut amittere, in laude potest esse, sed ut animam in ipsius respectum civis prodigat, nec iste, si se agnoverit, postulabit; nec hic unquam tale quid annuet. Ergo quicquid mali hoc nomine civibus, saltem orthodoxis, et qui ad doctrinam suam è divinis Scripturis demonstrandam parati sunt, infertur à Principibus, id omne pro actibus injustis, illegitimisque est habendum. Quin nec eo solo nomine fas est Principi dissentientes ab ipso ad vertendum solum compellere. Equidem ut Princeps homini circa religionem errores foventi jus civitatis haut indulgeat, nisi insignis Reip. utilitas diversum suaserit, nemo reprehenderit. Quin et si orthodoxus in civitatem heterodoxam non admittatur, injuria eidem haut inferetur: id enim jus civitatis sui beneficii facere Princeps potest. Ast eum, cui jus civitatis jam quaesitum est, quique in ea sedem fortunarum suarum collocavit, invitum, et ob religionem erroris haut legitime convictam, civitate ejicere, ‹193› quod saepe cum maxima molestia et jactura conjunctum est, ingens injuria est. Quanquam idem cupientibus abnegari non debet, si quis infensum Principem, aut atroces sacerdotes, importunamque plebem, cultusque sui turbata exercitia ista migratione declinatum eat. Nec est, quod quis nobis occinat illud in Germania tritum dicterium; Cujus est regio, illius et est religio. Nam id promo non quadrat ad dogmata Pontificiorum, quae omnem circa sacra disponendi potestatem Principibus adjudicant. Deinde à Protestantibus Principibus id fuit arreptum, ut eo plausibilius Caesaris autoritatem reformationi ipsorum intercessuri protelare possent, velut ad Caesarem nihil spectaret, quid ipsi in sua ditione agerent. Alias nisi veritatem religionis iidem praesupponere potuissent, jus territoriale non efficiebat, ut ipsis fas foret subjectos ad amplectenda falsa dogmata compellere. Sicuti et constat, id dicterium ab heterodoxis Principibus in orthodoxos fuisse retortum, non sine gravi praejudicio verae religionis. Igitur peccat Princeps ‹194› qui civem ab ipsius religione dissentientem, erroris non convictum, molestia afficit, modo hic de caetero in leges obsequii civilis nihil delinquat. Cum autem neque Principibus id officium injunctum sit, ut qualemcunque religionem vi propagent, nec ipsorum intersit, quid quisque credat, dummodo boni civis officio satisfaciat; et nihilominus eo nomine in cives tot immanitates à Principibus ingenio caetera non adeo feroci patratas fuisse, et adhuc patrari adpareat, magna mirandi causa foret, unde tanta hosce vesania subire posset, ni ista Ecclesiae fata divinae Scripturae praedixissent.

Sed nunc mirari desinunt, qui norunt, tantas illecebras fore prostibuli Babylonici, ut etiam Reges terrae cum illa scortaturi sint. Apocal. XVIII. 3. Ast cui ignotum est, à meretricibus amasios etiam ad foedissima quaeque et indignissima patranda pellici? Eo magis necessarium est, ut fideles magno studio animum adversus bestiae istius illecebras juxta ac terrores obfirment, et cum patientia expectent, quousque Deus eidem, quem per Prophetas suos ‹195› finem praedixit, repraesentet. Quid autem consilii capiendum sit Principibus et populis liberis, qui sectam Romanam exuerunt, postquam tam atrocia odiorum et immanitatis exempla ab eadem subinde edi conspiciunt, ipsi etiam me non monente, si mens non laeva est, intelligunt. ‹196›

Appendix. Anmerkungen zu Adrian Houtuyn: *Politica contracta*

Appendicis loco propter argumenti cognationem visum fuit subnectere animadversiones ad *Aliqua loca è Politica contracta* Adriani Houtuyn, quibus *De summorum imperantium civilium potestate circa Sacra* tradit.*

Cuinam potestas circa Sacra in civitate, et quousque competat, quaestio est ardua, et quam rite definiri generis humani quam maxime interest. Ac si ullibi beati sunt pronunciandi, qui medium tenuere, heic sane id locum habet, ubi tanto cum periculo in alterutrum extremorum impingitur, et conscientiae civium vel dominatui Pontificis Romani, vel libidini Principum subjiciuntur. Sed istum qui solidis armis oppugnatum ivere, et ‹197› priori et nostro seculo reperti sunt viri pietate et eruditione insignes. Nunc ne in Scyllam incidant, qui Charybdin evasere, providendum est. Equidem quod potestas divinitus aut consensu populi in Principes collata sit, uti nemo sanus convellere audebit, ita ne ampliorem debita sibi potestatem arrogent Principes, ipsorum non minus, quam subjectorum interest: ne et ipsi injustis ausis conscientias suas saucient, et cives eosdem patrum et tutelarium geniorum loco infensissimos hostes experiantur. Caeterum quae in hocce extremum vergant, cum non pauca *Politicae* suae *contractae* adsperserit Adrianus Houtuyn JCtus Belga, ne per eadem in fraudem inducatur incauta juventus, cui libellum istum alicubi à Doctoribus publicis commendare percepimus, è re visum fuit carptim quaedam annotare ad Notas ejusdem in §. LXIII. seqq. ne adolescentes discendi cupidi, dum Principum se jura asserere opinantur, in hos ea, quae Deus sibi reservavit, transcribant, vel pretiosissimam libertatis particulam ingenti cum suo damno prodigant. ‹198›

Is igitur, dum jura Principis enumerat, §. LXIII. ita pronunciat: *Sacra regit externa, et lege divina non definita.* Ratio desumitur à *potestate generali, quam initio imperii submissio generalis tribuit*, seu quia circa talia initio constituti imperii cives voluntatem suam arbitrio imperantium submisere. Sed observandum primo saepenumero externa tam arcto nexu internis jungi, ut si de istis aliter disponatur, quam nexus iste requirit, vel admittit, interna quoque non possint non alterari, et convelli. Cum autem Adrianus interna potestati Principis subducat, externa quoque religionis eidem obnoxia esse nequeunt, quatenus cum istis indivulso nexu junguntur. Deinde generalis illa submissio limitanda est è fine institutarum civitatum, qui est defensio ab injuriis, quae homini ab homine imminere possunt; sicut hautquidquam omnia, quae in naturali libertate privati juris ac dispositionis erant, in imperantes translata sint, sed ea duntaxat, quae ad isthunc finem faciunt. Ad eum finem cum religio non pertineat, haut quo- ‹199› que censendum, futuros cives religionem suam voluntati Principum submisisse. Ac sane in aprico est, plurimos dari actus, quos cives jure

* Politica contracta generalis, notis illustrata. Seu De singulorum ante imperia instituta, et summarum potestatum imperiis institutis, cum inter se, tum in subjectos, jure ac potestate, temperata ex praeceptis naturalibus, et gentium conventionibus, tractatus brevis et succinctus, autore Adriano Houtuyn, JCto. Ad calcem errores Hobbesiani indicantur. Hagae Comitis: apud Gerardum Ramazzinum M.DC.XXXI.

naturalis libertatis exercent, nulla à Principibus dependentia. Unde submissio civium circa religionem non alio modo facta intelligi debet, quam ut et cives eandem Principum cum sua sententiam circa religionem praesupposuerint, et non alia externa eorundem arbitrio detulerint, quam quae ad internum Numinis cultum indifferentia sunt. Denique *ordo, et confusionis evitatio* non primarius est civitatum et imperii instituti finis, sed quatenus ille ad internam civitatis tranquillitatem facit; haec ejusdem perturbationem producit: qui effectus non quibusvis inest, quae civium litertati naturali relinquuntur.

Ad N[otam] 2. notandum, partem religionis proprie non esse, quod sacerdotes imperio civili circa actus ad ejusdem dispositionem spectantes sint subjecti. Animadversionem quoque merentur illa verba: *Regit Ecclesiam Princeps Christianus, qua* ‹200› *congregata accipitur, et personae unius vicem sustinet. Est enim tunc Ecclesia societas, etiam civilis, corpus civile et politicum, et autoritate ac vi publica roboratum, quam ei civitas accommodat, et in eadem cum caeteris Collegiis et corporibus conditione, quo sensu in territorio suo Rex caput Ecclesiae.* Tot errores, quot verba heic agnoscunt, qui discrimen Ecclesiae et civitatis intelligunt. Neque sequitur, Rex regit civitatem, quae civibus constat Christianis; ergo etiam regit Ecclesiam eodem modo et jure, quo civitatem, eodemque sensu caput Ecclesiae, quo civitatis dici potest. Est sane Ecclesia societas, sed non corpus civile, autoritate et vi publica roboratum, sed quae subsistentiam suam principio longe sublimiori debet, et quae non uti caetera collegia dependentiam suam à civitate habent. Violenta quoque nimis est extensio dictorum Tit. II. 9. Coloss. III. 20. 22. Roman. XIII. 3. 4. 1. Petr. II. 14. velut actiones circa Sacra ab imperio Principum dependeant, et ipsa verba. Multa de hinc miscentur, quae notam merebantur, sed cum eadem extra scopum nostrum sint, in praesens transmittuntur. ‹201›

N. 13. crassum nimis est, quod *ob imperium circa Sacra summis potestatibus nomina Pastorum, Ministrorum, Praeconum Dei, Episcoporum, Pontificum, Sacerdotum, Apostolorum* tribuenda putat. Qua autoritate, et quo sensu? Nam aliud plane muneris est, ob quod Principes *custodes utriusque tabulae legis, nutricii, defensores Ecclesiae* audiunt. Denique si *judicium definitivum* solius *Ecclesiastici ordinis viris*, an *praescriptus* circa sacra *ordo legi divinae congruat*, non est concedendum, exclusis reliquis Ecclesiae membris, non ideo sequitur, idem judicium solis Principibus competere, ac judicium, consensumque reliquorum Ecclesiae membrorum nullo esse loco habendum.

Severam quoque meretur castigationem §. LXIV. *Princeps religionem publicam facit quamlibet.* Ratio subnectitur oppido quam frivola: quia *publicum omne à potestate publica, et externum est.* Ain vero, Adriane, penes Principem esse quamlibet religionem facere publicam, seu cuicunque religioni ipsi videatur, publici exercitii autoritatem concedere, caeteris omnibus ‹202›eandem denegare, aut eosdem plane civitate ejicere? Nec quamnam religionem alteri praeferre debeat Princeps, ullam regulam statuis, praeter nudam suam libidinem? Quamlibet, inquit; etiam idololatricam, superstitiosam, falsam, fictam? Unde credemus Principibus tam invidiosam potestatem delatam? Non sane divinitus; aut ostendatur autoritas divina. Neque per submissionem civium, cum neque civitates religionis causa sint institutae ista utique posteriores; neque ejusmodi potestas ad finem civitatum obtinendum faciat. Neque vero in naturali libertate cuique fas est quamlibet religionem profiteri; et si maxime id fas foret, non tamen ideo alteri statim quaelibet religio obtrudi potest. Est quoque cum grano salis accipienda distinctio religionis internae et externae, ne quis putet, fas esse profiteri quamcunque religionem externam, dummodo interna recte se habeat. Falsum porro; omne publicum, id est, quod palam et aperte exercetur, in civitate habere originem à potestate publica, seu à summo imperio civili, cum plurima civibus exercere palam fas sit ex liber‹203›tate naturali, aut quia Deus jussit, et potestatem indulsit. Falsum quoque est, omne externum à potestate civili dependere; cum ex mente Adriani etiam dogmata de rebus divinis, et confessiones fidei verbis conceptae inter externa referenda sint. Fallitur porro Adrianus, si id consequi putat;

quia imperantibus curae esse debet, ut cives rectis opinionibus de Deo velut statore justitiae imbuantur; igitur penes eundem esse circa revelatam religionem pro lubitu disponere, et quamlibet è religionibus, quae revelationi ortum suum adscribunt, publicam facere.

Crassius fallitur, quando *religionem publice roboratam quantumvis falsam ad tranquillitatem imperii conferre* asserit. Potest quippe hunc effectum habere ad salutem animae producendam inepta et insufficiens: falsae de Deo et divinis eundem effectum habere non possunt. Et vel tanti non est tranquillitas publica, ut ejusmodi falsis sententiis procuretur, vel aeque aut magis commode per veras obtineri potest. Praesertim cum quae vulgus dementare possunt fraudes, cordatos fallere saltem perpetuo ‹204› nequeant. Risum continere aegre possunt aruspices, aruspicem cum vident: Majore quoque autoritate, quam Adriani Hutini opus est, ut credamus, fidei, quae ipsi religio privata dicitur, à Principibus independens, non obesse, quam quisque religionem publicam cum Principe et civitate profiteatur, cui *electionem liberam* relinquit, *qualem sub praesidio suo, et in terris suis velit,* nimirum Japonicam, Bramanicam, Muhammedanam, Judaicam, Christianam, et ex illis, quae Christianum nomen prae se ferunt, quae maxime ipsi ad palatum sit. Id vero credat Judaeus Apella. [Horaz, *Sermo* I v 100] Sane magnae parti Christianorum intolerabile fuit visum, Pontificem Romanum summum fidei Christianae arbitrium sibi arrogare, qui tamen non nisi unam religionem orbi Christiano obtrudere instituit, nempe in qua rationes sui Dominatus fundari sentit. Jam, si diis placet, Principibus datur facultas quamlibet religionem publicam faciendi, quorum cum plures dentur à se invicem non dependentes, pari jure ab ipsis diversissimae religiones, ac sibi invicem repugnantes publi- ‹205› ca autoritate donabuntur, quarum singulae, ni fallor, veritatis elogio superbire volent. Cui proximum est, ut cum partes hujus juris sint, receptam publice religionem tueri, mutare, corruptam punire, eandem religionem unus Principum pari jure defendat, quam alter non pejore deletum eat, et eandem professos supplicio mactet. Ita demum juxta Evangelium Adriani Hutini publicae religiones non major erit vis et autoritas, quam statuti alicujus positivi, quod pro lubitu suo Princeps in sua ditione condit, abrogatque.

In §. LXV. *constitutionem* eorum, qui *religionem docent, et sacram functionem faciunt, velut Ministrorum publicorum* in solidum Principibus transcribit. Atqui nec in Rep. Judaica, divinitus constituta, id jus penes Reges fuit. Nec Apostoli autoritatem docendi à Regibus habuere, Doctores quam maxime publici, qui ad omnes docendos missi erant, Nec probari potest, Ecclesiam, quando Principes eidem accessere, id jus constituendi Ministros in solidum iisdem contulisse, utut non negemus, in- ‹206› signes heic partes Principum esse. Neque vero id, quod Adrianus intendit, ratio ab ipso allata evincit, à *parentum cura circa salutem liberorum* desumta: cum autem Principes sint publici quidam patres, *curam praecipuam et officium esse debere eorundem saluti aeternae prospicere.* Nam praeterquam quod titulus patris patriae sit metaphoricus, alio sane fundamento officium paternum, alio Regium nititur, et alterius generis cura liberis aetate tenera, quam integro alicui populo debetur. Nec ut aeternam salutem civibus procurent Principes, imperia in hos sunt collata, cui obtinendae alia media, aliamque viam Deus praescripsit. Et quanquam non negemus ab ista quoque cura non alienum debere esse Principem; ea tamen non eousque debet porrigi, ut per alia media, quam divinitus praescripta et probata expromatur, et quae genio religionis quadrant; multo minus, ut ideo Principibus tribuamus potestatem civibus obtrudendi religionm etiam extraneam quamlibet; cum non quaelibet religio saluti animarum sit proficua. Sicuti et Abrahamus ille credentium pater filiis suis non praescribebat religionem pro lubitu, sed ‹207› praecipiebat custodire viam Domini, divinis revelationibus designatam et confirmatam. Neque ex dicto Pauli 1. Tim. II. 2. exsculpseris, *praecipuum imperantis esse ita subditos regere, ut vitam non tantum in honestate, sed et pietate degant,* quae via ad salutem est aeternam. Nam pro quibus vota concipere jubebat tunc Apostolus, ethnici erant Principes, queis nulla adeo pietatis cura erat cumprimis

Christianae: sed sufficiebat, si tranquillitatem praestarent civibus, qua data pietas ex aliis principiis proventura erat. Sicuti Augustus Caesar otia dabat Poëtae, ut Musis suis vacare posset; nec ideo tamen Principi circa impetus numerosae eloquentiae, aut leges artis Poëticae negotii quid erat.

Porro crassa nimis est ista Philosophia: *sub Principe Christiano, qui subjectos omnes Christianos habet, eadem res civitas, eadem Ecclesia est, sola considerata qualitatum diversitate: civitas, qua homines cives complectitur; Ecclesia, qua eosdem fideles.* Ast num leve hoc discrimen censet Adrianus, quod diversae qualitates morales producunt, quas diversae obligationes, diversaque jura comitantur? Sane ubi capitis eadem est natura ac potestas, idemque jus, diversae qualitates ‹208› reliquorum membrorum non impediunt, quo minus idem coetus videri possit sub hac aut illa qualitate. Sic ubi Rex omnes cives suos in expeditionem eduxit, quibus ipse ducem se praebet, civitas, et exercitus ille essentiali aliquo discrimine haut differet. v. g. Populus Israëliticus sub duce Josua in expeditione versans idem erat cum eo, qui post terram Canaan pacatus sub eodem judice insidebat. Enimvero Ecclesia et civitas, utut ex iisdem hominibus constet, non interna duntaxat compage differunt, sed et Princeps hautquaquam pari jure caput Ecclesiae dici potest, atque civitatis. Nam huic quidem summo cum imperio praeest, nemini obnoxius. Sed Ecclesiae caput Christus est, qui eam verbo suo per Doctores Ecclesiae annunciato regit, sic ut ne vicaria quidem gubernandi potestas Regi sit concessa. Et quanquam Christo data sit potestas omnis in coelo et in terra; haut tamen dici potest, eodem modo ipsum esse caput civitatis, sicut est Ecclesiae.

Sequitur; *si non tota sit civitas Christiana, Ecclesiam esse multitudinem credentium in republica.* Atqui etiam ‹209› ubi omnes cives sunt Christiani, Ecclesia est in republica, velut collegium in civitate. Falsum autem, quod subnectit; quo sensu et Ecclesia pro civitate dicitur. Nam Actor XVI. 23. κατ' ἐκκλησίαν et Tit. I. 5. κατὰ πόλιν non sunt synonyma: sed posterius dictum est ita supplendum: per singula oppida, in quibus Ecclesia dabatur. A militia et justitia, quae et ipsae sunt in republica, non valet consequentia. Nam militaris functio, et justitiae administratio ex ipso fine civitatis profluit; non item cura Ecclesiae. Et Principi gladius belli ac justitiae commissus est, non munus praedicandi Evangelium. Unde duces bellici, et judices Regio muneri subordinantur, non item ministri Ecclesiae, qui et ideo proprie ministri Principis et reip. non sunt, sed ministri Christi et Ecclesiae.

Functionis assignatio ad religionem internam nihil pertinere dicitur. Atqui si fides est ex auditu, et credere nemo potest, nisi praedicetur, etiam illi, qui auditum praedicatione Evangelii movent, non sane nihil ad religionem internam facient, velut instrumenta, quae dispensant Evangelium, ex cujus auditu fides oritur.

Falsum est, ipsis Principibus non-Christianis jus esse ‹210› eligendi Ministros: Nam potestatem aequalem esse. Atqui Princeps non Christianus, etsi cives Christianos suo sub imperio habeat, et Ecclesiae in sua ditione domicilium praebeat, in ipsam tamen Ecclesiam nihil potestatis habet, quippe extra eandem constitutus.

Falso quoque dicitur, postquam Principes facti sunt Christiani, vocationem Ministrorum non amplius pendere ab Ecclesia, *non secus atque homo, postquam alieni juris et imperii factus, sui juris esse desinit.* Nam Princeps dum Christianus fit, non fit dominus Ecclesiae, sed potius subjectus fit capiti Ecclesiae Christo, nec eo ipso omnia jura Ecclesiae in se transfert, sed de illis pro rata participat, nisi qua ultro Ecclesia in ipsum quid contulit, quod quidem recte in unum conferri potuit.

Et quare non possit Ecclesia sub Principibus Christianis esse *cum eo effectu, ut personae vicem sustinere queat, et agere aliquid, et decernere per majorem partem, quod jus faciat saltem ex consensu?* Nam inter civitatem seu statum, et multitudinem dissolutam datur tertium, nempe collegium, in quo vis cogendi, summaque potestas necessaria non est.

Possunt haec illustrari tali ex- ‹211› emplo: Est in civitate societas seu Collegium mercatorum: quod statutis et directoribus consensu membrorum constitutis regitur. In id quoque collegium adscribi vult Princeps collata certa sorte. Sane hac adscriptione idem non adquirit absolutam dispositionem in collegium ejusque bona; sed potius statutis se collegii subjicit, nec aliqua prae reliquis praerogativa gaudet, nisi quam magnitudo sortis collatae aut praestatio aliqua extraordinaria, vel consensus caeterorum ultro tribuit: nec in eo collegio consideratur ut Princeps, sed ut mercator. Etsi heic aliquod sit discrimen, quod collegium mercatorum ne existat prohibendi jus sit Principi, Ecclesia ne extet non item.

Imperite dicitur; *Ecclesiam, plebem seu multitudinem in persona Principis esse; inde Principis personam publicam, q[uasi] d[icat] populicam, per quam loqui totus populus censetur.* Nam haec tantum admitti possunt de civitate, non de Ecclesia, quae multum inter se differunt. In civitate verum est: quod Principi placuit, legis habet vigorem, ac pro ratione voluntas est. Idem potestatis in Ecclesia tribuere Principi vesanum, et prope blasphemum. Et Principe in haeresin aut errorem prolapso, ‹212› quis totam Ecclesiam haereticam aut erroneam dixerit? Nisi forte et Principes infallibiles declarare vult. Igitur ubi electio Ministrorum à Principe fit, dicendum est id fieri ab ipso jure Ecclesiae eidem ab hacce delato. Quod idem dicendum est, si electio fiat ab Episcopo, aut Presbyterio. Nequaquam autem dicendum; si electio fiat ab universa Ecclesia, eam fieri jure per Principem concesso.

Idem cum concessisset, *pastoralem functionem extra personae alicujus specialem considerationem quoad emanationem muneris à summa potestate non pendere*, sed necessariam esse, et ab ipso Christo institutam; mox tamen §. LXVI. tradit: *Ministerij functio actualis actus publicus et externus est, qualis imperio subjicitur.* Quod perinde est ac si dixeris; Matrimonium divinitus est institutum, sed à Principe dependet, ut actualiter illud inire queat. Quid si igitur Principi in mentem veniat prohibere, ne quis actualiter ministerio fungatur, cui bono tunc pastoralis seu ministralis functio erit? Ferri quoque non potest, quod sequitur: Electio voluntatis est: igitur et nulla addita ratione revocari electio, ‹213› et pastores citra famae laesionem possunt.

In §. LXVII. nego, Nabuchodonosori *non defuisse jurisdictionem*, quo minus viros statuam adorare adspernantes supplicio afficere posset. Non enim actus jurisdictionis exercetur à Principe, ubi adversus divina jura malum civi infertur; sed hostilis et tyrannicus. Sicuti Achatus Rex, quando Nabodo vineam sub judicii forma ereptum ibat subornatis falsis testibus, non magis jurisdictionem exercuisse censendus est, quam tutor tutelam, si pupillam ipse stupraverit. Ast longe dispar actus est, quando idem Nabuchodonosor gravi sub poena vetat, ne quis Deum Judaeorum blasphemet. Hoc enim quin recte fieri possit, dubitandum non est.

Pergit: Petrum, Joannem, Stephanum, Paulum, ipsum Salvatorem coram Synedrio, Felice, Festo, Caesare, Pilato stetisse, et jurisdictionem eorum agnovisse, nec ejusdem incompetentiam excepisse. Quid mendosius dici potest? An Petrus et Joannes jurisdictionem Synedrii circa doctrinam Christianam agnoverunt, qui vetanti ne docerent in nomine Jesu in os protestati sunt se ipsis non ‹214› parituros? Actor. IV. 19. 20. An Stephanus agnovit jurisdictionem Synedrii, quando dicit; duri cervice, et incircumcisi corde et auribus, vos semper resistitis Spiritui S.? Neque vero Paulus, et martyrum infinita multitudo statim agnovere jurisdictionem Principum et Magistratuum, quando ad eorum tribunalia protracti innocentiam suam demonstratum ivere, cum vel nemo superesset, ad quem provocarent, vel ad condemnationem sufficeret, si Christianos se profiterentur. Et omnes tamen eorum defensiones ad duo capita redierunt, ut vel negarent crimina per calumniam sibi objecta, vel professionem Christianae religionis ab arbitrio imperii civilis haut dependere etiam profusione sanguinis sui assererent. Et qui Magistratus confessores ad tribunalia sua protractos absolverunt, reipsa nil aliud pronunciarunt, quam istam causam ad jurisdictionem suam non spectare. Mirum vero hominem, qui Jurisconsultum se ferat, aliquid legitimam jurisdictionem redolens in actione Pilati agnoscere posse, quae merum est latrocinium publicum, et *potestas tenebrarum* Luc. XXII. 53. et ubi ne hilum quidem le- ‹215› gitimi processus fuit observatum. Sicuti et manifestum est, infinities in causis religionis limites legitimae jurisdictionis civilis, processusque juridici fuisse violatos; ut ad exempla provocare frustra sit. Ast pastorem et Ministrum Ecclesiae munere suo abusum, aut non rite functum quando Princeps castigat, ea poena non provenit à summa jurisdictione civili, sed à jure Ecclesiae in Principem collato. Qui autem ideo plectitur, quod *populum turbulentis concionibus adversus majestatem incitavit, aut ad non obedientiam mandatis civilibus vel resistentiam proritavit,* is ob religionem Christianam non plectitur. Falsum porro est, Ecclesiae, ut tali, proprie dictam jurisdictionem competere. Falsum non minus, facultatem disponendi et exercendi, quae cuivis Ecclesiae competit, civilem esse, etiam *intuitu applicationis, et exercitii efficacis, et effectus publici.*

Scilicet enati sunt omnes isti errores Hutini è confusione civitatis cum Ecclesia; quas nisi accurate distinguamus, et Ecclesiam à Civitate plane absorberi admittamus, parum est Pontificis Romani jugum excussisse; ‹216› cum non minus dura Ecclesiam conditio manere possit, si omne jus circa Sacra citra exceptionem in arbitrium Principis conferamus; cujus *officium, et finem imperii* Hutinus noster *bonum spirituale, id est, salutem populi aeternam,* invita Scriptura et ratione comminiscitur: quique cogere non possit, ut circa Sacra profiteri publice cogamur, quicquid illius libido ferat, utut isthoc quam maxime à sententia animi nostri discrepet. Nam id ferre utcunque possum, ut non exprimam veritatem, quam animo conditam foveo. Sed ut hujus contrarium prae me feram, id vero et nefas et intolerandum est. Et ipsi Hutino contradicit Constantini M[agni] effatum, quod ab eodem laudatur; *Omnes quidem subjectos suos Christianos esse optasse, neminem autem coëgisse.* Iste enim non solum interna eorum sensa non coëgit, quod et supra vires ipsius positum erat; sed nec quem coegit, ut Christianum se publice profiteretur, si ultro non vellet. Sed et non obscure sibi ipse contradicit Noster, dum supra verba quoque imperio civili subjecit, nunc eadem eximit, dum profatur: *Quid si verbis prolata fides ad notitiam ‹217› venerit imperantis? Non culpa peccatum, sed ignorantia error dicendus est, quem emendare non poenae (qua mentem non illuminat) sed doctrinae virtus est.* Ast qui discriminem movit Civitatis et Ecclesiae, id est, Status et Collegii, ei facile erit extricare, quaecunque iste de jurisdictione et legislatione Ecclesiastica velut solis Principibus competente miscet.

Circa §. LXIX. observandum, non dubium quidem esse, quin à summis imperantibus vis legum civilium tribui queat legibus tam naturalibus, quam positivis, dum nempe ab istis constituitur, ut juxta hasce in foro civili jus dicatur, et earundem transgressores poena plectantur. Sicuti et penes eosdem est judicare, quibusnam talium legum eam vim tribui Reipublicae expediat, et quasnam soli singulorum conscientiae relinqui satius sit. Ast id plane absurdum est, summis imperantibus id quoque protestatis tribuere, ut ipsis prophetiis autoritatem tribuere publicam queant. Nam neque salvifica, neque historica fides ab autoritate Principum pendet, qui poenis intentatis efficere possunt, ut quis faciat, non ut credat. Unde si constet, pro- ‹218› pheticam aliquam à divino instinctu profectam, non plus fidei per autoritatem Principis eidem accedet, quam si idem declaret, Ciceronem bonum esse autorem Latinitatis. Quodsi autem prophetia ambiguae aut sublestae sit fidei, et Princeps credat, se accommodata sua autoritate plenam eidem fidem conciliare posse, delirare judicabitur.

Nec saniora sunt quae de libris Novi Instrumenti in universum tradit; *Regulis ibi propositis Christum et Apostolos non potuisse accommodare vim publicam, eoque eas mansisse privatas, donec ad fidem conversi Principes eas sibi recepere, ex quo regulae factae publicae, dum ipsi servari pro legibus voluere.* Atque regulis et dogmatibus à Christo promulgatis ab imperio civili efficaciae nihil accedere potest, nec eorum indoles fert, ut poenis civilibus sanciantur; cum voluntatem Christi non impleat, qui ob metum poenae civilis eam externis signis exprimit.

Paria reponenda sunt ad §. LXX. Uti enim Scriptura Sacra, et religio Christiana ab imperio civili autoritatem suam haut mutuatur, quae etiam hoc fremente et renitente divinitus intro- ‹219› ducta fuit: ita nec interpretatio dictorum Scripturae, de quorum genuino sensu ambigitur, per imperia definiri potest et debet. Nec ad solum Principem ea res pertinet, sed ad totam Ecclesiam, aut ab ea mandatum habentes: etsi ab ejusmodi disceptatione Princeps, velut insigne Ecclesiae membrum, excludi non possit aut debeat. Caeterum non parum profani sapiunt ista: *Ipsi Christo cum nova legis condendae inter suos potestatem haberet, interpretandi jus deesse non potuit. Ipse autem cum apud eos, qui Christum esse inficiabantur, vel non noverant, ut alius quivis privatus habitus, civili etiam subjectus judicio et imperio fuerit, palam est, et leges ipsius, et Doctrinam, et interpretationem, ut vim definitivam et publicam haberent, à civili potestate pependisse.* Quantulum deest ut dicatur, etiam efficaciam muneris mediatorii ab imperio civili pependisse? Et quam absurdum est dicere; *Doctrinam Christi habere vim publicam à civili potestate apud eos, qui Christum inficiantur?* Item *Si imperantes Christiani fuissent tempore Christi,* ‹220› *eum amplexi velut filium Dei et verum Deum, ejusque se judicio submisissent, interpretatio penes Christum ex submissione mansisset.* Apage ista commenta, quae vel sensus communis adspernatur. Eodem jure diceres, Deo imperium in homines competere non nisi ex submissione Principum, qui si istum adspernentur, ad privatam conditionem (horresco referens,) Deus redigetur. In eo minus tetrice delirat Adrianus, dum ethnicis quoque Principibus jus definiendae controversiae inter Christianos tribuit, nimirum coeco de coloribus. Porro nihil minus, quam de interpretatione Scripturarum quaerebatur, quando Christiani quondam ad tribunalia Ethnicorum trahebantur; nec unquam ita insanierunt Christiani, ut super controversiis fidei infideles consulerent. Postquam ad horum tribunalia inviti fuere protracti, excipienda fuit sententia, qualem libido istis suggessit, cum nullum remedium suppeteret istorum vim declinandi.

Eum porro effectum Noster facultati interpretandi et definiendi articulos fidei tribuit, ut pro talibus publice sint habendi, iisque obedientia à singulis ejus religionis externa ‹221› debeatur, seu qua quis defungi queat externa professione, verbisque et gestibus, quaecunque intrinseca sit animi sententia, ita ut ad isthanc cogi quoque possint. Atqui cum externus gestus, et sine mente sonus, à quo animi sententia discrepat, nihil minus sit, quam religio, non video, cui fini fictitia ejusmodi potestas Principibus tribuatur, nisi ut plures praetextus sint innoxios vexandi. Sane Christus per ejusmodi coactionem doctrinam suam propagari noluit, ut si vel maxime veri sint articuli illi à Principibus promulgati, incongruum sit eorum professionem poenis civilibus sanciri. Sed si falsi iidem sint, tum vero miserrimum est, ideo plecti, quia errorem prae te ferre noluisti. Nisi praeclarus hic fructus tam egregiae doctrinae est, ut ea posita omnium tyrannorum persecutiones justae, et omnium tyrannorum persecutiones justae, et velut à legitima potestate profectae declarari queant. Sane quae nunc in Gallia omnium bonorum commiserationem juxta atque execrationem provocant, Hutino patrono facillime defenduntur.

Quam argutum autem est illud: *fit autem, ut coactio sit licita, obedire non sit licitum.* Atqui sani homines id quidem manifestam ‹222› contradictionem involvere agnoscunt, ac potestatem legitimam imperandi, et obsequi obligationem sibi mutuo respondere judicant. Adrianus tamen hoc sibi acumine placet, ut simul Principi potestatem porrigat cives suos obtentu religionis opprimendi, nec his tamen obligationem imponat quam veram agnoscunt religionem abnegandi. Ast si obedire non est licitum, quare alteri me cogendi jus tribuitur, nisi ut via sternatur plus justo imperiosis Principibus ad cives vel in necessitatem peccandi conjiciendos vel malis innoxios affligendos? Nam istis violentis fidei, vel potius hypocriseos et superstitionis propagatoribus, et armatis missionariis non sufficit, ut cives dissentientes taceant; neque his semper fugae facultas est, quanquam et id ipsum miserum sit penatibus suis expelli: sed profitenda publice sunt tanquam vera, à quibus sententia animi abhorret, et quae vel idololatriam, vel superstitionem, vel fabulas sapiunt, vel ab aeruscatoribus ad aucupandas pecunias inventa in aprico est.

Ac ipse Hutinus paulo post pronunciat: ‹223› *De articulo fidei salutaris si facta definitio sit, adquiescere ei nemo tuto potest, nisi qui ipse privato suo judicio legi divinae congruentem probaverit. Sin dissentientem, adquiescere in ea non debet, ne propriam ipse, quo indignius nihil homine Christiano, fidem suam inficietur.* Atqui si indignum est homine Christiano fidem fuam inficiari, h. e. *privata fide et conscientia contentum esse,* tacitum *apud se quid velit sentire, linguae suae non indulgere, actiones externas refrenare,* (quod paulo ante dissentientibus manifesta contradictione suaserat) cur Principi talis potestas attribuitur, per quam homini Christiano aut ista indignitas, aut gravissima mala sint subeunda? Quam quidem potestatem, quantum mihi constat, primus commentus est Thomas Hobbes, pessimus sententiarum Theologicarum autor, sed quam recoquere, ac tanto adparatu tueri nemini hactenus sat impudentiae fuit, praeterquam Adriano Hutino. Id quod eo magis mirandum ab homine, qui in ea Republica vivit, à cujus rationibus ‹224› ejusmodi doctrina quam maxime abhorret; ac ubi adulationis suae nullum praemium expectare poterat. Neque enim Ordinibus Provinciarum Unitarum unquam in mentem veniet ejusmodi sibi potestatem arrogare. Sicuti nec Principum ullus puto tantopere ineptiet, ut Ministri Ecclesiae, aut sacerdotis functionem publicam obire velit: quod jus nescio quo fine tam solicite Principibus Noster vindicat. Nisi forte apud adolescentes admirationem sibi pollicetur, si multa à sensu communi abhorrentia istis propinare norit. Ista in praesens ad Hutinum annotasse sufficiat.

CHRISTIANI THOMASII,

Königl. Preuß. Geheimden Raths,

Vollständige Erläuterung

Der

Kirchen=Rechts=Gelahrtheit,

Oder

Gründliche Abhandlung

Vom

Verhältniß der Religion gegen den Staat,

Ueber

SAMUELIS PUFFENDORFFII Tract.

de Habitu Religionis Christianæ ad vitam civilem.

Um des gründlichen und scharffsinnigen Vortrags willen aus einem accuraten MSt. mit einer Uebersetzung des Puffendorffischen Textes mitgetheilet

Von

A. R. J. B.

Erster Theil.

Zweyte Auflage, mit einem vollständigen Register vermehret.

Franckfurth und Leipzig, 1740.

Vom Verhältniß der Religion gegen den Staat

Wichtigkeit dieser Abhandlung.

‹11› Unter denen alten Streitfragen in der Christenheit ist eine der wichtigsten von der Eigenschaft der Kirche, ihrem Ansehen und Gewalt, und welches die wahre Kirche sey. Die Päbstler schützen sich in der That am meisten damit wieder die Protestanten, daß sie ihre Anhänger die wahre Kirche, die andere alle aber Neulinge und Aufrührer nennen. Auf solche Art meinen sie schon gewonnen zu haben, und es brauche keines mühsamen Beweises besonderer Glaubenspuncte: Dann was die Protestanten aus heiliger Schrift ihnen vorhalten, sey schon deßfalls verwerflich, daß es nicht mit der Kirchen Auslegung und Sage übereinkommt. Solcher gestalt werfen sie sich in ihrer eignen Sache zu gleicher Zeit zu Richtern und ‹12› Zeugen auf. Allein die Ruhe der Christenheit und des Staats erfordert, genau zu erklären, wie weit die angemaßte geistliche Gewalt der Pfaffen gehe, und wie groß das Recht der Fürsten in geistlichen Dingen sey. Wird dieses alles nicht wohl aus einander gesetzt, so müssen abscheuliche Misbräuche, Unruhen und Unterdrückungen in der Kirche und Staat entstehen.

Ich habe mir hauptsächlich darum Mühe hierinne gegeben, weil diese reine Lehre besonders zu unsern Zeiten, da die Papisten alle Kräfte anstrengen, die Ketzer auszurotten, grossen Nutzen hat. So gar die größten Monarchen der Christenheit lassen die Art mit Gründen zu streiten fahren, und zwingen ihre unglückselige Unterthanen mit dem Schwert in der Faust zu einem wiedrigen Gottesdienst. Damit nun unsere Fragen nicht auf einem schlüpferigen Grunde und veränderlichem Geschwätz, sondern auf ihren ächten Gründen beruhen, so müssen wir aus dem ersten Ursprung erörtern, der Religion so wohl überhaupt, als insbesondere der Christlichen, Absichten und Verhältniß gegen die bürgerliche Gesellschaft. Setzen wir solchem zum ‹13› Grunde, und forschen in heiliger Schrift, in was vor einer Gestalt und Absicht Christus seine Lehren vorgetragen hat, so können wir leicht ersehen, ob die Pfaffenherrschaft von GOtt sey; oder ob Fürsten und Herren in Christlichen Religionsgeschäfften ihre Gewalt brauchen und mit dem Schwert drein schlagen dörfen.

§. 1. Zustand der Religion vor Erbauung der Städte.

‹17› Daß ein höchstes Wesen sey, welches sowohl das Weltgebäude, als den Menschen erschaffen hat, und von vernünftigen Menschen erkant und verehret werden müsse, gehöret unter die Wahrheiten, welche man weder einem Christen noch klugen Weltweisen erweisen darf, ja deren Beweis dem Leser nur beschwerlich seyn würde, indem kein Vernünftiger daran zweifelt. Gedachte Verehrung GOttes, wodurch wir unsere Pflicht gegen GOtt an den Tag legen, fliesset aus zwoen Quellen. Theils sehe ich durch die gesunde Vernunft, wer GOtt sey, und wie ich ihn ehren müsse: ‹18› Theils offenbaret GOtt auf eine sonderliche Art, wie der Gottesdienst, in so weit wir ihn durch die Vernunft allein nicht erkennen, seyn müsse. Mit beyden werden wir zu thun haben, und nicht so wohl die Stücke eines ieden, sondern beyder Verhältnis gegen den Staat zeigen.

§. 2. Ein ieder Mensch muß für sich GOtt dienen.

‹19› Beyderley Gottesdienst hat diß zuerst gemein, daß ihn ieder Mensch seiner Pflicht nach selbst verrichten muß, und es nicht einem andern auftragen kan, damit er selbst feyere; ich meine also, daß ein ander den Gottesdienst für ihn verrichte, und er selbst, ohne Hand anzulegen, das Heil und den Segen erlange: Denn dieses ist eine Schuldigkeit, die einem ieden vernünftigen Geschöpfe GOttes eigen ist. Die Leibes- und Seelensorge sind eben darin unterschieden, daß ich die Sorge für den Leib einem andern überlassen kan, der mir dafür stehen muß. Gleichwie, wenn ich über Meer fahre, so vertraue ich mich dem Schiffer, der mich ohne meine Sorge und Mühe in den bestimmten Hafen bringen muß. Hergegen die Seelensorge, welche in Ausübung der wahren Religion bestehet, kan ich keinem andern also auflegen, daß er alles, und ich nichts für GOTT zu verantworten hätte, sondern frey ausgienge. Ein ieder wird von sich selbst GOtt Rechenschaft geben, ‹20› Röm. XIV. 10. Und vergebens wünschet Paulus, von Christo verflucht zu seyn um seine Brüder nach dem Fleisch. Besiehe Ps. XLIX. 8. 9. Derjenige, der wieder seine Pflicht die Sorge für des andern Seele lässet, wird verdammet; aber auch der wird verdammet werden, der einem andern die Sorge seiner Seele also anvertrauet, daß er selbst daran nicht gedacht hat. Ezech. XXXIII. 7. 8. Es heißt, ein Gerechter lebe seines Glaubens, Habac. II. 4. und platterdings ist der Ausspruch: Wer nicht glaubet, soll verdammt werden, ohne Unterscheid, er sey verführet oder nicht, oder habe aus menschlichen Absichten dem wahren Glauben entsaget.

§. 3. Wie dieser Gottesdienst in der natürlichen Freyheit beschaffen sey.

‹24› Hieraus, und weil die Religion auf GOtt ihr Absehen hat, erhellet, daß zu Ausübung derselben keine Vereinigung mehrerer nötig sey; auch niemand dadurch seliger werde, wenn mehrere mit ihm in der Religion eins seyn. Wir sehen auch daraus, daß die ersten Menschen, so wenig auch ihrer waren, dennoch GOtt recht haben dienen können, und daß, wenn einer oder mehrere in der Einsamkeit seyn, sie dennoch GOtt dienen können, ohngeachtet sie sich nicht versammlen. GOTT, als ein Herzenskenner, sieht gleich beym ersten Anblick, wer ihm wohlgefällig diene. Der Gottesdienst, den ich nicht verrichte, ob er gleich nicht meinen Kräften, sondern der Hülfe GOttes zuzuschreiben ist, ist nicht mein. Gleichwie ich in der natürlichen Freyheit niemand unterworfen bin, so kan mich da niemand zur Religion zwingen, die ich freywillig angenommen habe, nachdem meine Vernunft oder ‹25› Göttliche Offenbarung solches zeiget, indem sie sich auf GOtt beziehet, und die GOtt schuldige Ehrfurcht bloß dazu verbindet. In eben demselben Zustande kan sich ein ieder die äusserlichen Stücke der Religion nach seiner Einsicht setzen: Also, daß wer in der natürlichen Freyheit sich befindet, GOtt allein seines Glaubens Rechenschaft geben muß, und mich niemand zwingen kan, vielmehr nach seinem als meinem Urtheil GOtt zu dienen. Will mich aber iemand auf seine Seite bringen, so muß er mir durch gültige Vernunftschlüsse seine Wahrheiten und meine Irrthümer zeigen. Es ist auch noch ein andrer Grund, warum niemand in diesem Zustande kan zur Religion gezwungen werden; weil die wahre Erkäntniß nur aus überführenden Gründen entstehet, und weiter auf die Verehrung GOttes gehet. Ferner die unbegreiflichen Geheimnisse Christlicher Religion zu glauben bewegt uns die Gnade GOttes, und keine Zwangmittel. Ich kan wohl gezwungen werden einen Ton ohne Einstimmung des Gemüths von mir zu geben, auf ge‹26›wisse Art mich zu geberden, meine Gedancken zu verhelen, anders zu reden und zu dencken; aber nicht zu glauben. Man muß von gantzem Herzen glauben, Apost. Gesch. VIII. 37. Was aber, ein Übel zu meiden, oder um zeitlichen Gewinstes willen geschicht, das geschicht nicht von gantzem Herzen. Der Glaube kommt aus der Predigt, das Predigen aber durch das Wort GOttes, Röm. X. 17. Dieses Wort aber dringt GOtt niemanden auf, sondern bringt es uns lieblich und angenehm bey, 2. Cor V. 20. Wir sind Botschafter an Christus statt, denn GOtt flehet durch uns: So bitten wir nun an Christus statt, versöhnet euch mit GOtt.

§. 4. Wie weit denen Eltern obliege für ihrer Kinder Religion zu sorgen.

‹30› Gleichwie es nun nichts seltenes, daß die einem obliegende Pflicht auch bey dem andern eine Verbindlichkeit macht; So gehet es auch mit der Religion, daß der den andern unterrichtet, ihn auch von der Gottheit unterrichten muß, damit er ein Verlangen bekomme GOtt zu dienen. Diese Sorge liegt natürlicher Weise denen Eltern in Ansehung ihrer Kinder ob; indem der größte Theil väterlicher Pflicht darin bestehet, daß er seine Kinder von denen Göttlichen Dingen unterweise, und sie zur Gottesfurcht anhalte. Es würde viel zu spät seyn, wenn man die Kinder dem natürlichen Trieb überließ, bis sie durch eigenes Nachdencken auf die Pflicht gegen GOtt geriethen. Noch weniger würde rathsam seyn, wenn man sie auf Offenbarungen warten, und die vorhandene wahre Lehre von GOtt sie hintan setzen liesse. Ja die Kinder werden so wild und rüde, daß sie gar nicht zu bessern seyn, wenn man sie nicht von Kindheit an zum Gottesdienst ‹31› angewöhnet. Doch darf dieser Theil väterlicher Pflicht nicht anders ausgeübet werden, als die eigentliche Art eine Religion fortzupflantzen leidet, nemlich nicht mit Gewalt, sondern durch Lehren, Vermahnen, Flehen und Verkündigung des Göttlichen Zorns. Eben deßwegen ist ursprünglich das Priesterthum mit der Hausvaterschaft verbunden gewesen. Also wird uns Abraham als ein guter Hausvater vorgestellet, weil er seine Kinder zur Gottesfurcht gehalten hat, 1. B. Mos. XVIII. 19. die Beschneidung verrichtet, 1. B. Mos. XVII. 20. und 2. B. Mosis VI. 7. XI. 19. Ephes. VI. 4. Also rottet Jacob 1. B. Mos. XXXV. 2. 3. 4. aus seinem Hause die Götzen aus, nicht durch Gewalt, sondern als er seinen Hausleuten den wahren GOtt, den er und seine Eltern verehret hatten, treulich lehrete, so gaben sie ihre Götzen freywillig hin. Jedoch höret dieses Stück mit der übrigen väterlichen Pflicht in so weit auf, wenn die Söhne aus ihrer Väter Hause ausgehen, und eigene Herren werden, daß der Sohn, so seine Familie nunmehro hat, eben so, wie sein Vater, dem Gottesdienst vorstehen muß. Hat auch der Vater deßfalls ewas erinnert, so gilt es als ein letzter Wille, der eigentlich nicht um der väterlichen Gewalt willen, sondern der Sachen Beschaffenheit, oder Ehrfurcht des väterlichen Andenckens gilt, und nur von boshaftigen Kindern hintan gesetzet wird.

§. 5. Daß man die Städte nicht um der Religion willen angelegt habe.

‹37› Aus dem obgesagten erhellet, daß die Städte nicht um der Religion willen angeleget seyn; oder daß die Menschen nicht deßwegen in bürgerliche Gesellschaften sich begeben haben, daß sie entweder eine Religion erfänden, oder ihr oblägen. Denn da der Gottesdienst eben so bequem von wenigen Menschen als vielen, einen kleinen Hauffen als grossen verrichtet werden kan, so war es nicht nöthig, deßwegen grosse und weitläuffige Gesellschaften zu stiften. Die Religion ist etliche hundert Jahr unter denen Menschen gewesen, ehe eine Nothwendigkeit sie zu dergleichen mühsamen und subtilen Erfindungen trieb. Besonders da das einreissende Unrecht, welches die Menschen zu denen ersten bürgerlichen Gesellschaften brachte, nicht darauf gieng, daß die Leute von GOtt abwendig gemacht würden, sondern daß sie ihr Leben, Freyheit und Güter einbüsseten. Es thut auch nichts zur Frömmigkeit, wann man unter vielen lebet, da ein ieder für sich GOtt dienen muß, und niemand fromm ist, weil er mit Frommen umgehet. Die Hausväter, welche vor den Städten lebten, werden eben so sehr wegen ihrer Frömmigkeit gerühmt, als die, so hernach in denen Städten gewohnet haben. Hieraus erhellet auch, ‹38› daß die Religion keine sinnreiche Erfindung dererjenigen sey, die die Städte gebauet haben, indem sie älter als die Städte, und mit denen Menschen zugleich entstanden ist; auch sind die Städte lange hernach aus triftigen Ursachen angelegt. Obgleich nicht zuleugnen, daß nachhero einige die Religion zu bürgerlichen Absichten gemisbrauchet haben. Wir sehen auch hieraus, daß die Religion nicht unter bürgerlicher Herrschaft stehe, als wenn es ein Werckzeug wäre, wodurch die Menschen recht könten regieret werden. Daher kan nicht im andern Verstande gesagt werden, daß die Religion ein Band der bürgerlichen Gesellschaft sey, als weil sie, wenn man die Heucheley ausschließt, die Gemüther der Menschen zwinget, die Bündnisse zu halten, als worauf die Städte beruhen, und weil die Furcht für Menschen bey der Gottesfurcht leicht wegfället.

§. 6. Daß die Unterthanen in Religionssachen sich ihren Obern nicht unterworfen haben.

‹44› Da nun um der Religion willen die Städte nicht angelegt seyn; so folgt, daß die Hausväter bey Aufgebung ihrer natürlichen Freyheit und Erwehlung des Bürgerstandes ihren Willen nicht nothwendig auch in Religionssachen der Obrigkeit unterworfen haben, wie ihre Macht und Güter, den wahren Endzweck der Städte, die bürgerliche Ruhe, zu erlangen. Es liegt auch nicht die Religion um dieser Ruhe willen denen Menschen ob; ihr Gebrauch thut nichts dazu. Die Religion ist von einem viel höhern Ursprung, als die weltliche Obrigkeit, sie verbindet die Men‹45›schen stärcker als diese, und leidet keine Aenderung, als die bürgerliche Herrschaft. Dahero wäre es ungereimt und umsonst, wenn ein künftiger Bürger sich der Obrigkeit also unterwürfe: Ich will dir auch darin zu Willen seyn, daß ich nach deinem Bedüncken GOtt lieben, ehren und vertrauen, oder dir mehr als ihm glauben, oder nach deinem Willen die Liebe, Furcht und Gehorsam gegen GOTT unterlassen, oder auf deinen Befehl solche Zeichen brauchen will, die mit der Natur GOttes streiten. Hier heists, wie die Apostel sagten: Man muß GOtt mehr gehorchen als denen Menschen. Wenn auch die Beherrscher im Herrschen so weit gehen, so überschreiten sie ohne Zweifel ihre Grentzen; thun sie auch deßfalls denen Unterthanen Gewalt an, so ist das eine Handlung einer höchst ungerechten, feindseligen und tyrannischen Herrschaft. Diese Wahrheit hat GOTT selbst durch ansehnliche Wunder bestättiget. Dan. VI. gab Darius auf Anstiften der Landfürsten, die den Daniel zu stürtzen suchten, das abgeschmackte Gesetz: Niemand solte in drey Tagen von irgend einem ‹46› GOtt etwas bitten. Was that es dem Könige, was einer zu GOTT bäte, besonders heimlich, indem GOtt das thörichte Bitten nicht erhöret? Bat aber iemand öffentlich in Gegenwart anderer z. E. also: GOtt verderbe den König! den konte man mit Recht strafen. Daher betete Daniel gantz recht, nach seiner Gewohnheit zu GOtt, ohngeachtet des dummen und verfluchten Gebots. GOtt errettete ihn auch deßwegen durch ein offenbares Wunder von denen Löwen, und erhielt seine drey Gesellen wunderbarlich im Feuer, als sie wieder Königlichen Befehl das güldene Bild nicht ehreten, Dan. III. Ich glaube sonst, daß

Nebucadnezar das Bild nicht für GOtt ausgegeben habe, so daß die Verehrung bloß das gekünstelte Gold angienge; sondern damit dieses Zeichen die Gemüther zu GOtt ermunterte. Gewiß Jeroboam war nicht so einfältig, daß er sich oder dem Volck eingebildet hätte, die von ihm gemachte güldene Kälber wären der GOtt, der sie aus Egypten geführet hätte. Er setzte sie nur zum Sinnbild, vor welchem sie GOTT öffentlich verehreten, und vor dem sie gedemüthiget zu GOtt dem Erlöser Israels die Gemüther ‹47› erhüben. Also fiel er eigentlich nicht von GOTT ab, sondern er ordnete als Fürst, aus Staatsursachen ein äusserliches Sinnbild. Bes. JOSEPH, Archæol. Lib. VIII. c. 3. Und dennoch ist er deßwegen mit seinem gantzen Geschlecht ausgerottet, das Volck aber, so ihm gefolget war, aus seinem Göttlichen Erbtheil, ohne an die Wiederkehr zu gedencken, verjagt worden, 2. B. der Könige XIX. 17. 18.

§. 7. Was denen Obrigkeiten aus der Natur des gemeinen Wesens für Macht in Kirchensachen zustehe?

‹48› Darum aber muß niemand meinen, als wenn denen Fürsten gar keine Macht oder Sorge in geistlichen Dingen, vermöge ihres Amtes, von welchem sie allgemeine und des Vaterlandes Väter genennet werden, zustünde. Denn gleichwie obbesagter massen eine der wichtigsten väterlichen Pflichten ist, die Kinder zur Gottseligkeit zu gewöhnen; also müssen auch die Fürsten für die allgemeine Zucht sorgen, deren vornehmster Theil ist, daß die Unterthanen ‹49› GOtt fürchten. Denn die Gottesfurcht ist der Grund der Redlichkeit und Tugenden gegen andere. Dem Fürsten ist an dieser Erhaltung im Lande gelegen. Die Religion befestiget das Band der Fürsten und Unterthanen, weil GOtt wahrhaftig ist, nemlich, er will, daß Treu und Glauben unter denen Menschen sey. Also muß ein Fürst nicht nur dahin sehen, daß die Unterthanen der natürlichen Religion recht nachhangen; sondern auch bey Strafe verbieten, daß sie nicht gäntzlich, oder ihre Hauptstücke über den Haufen geworfen werden. Denn die innerlichen Handlungen, in so weit sie nicht in äusserliche ausbrechen, sind frey von menschlicher Strafe, und die Handlungen, so in innerlicher Gemüthsbewegung durch den innern Trieb seyn, leiden keinen äußerlichen Zwang. Von jener Art ist, wenn man öffentlich einen GOtt und göttliche Fürsehung leugnet, mehrere Götter lehret, Götzen oder Geschöpfe als GOtt lehret, GOtt lästert, die Teufel anbetet, und mit ihnen sich verbindet, u.d.g. Was hergegen die äusserlichen Gebräuche, in welche die Menschen gar frühzeitig die Religion eingebildet haben, anlanget, so ist es wohl gut und eine Zierde, wenn sie in einem Reiche eins seyn; aber die Fürsten gehen sie eben nicht an, weil ihre Unterschiedlichkeit die Religion nicht aufhebet, oder die Gemüther der ‹50› Unterthanen zum Streit und Unruhe erreget. Es lieget dem Fürsten eben so wenig daran, wenn die Unterthanen mancherley Gebräuche im Gottesdienst ohne Beeinträchtigung anderer verrichten, als wenn sie unterschiedliche Meinungen in natürlichen Dingen haben. Jedoch bleibet es wahr, daß ein Fürst diejenigen im Zaum halten kan, die unter dem Deckmantel der Religion gefährliche Rottirungen und heimliche Laster begehen, wenn gleich die Religion den Namen hergeben muß; denn die Religion verursacht keine Verbrechen, und kan sie also auch nicht entschuldigen, oder unterhalten. Also hub der Römische Rath mit Recht die schändliche Bachanalien auf beym Livio Lib. XXXIX. C. 9. 10. Die Fürsten, so diese Grentzen überschritten, und ihre Unterthanen zu ihrem erfundenen Gottesdienst gezwungen haben, sind in ihrer verlangten Herrschaft zu weit gegangen. Auch diejenige Fürsten haben wieder ihre Pflicht gehandelt, die anderer Gottesdienst bloß deßwegen verfolget haben, weil sie es mit ihnen nicht hielten. Plinius, so guthertzig er sonst war, verfuhr deßwegen sehr übel in Bithynien gegen die Christen. In seinem X. B. 97. Briefe gestehet er anfänglich, niemals bey dem Gericht der Christen gewesen zu seyn, und wisse er also nicht, warum und in wieweit sie verhört und gestrafet zu werden pflegten; und doch fügt er ‹51› hinzu: Ich habe sie etliche mal verhört, ob sie Christen wären? Die darauf beharreten, ließ ich einstecken. Ich zweifelte auch nicht, daß an ihnen die Hartnäckigkeit müsse bestraft werden, sie möchten auch aussagen was sie wollten.

§. 8. Beschaffenheit der geoffenbarten Religion.

‹74› Wiewohl die Menschen so geartet seyn, daß sie den höhern Endzweck, wozu sie GOTT bestimmet hat, mit der natürlichen Religion nicht erreichen; darum hat auch der grosse GOtt nach seiner Güte denen Menschen einen besondern Weg gebahnet, auf welchem sie mit ihm versühnet wurden, und in seiner Furcht wandelten. Nun wird kein Vernünftiger zweifeln, daß dasjenige, was GOtt von der Religion und seinem Dienst durch eine höhere Art als das Licht der Vernunft geoffenbaret hat, von denen Menschen ehrerbietig anzunehmen, und durch schleunigen Gehorsam zu erfüllen sey. Hieher gehöret die wichtige Lehre von der Reinigung des Menschen von der Erbsünde, und Heilung des daher entstandenen Übels durch unsern Heiland. Ich glaube, daß vom Anfang der Welt die blutigen Opfer auf GOttes Eingeben das Vorbild davon gewesen seyn; sonst scheinet es wieder die Vernunft zu seyn, ein Geschöpf, das Sinnen hat und mit grossem Schmertzen stirbt, zur Ehre des Schöpfers hinzurichten. Denn es ist eben so, als wenn man in eine Werckstatt gieng, des Meisters Arbeit zerbräche, und fürgäbe, es geschehe zur Ehre des Meisters. Jener alte Gebrauch zu opfern, das Hauptsinnbild des Gottesdienstes, ‹75› ehe er durch den Aberglauben und Unwissenheit geschändet ward, fügte wohl etwas der Religion bey; aber er änderte doch ihre Ausübung an sich nicht. Denn ein ieder hatte in der natürlichen Freyheit das Recht zu opfern: obwohl nicht nöthig war, daß ein ieder für sich selbst opferte, indem das Opfer nur ein Zeichen war, daß die künftige Erlösung der Menschen bedeutete, und dieselben im Glauben zu ergreiffen Gelegenheit gab, also, daß ein einzig Opfer bey vielen Umstehenden einerley wircken konte. Daher ist es gekommen, daß ordentlich die Obersten der Geschlechter, oder der, den allenfalls mehrere Geschlechter dazu ersehen hatten, das Opfer verrichtete. Mit diesem Recht zu opfern war das Recht, Zeit und Ort des Opfers zu bestimmen, verknüpfet. Also, da GOtt die heilige und Geheimnißvolle Handlung der Beschneidung einsetzte, so behielt sich Abraham die Verrichtung derselben in seinem Hause vor, als Hausvater. Was wir vom Recht zu opfern gesagt haben, kan daraus erwiesen werden, daß Abel und Cain nach ihrer väterlichen Abfindung GOtt opferten. 1. B. Mos. IV. 3. 4. Und so stehet hin und wieder im 1. B. Mosis, daß die Ertzväter GOtt Altäre gebauet haben. Also legte Micha nach dem Buch der Richter am XVII. sich einen Hausgottesdienst an, weil in damaliger freyen Verfassung kein König in ‹76› Israel war, oder sonst iemand, der über dem Gesetz des Herrn hielt, deßfalls er sich des erwähnten Hausvaterrechts, obwohl böslich, bediente.

§. 9. Daß die Jüdische Religion mit dem Staat verknüpfet gewesen.

‹83› Der allweisen Fürsicht gefiel es, nicht im Anfang der Welt, als derer Menschen wenig waren, sondern in der Fülle der Zeit, als der gantze Erdkreis bewohnt, und das menschliche Geschlecht gleichsam in seinen besten Jahren war, den Heiland zu senden, damit er nicht mit der Zeit vergessen, und zu einem Mährlein würde. Es war auch nöthig, daß der Erlöser nicht auf einmal, sondern nach langem Verkündigen und Hoffen unvermuthet erschien, damit das Verlangen der Menschen wüchs, und seine Thaten, die der Weissagung gemäß waren, desto beglaubter würden.

Daß man auch die Weissagung von Christo nicht vergässe, so ließ GOTT dieselbe vom Jüdischen Volck verwahren, bey welchem er gleichsam ein Archiv seiner Weissagungen anlegte: Es waren auch die Juden, solche zu bewahren um desto eifriger, als der Erlöser aus ‹84› ihrem Geschlecht nach dem Fleisch kommen solte, zum besondern Ruhm und Vorzug desselben. Deßhalben machte GOtt mit ihnen ein besonders Bündniß, dessen Zeichen die Beschneidung war; als auch das Volck groß u. von der Egypter Herrschaft erlöset und frey ward, so gab er ihnen besondere Gesetze, wodurch er ihren Staat und Religion einrichtete, welche letzere bis auf des Meßiä Ankunft dauerte, und zwar so, daß der Staat und die Religion gleich und genau mit einander verknüpfet waren. Dahero einem besondern Stamm die Sorge für den Gottesdienst oblag, welcher, damit er nicht durch weltliche Geschäffte davon abgezogen würde, auf Göttlichen Befehl kein Land erhielt, sondern von denen Zehnden und Einkünfte anderer leben musste: in welchem Verstande auch GOtt der Leviten Erbtheil genennet wird. Auch wurde die öffentliche Feyer des Gottesdienstes also an einen Ort gebunden, daß sie anderwärts nicht recht konte gehalten werden. Endlich war der gantze Gottesdienst so beschaffen, daß er nur vom gantzen Volck, welches die völlige Herrschaft hatte, konte verrichtet werden. Solcher gestalt konten die Juden mit einem andern Volck, ohne die Religion zu ändern, nicht völlig eins werden. Da nun die Jüdische Religion mit ihrem Staat zugleich entstanden war, und zu gleicher Zeit in einem ‹85› Gesetzbuche beyde geordnet waren, so war auch die Religion in den Staat so verwickelt, daß jene ohne diesen nicht seyn konte; also, daß die Zerstörung des Tempels und des Jüdischen Staats das gewisseste Zeichen der abgeschafften Jüdischen Religion ist. In so weit aber das gantze Jüdische Volck die wahre Religion hatte, wurde es das Volck des Herrn und das heilige Volck genennet.

§. 10. Wem in der Jüdischen Republik die Gewalt in Kirchensachen zukomme?

‹96› Da nun GOtt die Jüdische Religion sammt ihren Gebräuchen durch die schärfsten Gesetze bestättigte, so hatte kein Mensch die Macht sie zu ändern, ihr was ab- oder zuzusetzen. Denen Königen Saul und Usiä bekam es sehr übel, daß sie denen Priestern ins Amt griffen, und diejenigen, so sich unterstanden einen andern Gottesdienst einzuführen, werden in der Heil. Schrift als ewig gescholten angesehen. Also hatten die Könige nicht mehr Macht in Kirchensachen, als daß sie darauf sahen, damit der Hohepriester und die übrige Geistliche das von GOtt ihnen auferlegte Amt recht verwalteten, und die Göttliche Kirchenordnungen im Schwange blieben. Jedoch war der levitische Stamm und das Geschlecht der Priester keine besondere und von der Oberherrschaft der gantzen Republik freye Gilde, sondern in der That ein ordentlicher Theil des Volcks, und dem König unterthan, welcher dieselben, verbrachen sie etwas, ihres Amts entsetzte, oder als nachläßige in ihrem Amt bestrafte. So gar der König David theilte um der Ordnung willen die Aemter unter denen Priestern und Leviten, ließ um die Sänger- und Thürhüterstellen loosen, wiewohl mit Einwilligung der Fürsten und Ael‹97›testen des Volcks und gantzen Stammes Levi. Diß war aber nicht so wohl eine Gewalt in geistlichen Dingen, als über die Personen, die von GOtt dem Gottesdienst vorgesetzet waren, damit in ihrem Amt alles ordentlich zugieng. Als statt der Stiftshütte der Tempel, das ist, statt einer zerbrechlichen alten Hütte ein festes und köstliches Gebäude solte errichtet werden, so musste GOtt erst einwilligen. Die Unterhaltung dieses Tempels, als des wichtigsten öffentlichen Gebäudes, lag keinem mehr als dem Könige ob, weil er die Unkosten und nöthigen Arbeiten veranstalten mußte. Wolte aber ein König einen fremden von GOtt verbotenen Gottesdienst einführen, so suchte er nicht durch Gewalt und Straffe, sondern durch sein Beyspiel das Volck darzu zu bringen; die sich auch also verführen liessen, strafte GOtt deßfalls samt dem

Könige, und die einen Abscheu dafür hatten, wurden deßwegen nicht ungehorsam und aufrührisch, sondern ertrugen es geduldig, als eine gemeinschaftliche Plage. Diejenigen Könige, welche die Abgötterey und den aus Übermuth ersonnenen Gottesdienst abschafften, werden in Heil. Schrift besonders darum gelobt. Nur der Fürtstliche Stand befreyte die gottlosen Könige und Urheber des Götzendienstes von denen Straffen, die GOtt auf die Verführer in der Religion gesetzt hatte.‹98› Die Jüdische Religion hat englich noch das besonders, daß, da sie mit dem Staat verknüpft und desselben Stütze war, und GOtt derselben Ausübung als eine Bedingung der Glückseligkeit des Staats der Juden und dem ruhigen Besitz des Landes, in welchem sie allein einen Staat ausmachen konten, angehänget hatte, auch bürgerliche Straffen, welche die weltliche Obrigkeit auflegte, diejenige Handlungen einschränckte, die die Jüdische Religion sonst hätten verderben und zu Grunde richten können. Es wird diese gantz klar, wenn man nur die Göttlichen Gesetze in denen Mosaischen Büchern nachsiehet.

§. 11. Unterscheid der Christlichen Religion von der Jüdischen.

‹101› Von jener Jüdischen Religion ist die Christliche sehr unterschieden, nicht allein darin, daß diese den in die Welt bereits gekommenen Erlöser erkannte, und also die Opfer und Gebräuche, so ihn bedeuteten, abschaffte; sondern auch weil sie von GOtt so eingerichtet ist, daß alle Völcker zu derselben treten können und müssen, und sie also in der That eine allgemeine Religion ist; da hergegen die Jüdische, indem sie mit dem Jüdischen Staat verknüpfet war, eigentlich für die Jüden war, und nicht litte, daß andere Völcker zu ihr übergiengen. Der Christen Gottesdienst ist an keinem Tempel oder Ort gebunden, sondern ‹102› man kan überall heilige Hände zu GOtt aufheben, I Tim. II. 8. Nun brauchen wir keiner Opfer mehr, sondern die Opfer, die GOtt gefallen, können nicht geschätzet werden. Auch ist des öffentlichen Gottesdienstes Verrichtung an keine Nation oder Geschlecht gebunden; sondern überhaupt heissen alle Christen Priester in dem HErrn; die geistlichen Aemter können alle verwalten, welche dazu geschickt seyn: Nur daß der Apostel denen Weibern das öffentliche Lehren untersagt, I Tim. II. 12. Auch sind sich alle Völcker in Besitz dieser Religion gleich, und kan kein Volck darin sich ein Vorrecht zueignen, sondern Christus ist einem Volck so eigen als dem andern. Hie ist kein Jüde noch Grieche, hie ist kein Knecht noch Freyer, hie ist kein Mann noch Weib, denn ihr seyd allzumal einer in Christo JEsu, Gal. III. 28. Da ist nicht Grieche, Jüde, Beschneidung, Vorhaut, Ungrieche, Seythe, Knecht, Freyer, sondern alle und in allen Christus, Col. III. 11. und I Tim II. 14. Übrigens, gleichwie die Christliche Religion nicht ‹103› mit einem Staat, der mit ihr entstanden wäre, wie die Jüdische verknupft war, sondern zu der Zeit, als die Welt schon voller Städte war, entstand; so müssen wir nun sehen, ob durch dieselbe eine Aenderung im Staat eingeführet, oder selbst als ein besonderer freyer Staat entstanden sey? Oder, welches einerley ist, ob die Kirche ein Staat sey, der von dem weltlichen Staat unterschieden, und in einer Menschen zustehenden Herrschaft bestehe? Wir verstehen aber unter dem Wort Staat eine Vereinigung mehrerer Menschen, welche eine menschliche eigne und freye Herrschaft begreifft.

§. 12. Von Mosis Amt, und dessen Einrichtung des Jüdischen Staats.

‹105› Damit wir die Sache desto genauer erörtern, wird zu unserm Zweck dienlich seyn von Anfang zu betrachten, wie Moses, der Stifter der Jüdischen Religion und Staats, sich verhalten;

auch wie hergegen sich Christus, der Erlöser des menschlichen Geschlechts und Urheber der von ihm benanten Kirche, aufgeführet. Also war Mosis Vorsatz nach Göttlichem Befehl die Nachkommen der Patriarchen, mit welchen GOtt einen besondern Bund gemacht hatte, von der Egyptischen Dienstbarkeit zu befreyen, und in das längst gelobte Land Canaan zu führen, auch den neuerrichteten Staat mit geist- und weltlichen Gesetzen zu versehen. Damit er nun bey seinen Landsleuten, über welche er sonst kein Recht zu herrschen hatte, und bey denen Egyptiern, deren Unter‹106›thanen sie bishero gewesen waren, ein Ansehen erhielt, verrichtete er solche unmenschliche Thate, welche genugsam zeigten, es sey was Göttliches hinter ihm, und er habe eine heimliche Gemeinschaft mit GOtt. Diese Wunder machten ein Schrecken, und brachen die Hartnäckigkeit der Wiedersacher so, daß der König in Egypten dadurch eine solche Menge Volcks verlor. Die Anzahl derer, die er aus der Dienstbarkeit risse und frey machte, war so groß, daß sie ein völliges und mächtiges Volck ausmachten; welches denn durch seine Wunder und Wohlthaten bewogen, und weil es GOttes Hand an ihm sahe, ihn gern für seinen Fürsten und Hertzog erkante. Dieser Würde stund er auch mit dem grösten Ansehen, so lange er lebte, vor, und that als ein oberster Beherrscher; er gab Gesetze, in geist- und weltlichen Dingen, und richtete den gantzen Staat des Volcks ein. Er richtete und strafte, setzte Obrigkeiten, die ihm die Sorge tragen halfen, und bestrafte diejenigen aufs schärfste, die seinem Ansehen zu nahe traten. Schatzungen brauchte er nicht, ausser welche zu Bestreitung der Unkosten des öffentlichen Gottesdienstes nöthig waren. Er wachte auch für den Schutz des Volcks, und bekriegte seine Feinde; da er sein Lebensende merckte, setzte er sich einen Nachfolger, der dem Kriegswesen vorstünde, und die Israeliten in das längst ge‹107›wünschte Land führete. Es ist also klar und offenbar, daß Moses so lange er lebte, ein rechter Fürst gewesen sey, und einen ordentlichen neuen Staat oder Republik angelegt habe.

§. 13. Von Christi Amt und dessen Stiftung der Kirchen.

‹109› Christus verhielt sich gantz anders, so, daß man gleich siehet, er habe keinen Staat errichten wollen. Er hat zwar durch Wunder sich Glauben und Ansehen erweckt, aber ohne anderer Schrecken und Schaden: so gar, daß er seine Jünger schalt, als sie ihn vermahneten, er möchte durch Feuer vom Himmel seine Verächter vertilgen, Luc. IX. 54. 55. Er zeigte sich vielmehr als GOTT durch solche Thaten, die ‹110› andern gut waren, der Menschen Gunst und Liebe gegen ihn erregeten, und seine Gottheit zeigten; denn allein GOtt kan in der Natur eine Bewegung und Veränderung ohne äusserliche Mittel hervorbringen. Er zog umher, und that wohl, und machte gesund alle, die vom Teufel überwältiget waren. Apost. Gesch. X. 38. Welches alles nicht darauf gehet, einen Staat anzulegen. Er machte sich auch Anhänger; aber wenige, ohnmächtige, arme, geringe, unansehnliche, und die also keinen äusserlichen Staat vorstellen, noch in einem andern Staat gewaltsame Bewegungen und Neuigkeiten erregen konten. Als ihn einige mal das Volck durch seine Lehre und Wunder gerühret, zum König ausruffen wollte, flohe er davon, und entwischte aus ihren Händen. Er sorgte nur seine Nachfolger zu lehren; daher hiessen sie Jünger, und sie ihn Meister. Er hat auch kein neu Gesetz, einen Staat einzurichten, gegeben; sondern das alte, alle Menschen angehende Gesetz erklärte er, und gieng auf dessen Erfüllung. Er richtete niemals: Luc, XII. 13. 14. Joh. VIII. 11. Er wollte nicht einmal Schiedsmann seyn, damit er zeigte, er sey deßwe‹111›gen nicht gekommen. Er zahlte selbst andern den Zoll, und ohngeachtet er entfliehen konte, ließ er sich doch vor Gericht führen und zum Tode verdammen. Das alles aber schickt sich für keinen Fürsten.

§. 14. Daß Christus kein eignes Volck gesammlet hat.

‹114› Es wird alles dieses deutlicher werden, wenn wir bedencken, daß Christus nichts gethan, was sonst die Staatsanleger thun. Diese müssen zuerst sorgen, daß sie sich ein eignes Volck, oder eine grosse Menge Leute, welche eine Herrschaft vereiniget, sammlen. Eine solche Menge wird entweder von einem Staat gantz genommen, wie Moses that, oder von vielen zusammen gebracht, wie von Romulo geschah. Dergleichen hat Christus nie im Sinne gehabt. Die Anzahl seiner Jünger war viel zu klein, als daß sie hätte ein Volck abgeben, und zu Errichtung eines Reichs hinlänglich seyn können. Sie waren auch ihm nicht unterthan, wie Unterthanen ihrem Fürsten, sondern gehorchten ihm als Jünger ihrem Lehrer, nicht als die ihm und seinen Worten Treue geschworen hätten, sondern als die seine Person und Lehre bewegte. Bes. Johan. VI. 66. 67. 68. Es kamen zwar oft grosse Hauffen Menschen zu ihm, aber nur sei‹115›ne Lehren zu hören, und seine Wunder zu sehen, hernach gieng ein ieder nach Hause. Er hat auch niemals im Sinn gehabt, dieselbe ihrer Obrigkeit abwendig, und sich unterthan zu machen. Als er auch sterben sollte, mussten seine redlichsten Nachfolger Schlupfwinckel suchen, und durften sich nicht einmal sehen lassen. Daher heisen keine besondere Nation, Volck oder Reich, Christen, sondern die, so der Christlichen Religion und Glauben zugethan seyn.

§. 15. Daß Christus kein eigen Land gehabt.

‹116› Wer einen Staat anlegen will, muß Land haben. Als Moses seine Landsleute in Egypten zum freyen Volck nicht machen kunte, führte er sie in die Wüste, wo keine menschliche Herrschaft war, bis sie die alten Einwohner Canaans vertilgten, und das Land einnahmen. Ehe die Israeliten dahin kamen, waren sie ein freyes Volck; ja ihre Reisen machten sie nicht einmal zu zeitigen Unterthanen, theils weil das Land, wo sie durchzogen, niemand gehörte, theils, weil sie als eine siegende Armee durch anderer Herren Land giengen, und durch ihre Waffen ihre Freyheit behaupteten. Aber Christus sagte selbst, er wäre so arm, daß er nicht einmal so viel eigen Land hätte, wo er sein Haupt hinlegen wollte. Math. VIII. 20. Er wollte auch nicht anderer Land haben, noch weniger setzte er das den Seinigen in den Kopf; sondern, so lange er lebte, war er auf fremdem Grund und Boden anderer Herrschaft unterthan.

§. 16. Christus verwaltete nicht das Amt eines Fürsten.

‹118› Wir wissen noch aus andern Zeichen, daß Christus hier auf der Welt keinen Fürsten abgegeben habe. Als die Mutter der Söhne Zebedäi für ihre Söhne Ehrenstellen im Reich Christi verlangte, verwies er ihr ihre Unwissenheit, und versicherte, seine Nachfolger würden weder Ansehen noch Gewalt haben, sondern nur Verfolgungen leiden müssen. Er befahl auch seinen Jüngern, sich nicht als Herren andern vorzuziehen. So soll es nicht unter euch seyn, sagte er, sondern ihr sollt einander ‹119› als Brüder gleich seyn, Matth. XX. 20. 2c. Damit sie, wie er, allen Stoltz ablegten, wusch er wie ein Knecht Petro die Füsse. Endlich einen neuen Staat anzulegen, muß einer lange leben, damit er alles desto besser ordne. Die Kriegsleute wollten den David dem Feinde so nahe nicht lassen, damit das Licht Israelis nicht ausgieng, dessen Verlust grösser war, als vieler tausenden. Hergegen unser Heiland gab sich willig in den Tod, da er kaum etliche Jahre sich öffentlich gezeigt hatte, ohne einen Nachfolger zu ernennen, der die Seinigen beherrschete, oder doch ein solches Ansehen über sie hätte.

§. 17. Sondern eines Lehrers.

Gleichwie nun an Christo, als er noch unter denen Menschen wandelte, nicht einem weltlichen Fürsten ähnliches gefunden ward, noch aus seinen Handlungen die allergeringste Neigung, einen neuen Staat anzulegen, hervorleuchtet: Also siehet man offenbar, daß er damals bloß die Göttlichen Lehren vorzutragen bemühet war. Und unter dieser Gestalt eines Lehrers fällt er gleich in die Augen; indem sein damit verknüpftes Amt eines Erlösers (Joh. I. 29.) nur diejenigen erkanten, die ‹120› die Weissagungen von ihm einsahen. Das Ansehen eines Lehrers zu erhalten, musste Christus Göttliche Thaten thun, und dadurch seinen Lehren Glauben erwecken; nicht nur, weil die von GOtt gesetzten Gebräuche aufgehoben wurden, sondern auch, weil seine Lehren mehrentheils über den menschlichen Verstand waren. Seine Art zu lehren war so natürlich und frey von entlehnter Zierlichkeit, daß nichts gezwungenes, nichts das ersonnen schien, darinnen zu finden war. Hier ist die natürliche und reinste Einfalt, die aber solche Kraft hat, daß alle menschliche Kunst die menschliche Gemüther zu bewegen, dagegen niederträchtig, mager und ungeschickt ist. Wir finden auch nicht, daß er ein äusserlich Mittel, den Lauf seiner Lehren zu fördern, gebraucht habe. Er zwang niemand durch menschliche Befehle oder Gewalt, sie zu erkennen und anzunehmen. Wer es fassen kan, der fasse es; Wer Ohren hat zu hören, der höre! So sprach er. Denn GOtt zieht niemand bey den Haaren in den Himmel, und bekehret nicht durch Frantzösische Dragoner; sondern lässt die Ordnung des Heils so vortragen, daß der Mensch freye Wahl hat, sein Verderben oder Heil zu suchen. Er zeigte keinen irdischen Nutzen, um die Menschen durch Fleischeslust an sich zu ziehen; vielmehr weissagt er seinen Nachfol‹121›gern Trübsal, Verfolgung und Leiden; den Lohn verspricht er ihnen im ewigen Leben, die Straffe den Verächtern seiner Lehre in der Ewigkeit. Das zeigt die innerliche Kraft und Tugend der Lehre Christi; denn sonst bewegt uns nur das sinnliche und gegenwärtige, an das künftige gedencken wir langsam und zweifelnd.

Auch das ist merckwürdig bey der Lehre Christi, daß er, wie Matthäus C. VII. 29. saget, gewaltig lehrete, nicht wie die Schriftgelehrten, er sahe nicht an das Ansehen und Vorgeben der alten Lehrer, oder erklärete nur bloß das Gesetz; sondern als der Macht zu sagen hatte, und als ein Gesetzgeber predigte er; als wenn er spräche: So will ich es haben! Niemand durfte wiedersprechen. Dadurch verknüpfte Christus das Amt eines Lehrers mit der Königlichen Gewalt, daß er die stattlichsten Belohnungen denen, die ihm glaubten, und die ewige Qual denen Ungläubigen bestimmte. Wer nicht glaubt, ist schon verdammt. Bey andern Wahrheiten geht das nicht an, darinne kan man ohngestraft unwissend seyn. Hieher ge‹122›hört besonders Johannis am VIII. 37. Die Juden verfolgten Christum, weil sie seine Lehre hasseten, und ihn nicht für den Meßiam erkennen wollten. Damit sie ihn nun nicht selbst richten könten, weil sie sonst vielleicht einen Deckel ihrer Bosheit gefunden hätten, so war ihnen das bereits verlorne Halsgericht im Wege. Drum sagten sie, er wäre ein Rebell, und wollte König der Jüden seyn. Als nun Pilatus JEsum verhörete, so leugnete er nicht, sondern bekante ein gut Bekäntniß, I Tim. VI. 13. Sein Reich wäre nicht von dieser Welt, wo Könige und Unterthanen wären, wie in andern Reichen. Denn wäre er ein solcher Fürst gewesen, so hätte nicht ein ohnmächtiges Häuflein Jünger, sondern gantze Legionen Engel (Matth. IV. 11.) zu seinem Befehl gestanden, ihn zu schützen, damit er nicht Pilato in die Hände gerathen wäre. Als Pilatus fortfuhr, und fragte, ob er ein König wäre? so sagte er Ja, aber der Wahrheit, von welcher zu zeugen er in die Welt gekommen wäre, Joh. XVIII. 37. Als das Pilatus hörete, sahe er wohl, daß das ‹123› nicht vor sein Gericht gehörte. Was ist die Wahrheit? sprach er; als wollte er sagen: Bist du ein Lehrer und Verfechter der Wahrheit, so habe ich nichts mit dir zu thun, denn die Wahrheit steht unter keiner menschlichen Herrschaft. Denn im Römischen Reich, das aus so vielen Völckern bestund, konte ein ieder meinen was er wolte, und nach seiner Art GOtt dienen. Wir sehen diß unter andern Apost. Gesch. XVIII. 14. 15. XXIII. 29. XXVI. 31. 32. aus der Vertheidigung Athenagora L. I. ff. de Collegiis & Corporibus. Pilatus wollte ihn auch loslassen, aber er mußte den Unschuldigen um der wütenden Jüden willen verdammen. Nach diesem Bekäntniß wolte Christus Pilato nicht weiter antworten, weil derselbe diese Wahrheit zu erkenen nicht begierig war. Es ist also das Reich Christi ein Reich der Wahrheit, wo er durch die Wahrheit die Gemüther der Menschen unter seinen Gehorsam bringet. Deren Tugend ist, daß sie solcher Künste und Mittel, durch welche die weltliche Obrigkeit ihre Unterthanen gehorsam ‹124› macht, nicht gebraucht. Also war zu Ausbreitung und Erhaltung dieser Lehre kein weltlicher Staat nöthig, so wenig als zu den andern philosophischen Wahrheiten. Denn die Art der Wahrheit ist, daß sie durch eine innerliche Kraft in die Gemüther der Menschen sich ergeußt, wenn sie nur recht vorgetragen, und ihr Nutzen gezeigt wird. Der Wahrheit, die Christus lehrete, stund noch eine besondere Göttliche Kraft und Gnade bey, die die Gemüther, sie anzunehmen, zubereitete, so sehr sie sonst über den menschlichen Verstand war.

§. 18. Daß die Apostel die schriftliche Lehre fortgepflanzet.

‹136› In diesem Reich der Wahrheit hat Christus, als er aus der menschlichen Gesellschaft schied, die Apostel zu seinen Nachfolgern ernennet; iedoch nicht mit gleicher Macht, nicht als Könige, sondern als Diener und Prediger seines Worts. Gleichwie mich der Vater gesandt hat, also sende ich euch auch. Joh. XX. 21. Wie sandte aber der Vater Christum? Wie geschrieben steht Jesaiä LXI. 1. und Luca IV. 18. zu verkündi‹137›gen das Evangelium denen Armen, zu heilen die zerstossenen Hertzen, zu predigen denen Gefangenen, daß sie los seyn sollen. Doch so, daß die Würde eines Königs der Wahrheit bloß bey Christo blieb. Ihr solt euch nicht lassen Meister nennen, denn einer ist euer Meister Christus, Matthäi XXIII. 10. Da sie gesandt waren denen Völckern zu predigen, alles zu halten, was Christus ihnen anbefohlen hatte. Paulus nennt Ap. Gesch. XX. 24. sein Amt, einen Dienst, den er empfangen habe von dem HErrn Jesu, zu bezeugen das Evangelium von der Gnade GOttes. Daher war die höchste Würde unter ihnen eines Apostels, Ephes. IV. II. welches Wort einen Boten eines andern bedeutet. Also, daß sie nicht Befehlsweise und aus eigner Macht lehreten, sondern wie sie es von Christo empfangen hatten. Als sie auch der Tod Christi bestürzt und kleinmüthig gemacht hatte, so kam der Heilige Geist über sie, und stärckte sie, daß sie ohngeachtet der Gefahr, die sie daraus zu gewarten hatten, trotz denen Juden, die Lehre des HErrn ausbreiteten. Gleichwie aber eine Lehre auszubreiten die Vielheit der Sprachen hindert, (Besiehe I Cor. XIV. 9.) so begabte sie der Geist des HErrn am Pfingstfest mit mancherley Zungen, damit dadurch die unterschiedlichen Völker zu einem Glauben gebracht würden; da doch sonst ‹138› unter die Künste der Beherrscher gehört, es dahin bringen, daß alle Unterthanen eine Sprache haben. Der Heilige Geist kam über sie in Gestalt feuriger Zungen, anzudeuten, ihr Amt müsse durch Lehren und Predigen von ihnen verrichtet werden. Ja es ist besonders, daß unter denen Völckern, deren Sprachen die Apostel redeten, Apost. Gesch. II. auch Parther mit gezehlet werden, welche doch damals mit denen Römern in der größten Feindschaft stunden, wie die Türcken und Teutsche sonst. Dennoch stund dieser tödliche Haß, der sie in einen Staat zu bringen unmöglich litte, ihnen nicht im Wege, mit ihnen umzugehen, sie zu einem Glauben und also unter ein Reich der Wahrheit zu bringen.

§. 19. Daß sie von ihrem Lehramte von Gott beruffen worden, und selbiges unter keiner weltlichen Botmäßigkeit gestanden.

‹140› Die Apostel hatten in der That bey ihrem Lehramte mehr Macht, als die, so menschliche Wissenschaften lehren, als die nicht ohne des Fürsten Willen lehren, auch schweigen, wenn er es so haben will. Mit den Aposteln war es anders, die hatten die Macht zu lehren von Christo, un waren also frey von weltlicher Botmäßigkeit, daß sie nicht nöthig hatten auf Befehl der Obrigkeit zu schweigen oder anders zu lehren; und wenn sie die obrigkeitlichen Befehle nicht achteten, so begiengen sie kein Majestäts-Verbrechen. Daher sagte Christus bey Einsetzung der Apostel Matth. XXVIII. 18. Mir ist gegeben alle Gewalt im Himmel und auf Erden. Durch diese Gewalt ist keine menschliche zu verstehen, sondern eine Macht die Leute zu bekehren, und dahin alles einzurichten; wir sehen dieses aus Joh. ‹141› XVII. 2. 3. Gleichwie du ihm Macht hast gegeben über alles Fleisch, auf daß er das ewige Leben gebe, allen die du ihm gegeben hast. Das ist aber das ewige Leben, (oder das Mittel, dasselbige zu erlangen,) daß sie dich, daß du allein wahrer GOtt bist, und den du gesandt hast, Jesum Christum erkennen. Und Luc. X. 16. Wer euch höret, der höret mich, und wer euch verachtet, der verachtet mich, wer aber mich verachtet, der verachtet den, der mich gesandt hat. Also konte kein menschlicher Befehl die Apostel abhalten nicht in alle Welt zu gehen und zu lehren alle Völcker, die Gläubigen zu taufen oder Christo huldigen zu lassen. Ap. Gesch. IV. 19. V. 29. Damit ihnen auch geglaubet würde, hatten sie die Gabe Wunder zu thun. Die brauchen wir nun nicht mehr, da diese Lehre bereits ausgebreitet und von den meisten angenommen ist. Gleichwie z. E. Fürsten ihre Befehle bey Trompetenschall verkündigen lassen, welcher nicht wiederholet wird, wenn die Verkündigung einmal geschehen ist. Da sie nun solche Vollmacht hatten, so konte ihnen nicht mit Rechte vorgeworfen werden, womit die Athenienser dem Paulo schalten, Ap. Gesch. XVII. 18. Was will dieser Lotterbube sagen? auch nichts übels gethan werden, weil sie die alten Gebräuche abschafften. Mit Recht kehreten sie sich nicht an die obrigkeitlichen Befehle, die da verboten, also zu ‹142› lehren; denn man muß GOtt mehr gehorchen, als denen Menschen. Ap. Gesch. IV. 19. V. 29. Wann auch gleich die Obrigkeit sie peinigen ließ, so mussten sie doch nicht die Lehre Christi verleugnen, Matth. X. 28. 32. 33. Die Obrigkeiten nun, welche sich der Lehre Christi wiedersetzten, verletzten dadurch die Göttliche Majestät, indem sie sich dadurch an seinen Gesandten vergriffen, da doch eines Menschen Abgesandte heilig gehalten werden; ich geschweige denn, daß sie solcher gestalt nach ihrem obrigkeitlichen Amte gehandelt hätten.

§. 20. Daß die Apostel sich keiner weltlichen Gewalt angemasset.

‹155› Ausser dieser Macht das Evangelium zu predigen, auch wieder den Willen der Obrigkeit, finden wir keine Macht, Gewalt oder Herrschaft bey denen Aposteln. Zuweilen ist mit dem Lehramte ein Recht zu züchtigen verknüpft, besonders bey dem Unterricht der Kinder; aber dieses kommt von der väterlichen Gewalt, oder von denen, welchen sie dieselbe übertragen haben. Die Apostel aber mussten ‹156› denen Völckern lehren, das ist, freyen Menschen, die nicht mehr unter der Ruthe sind. Und was würden sie mit Gewalt ausrichten gegen gantze Völcker und Reiche, dazu unbewafnet, und einer oder ein paar Leute? Denn die Waffen unserer Ritterschaft sind nicht fleischlich, sagt der Apostel 2 Cor. X. 4. sondern mächtig vor GOtt zu verstören die Befestigungen, damit wir verstören die Anschläge und alle Höhe, die sich erhebet wieder das Erkäntniß GOttes, und nehmen gefangen alle Vernunft unter dem Gehorsam Christi. Diese Waffen werden noch weitläufiger 2 Cor. VI. 4. f. erzehlet, und bestehen in grosser Geduld, in Trübsalen, in

Nöthen, in Aengsten, in Schlägen, in Gefängnissen, in Aufrühren, in Arbeit, in Wachen, in Fasten, in Keuschheit, in Erkäntniß, in Langmuth, in Freundlichkeit, in dem Heiligen Geist, in ungefärbter Liebe, in dem Wort der Wahrheit, in der Kraft GOttes, durch Waffen der Gerechtigkeit. Vergl. Eph. VI. II und folgende 2 Cor. VI. 4. Eph. VI. 8. Col. I. 24. I Thess. V. 14. 15. Auch in dem Gleichniß vom Gastgebot Luc. XIV sollen die Hochzeitbitter die Gäste hereintreiben, nöthigen, nicht mit Gewalt, mit Zittern, bey denen Haaren, sondern wie sichs bey einer Einladung schickt, mit Vermahnen und Bitten, mit Lobsprüchen von dem Ansehen des Gastwirths, und Ergetzlichkeiten des Gastmahls. Also ‹157› sagt Paulus 2 Cor. V. 20. Wir seyn nun Botschafter an Christus statt, denn Gott vermahnet (bittet recht sehnlich) durch uns. So bitten wir nun (recht hertzlich) an Christus statt, versöhnet euch doch mit GOtt! Nun ist aber bekannt, daß Abgesandte nicht zu herrschen über die, an welche sie gesandt und abgeschickt werden, sondern daß sie durch Gründe und Überredungen das Ihrige thun. Das Wort weiden bedeutet im Johanne XXI. nicht herrschen, sondern mit gehörigem Futter versorgen; absonderlich, da der Heiland sagt: Weide meine Lämmer, nicht aber deine; damit er sich die Heerde nicht anmasse, sondern wisse, daß er an eben die Gesetze, als Jacob sich fürgeschrieben hatte, gebunden sey, I B. Mos. XXX. 38. 39. 40. Endlich sagt der Heiland ausdrücklich, Matth. X. 14. 23. Und wo euch iemand nicht aufnehmen wird, noch eure Rede hören, so gehet heraus von selbigem Hause oder Stadt, und schüttelt den Staub von euren Füssen, indem die Straffe am jüngsten Tage ihrer wartet. Das that auch Paulus Ap. Gesch. XIII. 51. Die Verordnungen aber, so I Cor. XIV. I Tim. II. 8. f. V. 9. stehen, kommen aus keiner obrigkeitlichen Macht oder Gewalt Gesetze zu geben, sondern vom Amt eines Lehrers, und gehören zu denen moralischen Geboten, (die nur darum verbinden, weil sie heilsam sind.)

§. 21. Daß das Lehramt keine weltliche Gewalt brauche.

‹162› Sollten aber wohl nicht die Apostel und deren dermalige Nachfolger versteckt einige Herrschaft gehabt haben, nemlich, daß sie die wichtige Lehre, woran des Menschen Seligkeit hieng, denenselben so lange entzogen, bis sie ihren Gehorsam auch in andern Dingen versprochen? Denn was wird man nicht vor einen Gehorsam schuldig seyn, damit man den Weg lerne, wo man zum Himmel gehet, und der ewigen Qual entfliehet? Besiehe I Buch Mos. XLVII. 25. I Buch der Könige XII. 27. Wiewohl es wäre gottlos nur zu glauben, daß denen Aposteln dergleichen Wucher einmal sey in den Sinn gekommen; sie gaben mit Freuden umsonst hin, was sie umsonst empfangen hatten, und verfluchten die That Simonis, der damit wucherte. Paulus sagt I Cor. IX. 16. Daß ich das Evangelium predige, darf ich mich nicht rühmen, dann ich muß es thun, und wehe mir, wenn ich das Evangelium nicht predigte. Dergleichen Marquetenterey kan auch nicht einmal statt haben. Denn gleichwie wir, was wir nicht wissen, auch nicht verlangen, also must du dem andern die Ordnung des Heils erst auslegen, wenn er darnach verlangen soll. Es war dergleichen auch ‹163› gar nicht von denen zu besorgen, die lieber ihr Leben, als ihr Göttliches Amt hintan setzten. Jetzo, da wir das Evangelium gehört haben, würde es nichts helfen, wenn auch einen gantze Clerisey sich vereinigte, nicht eher den Gottesdienst wieder zu verrichten, als bis man ihr Begehren erfüllete; denn führen sie fort so thöricht zu seyn, so könte man schon andere Leute finden, die ihr Amt verrichteten. Christus wolte nicht, daß seine Lehre allein bey denen Priestern wäre, welche solche weiter fortpflantzen solten, sondern er ließ sie in ein Buch schreiben, daß sie nicht, wie zu Rom die Sibyllinische Bücher, von einer gewissen Gemeinheit verwahret oder gesehen würde, sondern daß sie alle lesen könten. Also, daß auch andere daraus die Christliche Lehre erlernen und so weit begreiffen dürfen, als erfordert wird einen Geistlichen abzugeben. Siehe

I Corinth. XIV. 29. Die Propheten mögen reden, und andere urtheilen. Solte gar ein auswärtiger Priester sich unterstehen einem Staat den Gottesdienst zu untersagen, so wird niemand sich an diese Kühnheit kehren, er möchte denn gantz vom Aberglauben eingenommen seyn. Wir haben zu unserer Zeit das merckwürdige Exempel, da die Venetianer, ohngeachtet des päbstlichen Banns, ihre Geistlichkeit anhielten den Gottesdienst unausgesetzt zu verrichten.

§. 22. Ob das Amt der Schlüssel zum Vorwand weltlicher Gewalt diene, und worinnen es bestehe?

‹167› Es ist noch vieles dabey zu erinnern, daß der Heiland Petro und denen übrigen Aposteln die Schlüssel des Himmelreichs soll übergeben haben, also, daß alles, was sie auf Erden löseten und bänden, auch im Himmel gelöset und gebunden wäre. Matth. XVI. 19. XX. 23. Wie wichtig ist es nicht Sündern den Himmel verschliessen, oder sie aller Schuld entbunden darinnen aufnehmen können? Was hätte man nicht vor einen Gehorsam zu erwarten, wenn man einen großen Sünder, deren unter uns die größte Menge ist, bloß mit der Bedingung davon losspräche, daß er dafür Gehorsam, oder sonst ein verlangtes leistete? Wir müssen also zuerst sehen, was die verblümte Redensart Schlüssel des Himmelreichs allhier andeute, in wie vielerley Verstande sie in H. Schrift gebraucht werde? In der Offenbar. Joh. I. 18. sagt der Sohn GOttes, er habe die Schlüssel der Hölle und des Todes. Dieses verstehen einige von der Macht zu richten und zu straffen; als wenn er spräche: Ich habe Macht der Gottlosen Leiber und Seelen in die ‹168› Hölle zu stürtzen. Also zielte dieser Ort auf Matth. X. 28. Aber es kan auch bequem ausgelegt werden von der Macht vom Tode und der Höllen zu befreyen, und ihre Macht zu zerstören. Luc. XI. 52. steht: Die Schriftgelehrten hätten den Schlüssel des Erkäntnisses. Dieses legen andere aus von ihrem Amte die Weisheit zu lehren. Man könte es auch von der Heil. Schrift selbst, als der Quelle aller Erkäntniß und Weisheit, verstehen, indem sich die Schriftgelehrten auf dieselbe besonders legten. Offenbar. III. 7. heist es: Der Sohn GOttes habe den Schlüssel Davids, der aufthut und niemand zuschleußt, der zuschleußt und niemand aufthut. Bes. Offenb. IX. I. XX. I. Beym Jesaia XXII. 22. wird gesagt: Dem Sohn Hiskiä Eliakim sollen auf die Schulter geleget werden die Schlüssel des Hauses David, daß er schliesse und niemand öfne, daß er öfne und niemand schliesse. Da deuten aber die Schlüssel keine Herrschaft an, sondern einen Dienst oder Amt; dergleichen die Haushälter, wie Paulus sich und seine Gehülfen nennt, verwalten. I Cor. IV. I. Halten wir diese Sprüche gegen einander, so kan man wohl überhaupt sagen, der das Mittel einer Sache zu erlangen hat, der habe die Schlüssel derselben; in wie weit er aber sich dieses Mittels gebrauchen dürfe, muß man aus andern Umständen erkennen.

§. 23. Was das auf sich habe, Sünden vergeben?

‹171› Der Gebrauch dieses Amts der Schlüssel wird nur die Sünden zu vergeben zugelassen. Denn seynd die Sünden vergeben, und nemlich auch die übrigen Mittel des Heils damit verknüpft, so steht der Himmel offen. Bleiben aber die Sünden, und herrschen, so bleibt auch der Himmel, als worinnen keine Gottlosen wohnen dürfen, verschlossen. Da wir nun ‹172› sehen, in wie weit die Apostel Sünde vergeben können, so müssen wir erst untersuchen, was das sey, Sünde vergeben und behalten? Wer demnach sündiget, vergehet sich nicht nur wieder den Gesetzgeber, als dessen Ansehen er zu nahe tritt, sondern auch an dem, welchen er durch seine Sünde eigentlich beleidiget.

Zuweilen trift ein Verbrechen eine gantze Gesellschaft, weil oft eine Sünde alle tragen müssen. Aus diesem Verbrechen hat so wohl der beleidigte Gesetzgeber, als die gantze Gesellschaft ein Recht, vom Verbrecher deßhalb Genugthuung zu fordern. Gleichwie ein Gläubiger, wenn iemand etwas von ihm entlehnet, dadurch eine Action oder Recht es wieder zu fordern erhält. Auf solche Art werden die Sünden in H. Schrift Schulden genennet. Dieses zweyfache oder auch wohl dreyfache Recht, welches aus einem Verbrechen unterschiedenen Personen zukomt, bestehet iedes besonders, so, daß die Auslöschung des einen das andere nicht gleich aufhebt. Denn, gleichwie GOtt keinem Sünder vergiebt, er habe denn auch dem Beleidigten genug gethan, Matth. V. 23. 24. also muß er, wenn er gleich mit diesem sich gesetzt hat, von GOTT noch Vergebung erbitten; ist auch ein Verbrechen durch die schändliche Aergerniß, so es giebt, sehr groß, so muß man es der gantzen Gesellschaft abbitten und sie besänftigen. ‹173› Die Sünde vergeben, heist also das Recht, so man an dem Sünder deßwegen hatte, aufheben. Wer demnach ein Recht aus der Sünde hat, der hat auch Macht die Sünde zu vergeben, in so weit er Recht daraus hat. GOtt bedient sich auch dieser Macht die Sünde zu vergeben nicht so schlechthin ohne alles Absehen, daß er sie einigen vergäbe, andern aber behielte. Denn vergiebt man ohne Unterscheid nach Belieben, so entkräftet man die Gesetze: Und der giebt vergebens ein Gesetz, welcher verstattet ungestraft dawieder zu sündigen, Ebr. IX. 22. Matth. V. 18. Da nun kein Mensch für seine Sünden GOtt gnug thun kan, so hat Christus solches aus besonderer Gerechtigkeit und Barmherzigkeit gethan, daß, wer sein Verdienst im Glauben ergreift, Vergebung erlangt. Die Beleidigten sollen auch ihren Schuldnern gern vergeben, denn das will GOtt haben, weil sie von GOTT unserm Vater und Herrn, täglich Vergebung nöthig haben; ja weil sie sich gegen andere Menschen oft selbst so gröblich vergehen, daß es um jene sehr schlecht aussehen würde, wenn sich diese ihres Rechts nach der Strenge bedienen wolten. Also vergeben wir, und bitten wieder um Vergebung, Matth. VI.12.14.15.V.25.XVIII.21u.f.Lu.aXVII.3. Wir müssen also auch nicht abgeneigt seyn denen zu vergeben, die zwar durch ihr gegebenes Aergerniß ‹174› die gantze Gesellschaft beschimpfen, aber doch wahre Busse thun. 2 Cor. II. 6. 7. 8. Es ist aber wohl zu mercken, daß Christus auch von des Beleidigten Vergebung sage, Matth. XVIII. 18. Wahrlich ich sage euch: Was ihr auf Erden bindet, soll auch im Himmel gebunden seyn, und was ihr auf Erden löset, soll auch im Himmel los seyn. Denn, daß dieses nicht bloß auf die Jünger gehe, zeigt das vorhergehende, welches nicht bloß die Apostel, sondern alle Gläubige betrift.

§. 24. An wessen Statt die Aposteln die Sünde vergeben?

‹179› Gesetzt nun die Sünde, welche die Apostel vergeben mussten, habe sie nicht beleidiget, so haben sie nothwendig im Namen des Beleidigten, oder des menschlichen oder Göttlichen Gesetzgebers vergeben. Dem Beleidigten kan niemand das Recht, so er aus dem Verbrechen fast wieder seinen Willen hat, ohne seine Einwilligung und Auftragung verschencken; so wenig als er ihm andere Gerechtsame wieder seinen Willen nehmen kan. Es ist aber so nöthig, ‹180› daß ihm genug gethan werde, daß man nicht eher an eine Vergebung von GOtt gedencken darf; wenigstens muß der Sünder den wircklichen Vorsatz haben, dem Beleidigten nach Vermögen genug zu thun. Gehe zuvor hin, und versühne dich mit deinem Bruder, und alsdenn opfere deine Gabe, als ein Zeichen GOtt zu versühnen, Matth. V. 24. und Lucä XIX. 8. Also bot Paulus dem Philemoni die Ersetzung des von Onesims ihm zugefügten Schadens an, V. 18. Daher ist eine allgemeine Regel der Beichtväter: Die Sünde wird nicht eher vergeben, bis der Raub erstattet wird. Denn es ist wiedersprechend, vor GOtt wegen einer ungerechten That Busse thun, und den daraus entstandenen Vortheil behalten wollen. Was den Schaden der gantzen Gesellschaft bey einem schweren Verbrechen betrift, daran hatten die Apostel allerdings ihren Antheil. Bes. I Corinth. V. 4. 5. 2 Corinth. II. 10. XI. 29. Wovon unten mehr gesagt werden wird. Das will ich nur noch erinnern, daß diese Gewalt dennoch nicht das gantze Amt der Schlüssel begreiffe. Im Namen der weltlichen Obrigkeit konten aber die Apostel nicht entbinden, weil ihr Amt mit dem obrigkeitlichen nichts zu thun hatte, oder dasselbe schwächte. Daher, wenn gleich GOtt vergeben hat, so kan die Obrigkeit ihre Genugthuung noch fordern, und ‹181› pflegt es auch zu thun. Es bleibt also übrig, daß die Apostel bloß im Namen GOttes haben die Sünde vergeben können: Welches auch klar aus den Worten erhellet; Was ihr auf Erden lösen werdet, soll auch im Himmel los seyn, und was ihr auf Erden binden werdet, soll auch im Himmel gebunden seyn.

§. 25. Was die Gewalt Sünde zu vergeben sonst vor eine Beschaffenheit habe?

‹183› Damit wir auch recht sehen, wie viel Macht durch das Amt der Schlüssel übergeben sey, so müssen wir untersuchen, wie Christus, als er auf Erden wandelte, die Sünden vergeben habe? Hieher gehöret ins besondere Matth. IX. 2. Marc. II. 5. Lucä V. 20. VII. 47. 48. 49. 50. da der Heiland zuerst sagt, er habe Macht die Sünden zu vergeben, davon zeugten die Wunder, die nur von Göttlicher Kraft kommen konten. Ferner sagt Christus, ohne vorgehende Anklage und Vertheidigung, ohne geschehene offenbare Bekäntniß der Sünden, bloß weil er den Glauben sahe: Dir seyn deine Sünden vergeben. Wenn wir auch das gantze Neue Testament durchgehen, so finden wir nicht, daß Christus oder die Apostel die Sünden gerichtlich vergeben hätten, als wenn sie darüber erkenneten; sondern wer nur glaubte, der erlangte unmittelbar Vergebung der Sünden. Wer glaubt, wird nicht gerichtet, wer nicht gläubet, ist schon ‹184› gerichtet. Auch die Bekäntniß, welche vor der Vergebung stillschweigend oder ausdrücklich vorhergehen muß, ist der Bekäntniß nicht gleich, die ein armer Sünder vor Gericht thun muß, indem er darauf verurtheilet wird, Jos. VII. 19. 20. 21. Sondern sie ist derjenigen gleich, die ein Krancker an einer heimlichen Kranckheit dem Arzte thut; damit er hinlängliche Mittel ordne. Ps. XXXII. 3. 4. 5. Also gehöret es nothwendig zur Busse, daß wir weder von GOtt, noch dem beleidigten Nächsten Vergebung bitten können, es sey denn, daß wir unsere Sünden bekennen, d.i. erkennen und gestehen, daß wir gesündiget haben. Sprüch. Sal. XXVIII. 13. 1 Joh. I. 9. Jac. V. 16. Endlich haben Christus und die Apostel in der Gnadenzeit ohne ein Gericht anzulegen, nur geprediget und verkündiget die Busse und Vergebung der Sünden. Nach der Welt Ende aber wird das Gerichte kommen, da wird der höchste Richter auf dem Richtstuhl sitzen, und seine Beysitzer neben ihm, und ein ieder wird ein Urtheil empfahen nach seinen Wercken, Offenb. XX. 12. und zwar ein Endurtheil, nicht wie Oberrichter, wenn die Parteyen des Unterrichters Urtheil gescholten haben, solches entweder bestättigt oder aufhebt. Absonderlich aber ist zu mercken, daß nicht eine immerwährende Folge und Verknüpfung zwischen aller menschlichen und Göttlichen Ver‹185›gebung sey; indem es geschehen kan, daß, ob gleich der Mensch in GOttes Namen die Sünde vergeben hat, dennoch GOtt nicht vergiebet; nemlich wenn der Sünder nicht glaubt oder sich verstellt; GOtt kan auch vergeben haben, ob gleich der Mensch nicht, wenn dieser nemlich aus Härtigkeit dem, der um Verzeihung bittet, und sich zur Gnugthuung erbietet, dennoch nicht vergeben will, oder ein Priester aus eignem Hasse nicht vergeben will. Wenn also der Priester sagt: Dir sind deine Sünden vergeben; so sagts nicht gleich auch Christus im Himmel. Denn allein GOtt sieht den Glauben und die Gedancken des Menschen: Die Menschen folgen bloß denen äusserlichen Zeichen; diese aber kan man annehmen, und stimmen nicht allemal mit unserm Hertzen überein. Daher wenn man in menschlichen

Gerichten nach denen Acten und geführten Beweis spricht, ob es gleich in der That anders ist, so geht das bey GOtt nicht also, der sieht das Innere des Hertzens, und den betreugt kein äusserliches Ansehen. Ja, wenn der Priester auch hundertmal sagte: Dir seyn deine Sünde vergeben, so ists doch ohne Wirckung, wenn der Glaube nicht da ist. Endlich muß man wohl eingedenck seyn, daß GOtt durch das denen Aposteln gegebene Amt der Schlüssel nichts von seiner Macht die Sünden zu vergeben und die Bußfertigen zu ‹186› begnadigen, vergeben habe, noch weniger nur durch sie sich derselben bedienen wollen, oder sich nur die Erkäntniß über die Ungerechtigkeit der Priester fürbehalten. Sonst rieffen wir täglich GOtt umsonst an: Und vergib uns unsere Schuld. Wenn wir nun alles dieses betrachten, so sehen wir, daß die Apostel durch das Amt der Schlüssel nichts anders erhalten haben, als das Evangelium von Vergebung der Sünden durch den Glauben an Christum zu verkündigen. Wenn sie dieses denen Gläubigen verkündigten, so hies es, sie hätten Sünde vergeben, eben so wie man sagt, sie erlöseten die Menschen, welchen sie als Gläubigen das Evangelium geprediget hatten. I Timoth. IV. 16. hergegen die ihrer Predigt nicht glaubten, da hies es, sie hätten sie gebunden, so, daß sie auch im Himmel gebunden wären, Joh. III. 18. Die Apostel öfneten also das Himmelreich denen, die an die Gnade GOttes und Vergebung der Sünden durch Christum glaubten: Sie verschlossen es denjenigen, die aus Unglauben das Evangelium nicht achteten. Wenn auch ein Prediger iemand besonders dieses Evangelium eröfnet, so geschicht es, als wolte er sagen: Wenn du so glaubest, wie du dich äusserlich bezeigest, so verkündige ich und versichere dir die Vergebung der Sünde in Christo, so daß du versichert kanst seyn, Christus habe dir ‹187› auch deine Sünde im Himmel vergeben; glaubst du nicht, so seyn dir deine Sünden behalten. Denn die Vergebung folgt nothwendig auf den Glauben noch vor der Absolution des Predigers; daß es demnach auf des Menschen Willen nicht ankomt, ob er einem Gläubigen vergeben will oder nicht. Wer glaubt, der ist vor GOtt gerecht, ob er gleich vielleicht von der priesterlichen Absolution abgehalten ist. Da nun dem also ist, so sehen wir aus des Heilandes Vorsatz, daß diese Schlüssel kein Mittel seyn müssen eine Herrschaft oder sonst einen irdischen Vortheil zu erlangen. Denn Christus hat denen Aposteln geboten Vergebung der Sünden zu predigen, und was sie umsonst empfangen hatten, umsonst zu geben, nicht aber das Wort GOttes feil zu haben. Sie unterwarfen sich auch durch die Predigt niemand, sondern Christo. Daher eiferte Paulus, als sich einige von ihm oder dem Apollo bey den Corinthern nennen liessen, I Cor. I. 12. 13.

§. 26. Ob Petrus darinne einen Vorzug vor andern Aposteln gehabt?

‹194› Was es auch vor ein Amt oder Gewalt sey, so ist es doch gleich denen Aposteln mitgetheilet, ohne dass einer darinne etwas besonders gehabt hätte, darauf er sich wenigstens eine Herrschaft hätte anmassen können. Auch in denen vornehmsten Orten, wo sie das Amt der Apostel erhalten, ist keine einzige Spur einer Ungleichheit unter ihnen zu finden. Matth. XXVIII. 18. 19. 20. Joh. XX. 21. 22. 23. und Matth. XXIII. 8. und folg. Luc. XXII. 26. 27. Joh. XIII. 14. 15. 16. Gal. II. 9. 14. Und der Spruch, Matth. XVI. 18. womit sich die Papisten so viel wissen, enthält in der That nichts, woraus man dem Petro, noch weniger denen Römischen Bischöffen eine Oberherrschaft über alle Kirchen beylegen könte. Petrus hatte am besagten Orte bekannt, JEsus wäre der Sohn des lebendigen Gottes. Ein schön Bekäntniß, weßwegen man ihm mit Recht zuruft: Du bist Petrus! d.i. Das ist brav Petre! Deßwegen aber verdiente er keinen Vorzug vor an‹195›dern: Denn Petrus sagte es nicht bloß in seinem Namen, sondern aller, die Christus damals anredete. Gleichwie Johannes ausdrücklich sagt, VI. 69. Wir haben geglaubet und erkant, dass du bist Christus, der Sohn des lebendigen Gottes. Und Petrus erkante so nicht zuerst, sondern vor ihm Johannes der Täufer, Joh. I. 34. 36 und Andreas, eben daselbst 42. Gleich darauf Philippus und Nathanael, eben daselbst 45. 49. Es konnte auch niemand Christi Jünger heisen, der dieses nicht bekante. Bes. Matth. X. 32. 33. Joh. XI. 27. Apost. Gesch. IV. 12. VIII. 37. IX. 20. 22. Damit auch Christus die Wichtigkeit dieses Bekäntnisses zeigte, so setzte er hinzu: Auf diesen Fels will ich meine Kirche bauen; d.i. diese Lehre, daß Jesus sey der Sohn des lebendigen Gottes, soll der Grund und Eckstein seyn, worauf das geistliche Gebäude der Kirche, oder die Versammlung derer, die Christen seyn, muß gebauet werden. So, dass dieser Spruch eben das und nicht mehr enthält, als was Joh. XX. 31. I Joh. II. 22 IV. 2. V. 20. steht, nemlich dieses: Der Hauptarticul der Christlichen Religion ist, dass JEsus von Nazaret ist Meßias, der Sohn des lebendigen GOttes.

§. 27. Vom Kirchenbann, und ob darinne eine weltliche Gewalt stecke?

‹197› Wir müssen nun noch sehen, ob das eine weltliche Gewalt sey, deren sich die Apostel und die erste Kirche bedienet, beym Kirchenbanne? Welches man verneinen muß, wenn man von ihrem rechten Gebrauch und wahren Endzweck, warum sie gesetzt ist, redet. Denn daß der Kirchenbann könne gemisbrauchet werden zur Herrschaft über andere, wissen wir aus der Erfahrung. Es deucht mich aber, daß ein grosser Unterscheid ist unter dem Bann der Jüden, wodurch man aus der Synagoge verbannet wurde, und dem Kirchenbann der ersten Christen. Bey denen Jüden, wo das Volck und die Obrigkeit einerley Religion hatte, und die Religion und der Staat eins waren, konte es leicht geschehen, daß die Ausschliessung von der Gemeine einige irdische Wirckung und weltliche Unehre hervorbrachte, und also die Gestalt einer weltlichen Straffe erhielt. Gleichwie unter ihnen viele geistliche Handlungen mit weltlichen Straffen verknüpft waren. Da hergegen Christus und die Apostel sich keiner weltlichen Macht bedienten, und die ersten Christen unter ungläubiger Obrigkeit stunden; so konte der Bann und Kirchenzucht keinen Schaden dem irdischen Zustande thun, und wie ei‹198›ne zeitliche und menschliche Strafe werden. Es wird dieses klärer, wenn wir die hieher gehörigen Sprüche des Neuen Testaments wohl erwägen. Matth. XVIII. 15. 16. 17. Sündiget aber dein Bruder an dir, so gehe hin, und straffe ihn zwischen dir und ihm alleine. Höret er dich, so hast du deinen Bruder gewonnen. Höret er dich nicht, so nimm noch einen oder zweene zu dir, auf daß alle Sache bestehe auf zweyer oder dreyer Zeugen Munde. Höret er die nicht, so sage es der Gemeine: Höret er die Gemeine nicht, so halt ihn als einen Heyden und Zölner. Gewiß hier ist nichts herrisches; sondern eine recht Christliche Art die Streitigkeiten beyzulegen. Gleichwie Paulus I Cor. VI. 6. 7. will, daß man lieber einen Bruder den Streit entscheiden lasse, als vor einem ungläubigen Richter zancke, und den Namen eines Christen schände. Dahin gehöret auch Matth. V. 40. Denn sonst muß ein Beleidiger dem Beleidigten genug thun und versöhnen; will das jener nicht, so soll dieser doch nach Christi Befehl einen gütli‹199›chen Vortrag mit ihm versuchen, (Bes. Marci XI. 25. Lucä VI. 27. Apost. Gesch. VII. 60.) ohne gleich vor den Richter zu gehen, wenn er sich so etwa mit ihm wegen der Beleidigung vertragen will. Richtet aber der Beleidigte also nichts aus, so soll er zwey oder drey Zeugen nehmen, die den Beleidiger zu bereden suchen, und zeugen, der Beleidigte habe alles gethan, sich mit ihm zu vergleichen. Will es so nicht gehen, so soll er es der Gemeine der Gläubigen des Orts anzeigen; (Denn, daß hier bloß die Aeltesten der Kirche gemeint seyn sollten, sehe ich nicht.) Will er der nicht gehorchen, so halte ihn als einen Heyden und Zölner, dem diese Sünde behalten wird, weil er nicht Busse und gnug thun wollen, d.i. meide ihn als einen bösen ruchlosen Menschen. Dieses stund niemanden, als eine weltliche Gewalt, sondern als eine gemeine Freyheit zu. Denn es ist bekant, daß die Christen, ausser um weltlicher Geschäfte willen, mit den Heyden und Zölnern nicht umgangen seyn. Sonst war es nichts schimpfliches oder eine weltliche Straffe, ‹200› ein Heyde und Zölner seyn; ja die Heyden herrschten dazumal über die Juden, und fragten nichtsdarnach, daß die Juden sich ihrer enthielten. Es steht auch iedem frey umzugehen mit wem er will; kluge Leute rathen unartige und grobe Leute zu meiden. Auf gleiche Art sagt der Apostel, man solle die Ketzer oder Verführer meiden, damit man nicht durch ihre Irrthümer angesteckt werde. Tit. III. 10. und 2 Thess. III. 6. GOtt wird sie schon straffen, 2 Petr. II. 1. 2. Gal. 1. 8. 9. Auch I Cor. V. I. folg. 2 Cor. XIII. 2. 10. Da Paulus den Blutschänder dem Satan übergiebt, ist nichts Herrn- oder Richtermässiges. So wenig als I Cor. VI. 9. und folg. I Tim. I. 10. 2 Joh. V. 10. welche auf die allgemeine Freyheit gehen, den zu meiden, von dessen Umgang man Schimpf und Schaden zu gewarten hat, ohne iemandes weltlichen Stand dadurch zu kräncken; doch so, daß man nicht gleich wegen dieser lasterhaften Art die Welt verlasse, nemlich den Umgang um Amts-Haus- oder anderer nothwendigen Geschäften willen meide. Das hat aber so wohl bey ‹201› einem lasterhaften Christen, als einem lasterhaften Heyden statt.

§. 28. Daß Christi den Aposteln gegebener Unterricht keine weltliche Macht begreife.

‹206› Siehet man endlich Christi denen Aposteln und Jüngern gegebenen Unterricht und Vollmacht an, so wird es gantz klar, daß er sie zu nichts weniger, als einen Staat aufzurichten, gesandt habe. Zu einem Staat wird eine Herrschaft erfordert, aus dieser entstehet ein Vorzug vor andern, welcher Hochmuth erwecket. Zu einem Staat gehören Einkünfte die Unkosten zu bestreiten, also kan der Geitz hier Platz finden. Der Heiland sucht hergegen am meisten seine Jünger für dem Hochmuth und Geiz zu bewahren. Bes. Matth. XVIII. I. 2. 3. 4. Marci IX. 33. f. Lucä IX. 46. Matth. XXIII. 8. Joh. XIII. 13. 14. Absonderlich ist der Unterricht zu mercken, den Christus seinen Jüngern gab, da er sie gleichsam zur Probe, mit der Kraft Wunder zu thun versehen, bloß an die Juden sandte, Matth. X. 9. 10. Obgleich kein Zweifel ist, daß sie es fast alle beobachten müssen, als sie nachher in alle Welt gesandt wurden. Zuerst verbot er ihnen ihre Lehre und Kraft Wunder zu thun zum Geldsamlen zu misbrauchen, ohne welches doch nichts kan ausgerichtet werden. Umsonst habt ihr es empfangen, umsonst solt ihr es auch geben. Ap. Gesch. ‹207› III. 6. Gold und Silber habe ich nicht. Damit sie auch unter dem Vorwand des nöthigen Unterhalts nicht geitzig wären, so verbot er ihnen eine Tasche, zwey Röcke, Schuhe und einen Stock zu haben, sondern sie solten mit denen freywilligen Gaben ihrer Zuhörer vergnügt seyn. Es gieng zwar diese Verbindung dieses Geräthes nur auf kurze Reisen: Die Einkünfte aber überhaupt, so die Prediger bekommen, sind der Lohn für ihre saure Arbeit, und erstrecken sich nicht über ein weniges zum Lebensunterhalt. Das ist ein geringes Vermögen einer gemeinen Person, und ist gegen die Reichthümer, die ein Staat erfordert, nichts. I Cor. IX. II. und folg. Matth. X. 10. Lucä X. 7. I Tim. V. 18. welcher Spruch eigentlich auf die Geistlichen gehet, sie sollen nicht mit der Gottesfurcht wuchern, und die Geldliebe, die Geldgierigkeit, den Geitz als eine Wurzel alles Übels, wie auch derer Misbräuche und des Aberglaubens der Römischen Kirche meiden. Damit auch ihre Anzahl keinen Schrecken einjagte, wurden nur zwey u. zwey gesandt, Marci VI 7. Sie sollen ihre Lehre niemand aufdringen, sondern durch Freundlich- und Höflichkeit sich einen Zugang machen; bey denen, die ihre Lehre annehmen, sollen sie wohnen, die sie verachten, verlassen, und den Staub von ihren Füssen abschütteln. Hernach folgt eine weitläuf‹208›tige Erzehlung ihrer künftigen Verfolgung, die sie nicht durch Gegenwehr, sondern Geduld überwinden, oder durch Erweisung ihrer Unschuld, oder Flucht ablehnen sollen, Matth. V. 10. 11. Wer aber einen Staat anlegen will, da heists: Wehre dich! Nach Christi Himmelfahrt giengen sie in alle Welt, ein ieder nach seinem

Trieb, ohne gleichsam eine Residenz zu wehlen, wo sie regiereten, Bericht abstatteten, Rath und Befehle holten, oder wo sie mit einander Rathschluß und Abrede hielten: Denn davon ist nicht die geringste Spur in der Bibel. Sie konten auch kein Land einnehmen, weil sie nur an Oertern waren, wo schon Obrigkeiten und Regierungen sich fanden. Sie konten auch von denen Bekehrten nichts weiter als blosse Almosen verlangen. Unterstunden sie sich mehr zu fordern, so konnte sie die Obrigkeit ohne Zweifel als solche, die das Recht Tribut zu fordern minderten, anpacken. Hätten auch alle Christen oder ihrer ein grosser Theil, wie zu Jerusalem Apost. Gesch. II. 44. 45. V. 4. eine Gemeinschaft der Güter aufrichten wollen, so ‹209› hätte die Obrigkeit dieses unzeitige Unterfangen verbieten können, weil das dem Reichthum des Landes schädlich ist. Die Apostel entführten endlich auch niemand, gleichwie Moses die Israeliten aus Egypten führete; sondern sie liessen die Christen bey ihrem vorigen weltlichen Zustande, ausser, daß sie ihnen eine neue Religion beybrachten.

§. 29. Daß das Reich Christi solches noch weniger thue.

‹213› Wir müssen nun untersuchen, ob nicht die Christliche Lehre, die durch den Glauben die Gemüther unter den Gehorsam Christi vereiniget, duch diese Vereinigung einen Staat, der durch eine Regierung wie andere Reiche zusammen hänge, hervorbringe? Man siehet gleich, daß dem nicht so sey, wen man die Gestalt, die Christi oder GOttes, oder dem Himmelreich in heiliger Schrift beygeleget wird, betrachtet. Die Vereinigung der Gläubigen unter ihrem Könige Christo ist zwar ein Reich, aber nicht von dieser Welt, also auch nicht so beschaffen, wie weltliche Staaten, die durch weltliche Gewalt regieret werden. Der König ist hier JEsus, der unsern Augen sich entzogen hat, und im Himmel gleichsam Hof hält. Seine Unterthanen seyn in der Welt zerstreuet, die seyn es die ‹214› an ihn gläuben; welche die innere Kraft seiner Lehre für den Bösen und Menschenfurcht bewahret und im Zaume hält. Also brauchts hier keiner weltlichen Gewalt, weil sie zur wahren Gottesfurcht nichts thut. Sie kan niemand mit GOtt versöhnen, die innere Regungen, die GOtt liebet, erwecken, und ausser denen äusserlichen, die sie etwa erzwinget, vermag sie hier nichts.Und da das Reich Christi ein Reich der Wahrheit ist, braucht es keine weltliche Macht oder Zwang. Die Wahrheit nimt unser Gemüth durch die Lehre und GOttes Gnade unvermerckt ein, und die damit verknüpfte Straffen oder Belohnungen seyn bis auf das jüngste Gericht verschoben. Wird auch iemand die Sprüche von Reich GOttes, Christi und des Himmels durchgehen, so wird er nicht das geringste einem weltlichen Staate ähnliches finden. Die darein wollen aufgenommen werden, müssen Busse thun, Matth. III. 2. IV. 17. JEsus predigte das Evangelium vom Reich, Matth. IV. 23. IX. 35. Die Frommen und ihre Geschicklichkeit zu seinem Reiche preisete er selig, Matth. V. I. und folg. Hergegen thut die Frömmigkeit zu einem weltlichen Staat nichts. Groß oder klein wird iemand in diesem Reiche genennet, nachdem er die Gebote Christi hielt oder unterließ, Matth. V. 19. VII. 21. Nach dieses Reichs Gerechtigkeit ‹215› sollen wir am ersten trachten, Matth. VI. 33. Dieses Reichs Geheimniß ist die besondere Wirckung des Göttlichen Worts, Matth. XIII. 21. 31. 33. 44. 45. 52. In diesem Reiche werden keine fremde Unterthanen gelitten; das gehet aber in keinem weltlichen Staate an, Matth. XIII. 24. 47. Die Schlüssel dieses Reichs bestehen in der Vergebung der Sünden, Matth. XVI. 19. Auch die Rangordnung im Reiche Christi ist dem Gebrauch der Welt gantz zuwieder, Matth. XVIII. I u. folg. XX. 21. f. XXIII. 5. Marci IX. 33. 34. X. 42. In weltlichen Reichen hat ein ieder Macht sein Recht zu erlangen zu suchen; in Christi Reich ist das ein meineidiger Unterthan, der seinem Mitbürger die Schuld nicht schenckt, Matth. XVIII. 23. Das Reich Christi bestehet auch aus Kindern, Matth. XXI. 15,

Marci X. 14. In diesem Reiche haben die Arbeiter ungleiche Arbeit und gleichen Lohn, Matt. XXI. f. Die dieses Reich nicht achten, kommen nicht hinein, Matth. XXI. 43. Weltliche Staaten aber pflegen die Hochmüthigen durch Krieg zu demüthigen. Als es die Juden verwarfen, erlangten es die Heyden, Matth. XXII. 2. Wer es geniessen will, muß wachsam seyn, Matth. XXV. I. f. In weltlichen Reichen nimt man die Reichen am liebsten: Es ist hergegen schwer, daß ein Reicher ins Himmelreich ‹216› komme. Matth. XIX. 23. 24. Marci X. 23 Lucä XII. 32. In weltlichen Reichen muß ein guter Unterthan alle Künste und Fleiß anwenden sich zu begütern. Das ist aber im Reich Christi das Letzte, Luc. XII. 31. Eine vornehmste Ursach, warum wir uns unter weltliche Staaten begeben, ist, daß wir unsere Güter in Ruhe besitzen. Hergegen Christus sagt: Wer nicht alles verlässt, was er hat, kan nicht mein Jünger sein, Lucä XIV. 33. Das Reich GOttes kömt auch nicht mit äusserlichen Geberden. Man wird auch nicht sagen: Siehe hie oder da ist es. Denn sehet, das Reich GOttes ist inwendig in euch. Lucä XVII. 20. 21. Mehr zu sagen, ist nicht nöthig, denn alle übrige Sprüche seyn eben so beschaffen.

§. 30. Ob die Kirche ein Staat sey?

‹217› Ob nun wohl die Vereinigung der Gäubigen unter ihrem Könige Christo, und dieser geistliche Cörper, dessen Haupt Christus ist, keinen Staat ausmacht; so ist doch noch die Frage: Ob nicht die‹218›se Gemeine der Gläubigen auf Erden unter sich einen Staat oder Reich ausmache, oder durch weltliche, oder ihr gleiche Gewalt vereinigt sey? oder, welches einerley ist: Ob die Kirche nach dem Willen unsers Heilandes einen Staat oder Reich ausmachen müsse? Wir nehmen hier das Wort Staat in gemeinem Verstande als eine Gesellschaft, die ausser sich keinem Menschen unterworfen ist, und durch Obrigkeit zusammen hängt und regieret wird. Der Endzweck dieser Frage ist, daß, nachdem wir gezeiget haben, daß nach dem Sinn Christi und der Apostel die Kirche weder ein Staat gewesen noch seyn sollen, daraus erhelle, die Kirche, so ein Staat ist, sey nicht von Christo.

Damit wir aber diese Frage desto besser untersuchen, so müssen wir erst sehen, was die Kirche in heiliger Schrift bedeute? Demnach ist das Wort Kirche von denen Democratien genommen, wodurch die Griechen verstunden eine Versamlung zu hören, zu rathschlagen oder zu urtheilen von Reichsgeschäften. Von ἐκκαλεῖν, herausruffen, hat sie den Namen, nicht daß sie allezeit ein kleiner Hauffe von einem grössern sey, (denn daß auch alle Glieder der Kirche zusammen kommen, steht nichts im Wege;) sondern weil sie aus ihren Häusern und Wohnungen zum gemeinschaftlichen Ort geruffen wurden. Also bedeutet dieses Wort nach ‹219› seiner ersten Ableitung keinen Staat, sondern einen gewissen Zustand eines democratischen Reichs; weil viele Menschen also am bequemsten ihren Willen von sich geben können. Das Wort wird ferner von den LXX Dolmetschern gebraucht, eine Versamlung zum Gottesdienst anzudeuten, oder einen Hauffen, der um einer andern, ja wohl gar bösen Ursach willen versamlet ist, Psalm XXVI. 5. Syrach XXIII. 34. XXXVIII. 24 Ap. Gesch. XIX 32. 39. 40. Also heist ἐκκλησιάζειν zusammenruffen zu weltlichen Geschäften, 4B. Mos XX. 8. 10. Josuä XVIII. 1. 2. B. der Chron. XV. 9. XXXIV. 29. Im Neuen Testament heist Kirche die gantze Gemeine der Gläubigen in der gantzen Welt, die Gemeine der Gläubigen in einem Lande, Stadt, Hause oder Familie.

Wenn wir in beyderley Verstande der Kirchen Art u. Handlungen ansehen, (denn aus denen willkührlichen Handlungen erkennet man eines Art,) so wird man nichts finden, das einen Staat anzeige. Die gewöhnlichste Bennennungen der Kirchenglieder seyn Heilige, Brüder, Erlösete durch Christi Blut, Kinder Gottes. Ihre gewöhnlichste Handlungen waren, das Wort Gottes hören, Gott loben, beten, die Wercke der Liebe ausüben, in der Furcht GOttes wandeln, fasten, für die Armen sorgen. Apost. Gesch. XIV. 23 ‹220› haben Paulus und Barnabas ihren Gemeinen in Asien Aeltesten gesetzet, nachdem sie die Gemeine wehlte, wie in denen Democratien die Verträge geschehen; damit es nicht liesse, als hätten sie als Beherrscher die Aeltesten der Kirche gesetzt, sondern nach dem Willen und Gutachten der Gemeine. Nichts desto weniger hießen die also eingesetzte, Bischöffe, welche der Heilige Geist gesetzet hat, Ap. Gesch. XX. 28. gleichwie es 2 Chron. XIX. 5. 6. heist, Josaphats Hauptleute trügen das Amt des HErrn. Denn auch den nent man von GOtt beruffen, wer mit gehöriger Geschicklichkeit rechtmässig zu einem Gott gefälligen Amte kömt. Die Kirche hat also damit zu schaffen, daß sie Lehrer setze; damit aber hat ein Staat eigentlich nichts zu thun. Denn dieses Recht kan auch die schlechteste Gemeine in einer Stadt haben. Ap. Gesch. XV. 2. als in der Antiochenischen Kirche Streit entstund über einem Glaubenspuncte, so schickten sie welche nach Jerusalem sich da Raths zu erholen, welche Abgesandten die Brüder aus Hochach‹221›tung bis vor die Stadt begleiteten. In Jerusalem wurde die Frage untersucht und entschieden: Es gefällt dem Heiligen Geist und uns. Einige abschicken um gewisser Geschäfte willen, ist kein Eingriff in das Recht der Fürsten; andere Gemeinen um Glaubenssachen fragen, die Fragen entscheiden, und sagen was zu thun sey, seyn Handlungen, daraus keine Hoheit zu sehen, sondern die auch schlechten Leuten und Gemeinen gewöhnlich seyn. Da geschicht nichts Befehlsweise, sondern alles freywillig. Ap. Gesch. VI. I. f. wehlte die Gemeine zu Jerusalem gewisse Männer, die dem Almosen vorstunden. Das überschreitet nicht die Grentzen einer schlechten Gemeine. Eben das findet auch statt, da ein Bruder von der Gemeine zu Pauli Gefährten verordnet ward, 2 Cor. VIII. 19. Ap. Gesch. XX. 28. heist die Kirche eine Heerde, die die Bischöffe mit dem reinen Worte GOttes weiden müssen, die die Wölfe beunruhigen, das ist, Männer, die durch thöricht Geschwätz die Jünger zu verführen suchen; welche die Wachsamkeit und Warnung der Lehrer abhalten muß. I Cor. VI. I. f. wird auch der Gemeine oder Christen keine Macht zu richten beygelegt; sondern der Apostel leget ihnen auf, die Streitigkeiten in der Gemeine durch Brüder lieber vertragsweise beyzulegen, als daß sie den Verdacht des Geitzes ‹222› auf sich lüden, wenn sie vor heydnischen Gerichten rechteten. I Cor. VII. 17. steht, wer der Kirche beyträte, verliere nicht seinen weltlichen Stand, oder bekäme mit der Christlichen Religion einen andern, der den vorigen aufhebe. Daher wurde ein Knecht, der ein Christ wurde, nicht frey; und kein Unterthan wurde von dem Gehorsam, den er seiner Obrigkeit schuldig war, entbunden. Röm. XIII. I. f. und I Timoth. V. 8. 14. VI. 1. 2. Was vor Bescheidenheit in der Kirche, d.i. in den Christlichen Versamlungen zum leeren Austheilen der Sakramente müsse gebraucht werden, lehret Paulus I Cor. XI.18.f.XIV.34.40. Was in solchen Versamlungen geschehe, finden wir I Cor. XIV. 28. da wird gesungen, gelehret, geredet, geweissaget, erkläret, welches alles zur Erbauung geschicht. I Cor. XII. 28. seyn die Aemter der vornehmsten Glieder in der Kirche, Aposteln, Propheten, Lehrer, Gewaltige Wunder zu thun, die Gabe zu heilen, Helfer, Regierer, mancherley Sprachen. Bes. Ephes. IV.II. Das alles geht auf die Fortpflantzung und Versicherung des Evangelii, und kommen von eben dem Geist, der iedem austheilet wie er will; Es kan hier niemand, der eine bessre Gabe hat, sich ein beßres Glied dieses geistlichen Cörpers düncken, als der eine geringere hat, noch weniger sich einer Herrschaft über diesen anmaasen. Ja die ‹223› Liebe ist grösser als alle Gaben, die Liebe aber muß ieder Christ haben.

Der eigentliche Tribut der Kirchen sind nur die Almosen, I Cor. XVI. I. 2 Cor. VIII. 2. 3. 8. I Tim. V. 16. die werden aber nicht mit Gewalt gefordert. Hieher gehöret auch die Schuldigkeit der Gemeine, ihren Lehrern den Lohn zu zahlen, Philipp. IV. 15. 2 Cor. IX. 14. I Tim. V. 18. 2 Cor. XI. 28. sagt Paulus, er trage Sorge für alle Gemeinen, das ist, für den Unterhalt der Schwachen und Abstellung der Aergerniß. 2 Cor. XII. 13. sagt Paulus, die Kirche der Corinthier sey nicht geringer, als andere von denen Aposteln errichtete Gemeinen, die eher Apostel waren gewesen als Paulus. Wir finden auch nicht in der Bibel, daß eine Kirche der andern nachgesetzt werde. Die Gemeinen in kleinen Städten, ja gar Privathäusern heisen so wohl als die in grossen Städten, Kirchen; gleichwie die besondern Kirchen in Judäa Kirchen GOttes heisen, I Thess. V. 11. 14. 2 Thess. I. 4. Ephes. I. 22. V. 23. 24. 25. Coloss. I. 18. 24. da heist Christus das Haupt der Gemeine; welche er selbst ansehnlich ‹224› gemacht hat, rein von Flecken, Runzeln oder dergleichen, sondern heilig und unsträflich, geheiliget durch Christi Erlösung, und gewaschen durch das Wasserbad, Ephes. V. 26. 27. und I Joh. III. 5. 9. Was an einem Bischof erfordert wird, I Tim. III. 2. f. Tit. I. 7. 8. 9. II. 7. 2 Timoth. IV. 2, läuft darauf hinaus, daß er Kraft habe zu lehren und heilig wandele; und kein einziges Stück dieser Qualitäten ist dem eigen, der einem Staate als Regent vorstehet. Er soll seyn eines Weibes Mann, wachsam, nüchtern, bescheiden, gastfrey, geschickt zu lehren, kein Weinsäuffer, kein Pocher, der keine unehrliche Handthierung treibe, gerecht, friedfertig, nicht geitzig, der seinem Hause wohl vorstehe, der wohlgeartete Kinder habe, kein Neuling, kein Aufgeblasener; das seyn die Tugenden eines Lehrers, oder auch sonst eines gemeinen Menschen. I. Tim. III. 15. heist die Kirche das Haus Gottes, die Säule und Stütze der Wahrheit; gleichwie an Säulen die Gesetze und Gebote aufgehänget werden, damit sie alle lesen. Obwohl in einigen alten Exemplarien diese Worte Säule und Stütze der Wahrheit, zum folgenden gesetzt werden; daß also der erste Satz mit denen Worten schliest die Kirche des lebendigen Gottes. Der andere Satz fängt alsdenn an: Die ‹225› Säule u. Stütze der Wahrheit u. ohne Streit ein grosses Geheimniß ist es, daß Gott in einem Cörper erscheinet; u. zielte dieses also auf Matth. XVI. 18. Joh. XX. 31. Die Ehrennamen der Kirchen stehen Hebr. XII. 22. der Berg Zion, die Stadt des lebendigen Gottes, das himmlische Jerusalem und die Menge vieler tausend Engel, die Gemeine der Erstgebornen, die im Himmel angeschrieben sind, da Gott der Richter über alle ist, und der Mittler des neuen Bundes Jesus, und die Geister der vollkommenen Gerechten. Offenb. II. III. werden die vortreflichen Thaten gelobt, und die Laster der Kirchen Asiens durchgenommen, mit der Drauung, es werde ihr Leuchter von ihnen gehen, nemlich die Lehre des Evangelii, wenn sie sich nicht besserten. Erwägen wir alles dieses, so ist nichts, das eine weltliche Herrschaft oder Staat anzeige, oder demselben gleich sey.

§. 31. Daß die erste Kirche kein Staat seyn können.

‹231› Es fehlet auch nicht an Gründen, woraus man zeigen kan, daß die Apostel nicht einmal haben Kirchen anlegen können, die einem Staat ähnlich wären, wenn sie gleich gewolt hätten; ich glaube aber doch, daß es weder nöthig noch recht gewesen wäre. Der erste Endzweck eines Staats ist die Sicherheit, und daß alle einmüthig mit vereinigter Macht an‹232›derer gewaltsame Eingriffe abwendeten. Hierzu braucht man viel Kerls, und zwar solche, die sich wehren können, und streitbar seyn. Hergegen heisen auch die kleinen Häuflein in einem Städtgen oder Familie, Kirchen. Der Heiland sagt gar selbst: Wo zwey oder drey versamlet seyn in meinem Namen, da bin ich mitten unter ihnen, Matth. XVIII. 20. Daher sagt auch Tertullianus: Drey machen eine Kirche aus, wie ein Collegium. Wo Christus mitten drunter ist, da seyn gewiß genugsame Mittel der Seligkeit, das Wort, der Prediger, die Sacramente; folglich kan man den Endzweck der Christlichen Religion erreichen, wenn man gleich in keiner volckreichen Versamlung ist. Auch ist keine so grosse Versammlung der Gläubigen, als zu einem Staat erfordert wird, nöthig den Endzweck Christlicher Religion zu erhalten; oder, es thut nichts zur Seligkeit, ob iemand in einer grossen oder kleinen Gemeine lebe. Hieraus folgt, daß wenn gleich der größte Theil von der Kirche abfällt, die andern nichts desto weniger den Endzweck ihres Glaubens erlangen können; da hergegen in denen Staaten bey Abgang des größten Theils der Bürger, der Endzweck des Staats nicht mehr erlangt werden kan. Auch wird auf diejenigen Qualitäten eines Bürgers, die dem Staat mehr An‹233›sehen und Macht geben, in der Kirche in so weit nicht gesehen, daß iemand deßwegen für keinen guten Christen gehalten würde, weil er wenig Güter, Macht oder Weisheit besitzete, I Cor. I. 20. 21. 22.

Ferner wird zu einem Staat auch Land zur Wohnung der Unterthanen erfordert. Will iemand aus einem Staate in den andern sich begeben, so muß er entweder in das Land ziehen, oder sich sonst von seiner alten Obrigkeit los machen. Moses entführete das Israelitische Volck, nach Abschüttelung des Egyptischen Jochs, in die Wüste Arabiens. Romulus, als er einen neuen Staat anlegte, entriß sich der Herrschaft der Albanischen Könige, und die sich in seinen Staat begaben, verliessen ihre Städte, und giengen nach Rom. Hergegen weder Christus noch die Aposteln haben die Christen an andere Oerter gebracht, sondern einen ieden unter seiner bisherigen Herrschaft gelassen, ohne das Recht des ersten Herrn im geringsten zu schmälern. Daher konten die größten Gemeinen der Christen zu keinem Staate werden. Daher, da durch die Annehmung Christlicher Religion die Gerechtsame der Fürsten über ihre Unterthanen und derselben Güter nicht aufgehoben noch verringert werden, noch einer zwey Herren dienen kan, so war gar keine Gelegenheit da, einen Staat mit im ‹234› Staat zu errichten, ja nicht einmal ein Collegium zu errichten, das denen Rechten der Fürsten Abbruch thäte, Röm. XIII. I. f. I Petr. II. 13. Es ist ferner iedem bekant, was vor Schätze erfordert werden, einen Staat zu unterhalten. Ob auch gleich ein Unterthan zugleich Herr seyn kan; so wird er doch durch seine Unterthänigkeit verbunden, seine Güter nicht zu sehr zu verringern, daß dem Recht der Fürsten etwas abgehe, und sie nicht zureichen, den Staat zu erhalten. Denn sonst würde der Staat durch Entziehung ihrer Güter entweder geschwächt, oder ein neuer Staat mitten in ihrem Staate entstehen, zum größten Schaden und Beschwerde des gemeinen Wesens. Da also die Staaten, welche zu Zeiten der Apostel waren, nicht weniger als andere ein altes Recht in denen Gütern der Unterthanen hatten, so konte, da Christi Lehre niemanden sein Recht nahm, kein anderer Schatz zur Unterhaltung der Gemeine geordnet werden, als der dem Recht der Fürsten nicht gefährlich, und also in der freyen Macht der Unterthanen war. Dieser aber bestund in geringen Almosen und Geschencken. Waren auch unbewegliche Güter da‹235›zu nöthig, so wurden sie deßwegen doch noch nicht frey von Abgaben.

§. 32. Daß in der inerlichen Structur der Kirche und eines Staats ein grosser Unterscheid sey.

Die innerliche Einrichtung eines Staats und die Verknüpfung der Glieder desselben ist Himmelweit unterschieden von der innern Verfassung einer Gemeine. Beym Ursprung der Staaten finden wir, daß, als die Menschen die Beschwerde der Einsamkeit und die damit verknüpfte Gefahr einsahen, sie um mehrerer Sicherheit willen zusammen in eine Gesellschaft traten: Sie entschlossen sich hernach, wie die Regierung seyn solte, und setz‹236›ten alsdenn entweder einen Menschen oder einen Hauffen, welche sie regiereten; denen unterwarfen sie ihren Willen und Macht, das Wohl der Gesellschaft zu befördern. Mit Errichtung der Kirche ist es gantz anders. Die Menschen haben sich nicht von selbst nach Erkäntniß ihres Elendes vereiniget, sich zu GOtt zu bekehren; sondern als sie in der Blindheit stacken, und sich um ihr Heil nicht bekümmerten, ließ sie GOtt durch seine Boten zur Busse und Bekehrung vermahnen, Apost. Gesch. XVII. 30. Es ist also keine einmüthige Vereinigung eine Kirche anzulegen da; sondern ein ieder huldigte Christo ohne auf andere zu sehen. Und da sonst dem Hausvater die gantze Familie in die Stadt folgt, und durch ihn das Bürgerrecht erlangt, so ziehet hergegen in die Kirche weder die Frau dem Manne nach, noch der Knecht dem Herrn, I Corinth. VII. 12. 21. Also waren unter des unglaubigen Narcißi Leuten Christliche Knechte, die Paulus grüßte, Röm. XVI. II. Und der ist Christi nicht werth, der Vater oder Mutter, oder Sohn, oder Tochter, mehr als ihn liebt. Matth. X. 37. Lucä XIV. 26. Matth. XII. 50. Und von solcher Trennung und Zerstörung, die Christi Lehre erwecken wird, ist Matth. X. 34. Lucä XII. 51 zu verstehen; daß nemlich die Verbindlichkeit mit Chri‹237›sto fester sey, als Verwandtschaft der Menschen. Wenn also ein Vater, Mann oder Herr von der Kirche abfällt, so zieht er nicht deßwegen auch gleich den Sohn, Frau oder Knecht nach sich. Hernach ist bey Aufrichtung der Kirche kein Schluß wegen gewisser Regimentsverfassung nöthig; folglich seyn die Fragen ungereimt, ob die Kirche monarchisch, aristocratisch, oder democratisch sey? So redet man wohl von einem Staat, aber die Kirche ist kein Staat. Da auch die Kirche ein anderes Absehen als ein Staat hat, so seyn auch bey beyden unterschiedene Aemter. Wie vielerley das Absehen eines Staats Stände brauche, weiß iedermann. Hergegen in der Kirche weiß man von nichts als Lehrern und Zuhörern.

§. 33. Kirchenlehrer und Obrigkeit seyn sehr unterschieden.

‹238› Nicht allein in denen Absichten ihrer Aemter, sondern auch in ihrer Einsetzung seyn Lehrer in der Kirche, und Obrigkeiten unterschieden. Von dem Unterscheid will ich nicht einmal sagen, daß viele durch ihre Geburt schon Fürsten seyn, Kirchenlehrer aber gar nicht; sondern von einem solchen, der sich auch auf erwehlte Fürsten schickt. Denn bey der Einsetzung eines Fürsten unterwerfen alle demselben ihren Willen zum Besten des Staats, also, daß sie alles, was ihm gefällt, sich auch wollen gefallen lassen, und alle Mühe anwenden es ins Werck zu richten; ja sie geben ihm Gewalt dasselbe mit Befehlen unter schwerer Straffe von ihnen zu fordern. Hergegen erwehlt eine Gemeine einen Lehrer, so unterwerfen sie ihm ihren Willen nicht also, daß sie ‹239› den von ihm gewiesenen Weg und Mittel des Heils mit blindem Gehorsam erwehlen wollen. Vielmehr unterwirft ein Gläubiger seinen Willen und Glauben ausser GOtt keinem Menschen; es ist auch der Lehrer ihr Amt GOttes Willen und Befehle zu erklären, und ihre Zuhörer zu derselben Beobachtung anzumahnen. Denn menschliche Lehre, die über die Vernunft ist, muß entweder durch des Lehrers Ansehen, oder Zwang und Gewalt, oder eine höhere Macht Glauben erhalten. Ein Mensch verliert sein Ansehen, wenn er Dinge, die mit der Vernunft nicht übereinstimmen, vorträgt, es sey denn, daß er durch ein ander Mittel Beyfall erwecke. Daher war der Apostel Predigt denen Griechen eine Thorheit, denn die suchten Weisheit und Vernünfteln, I Corinth. I. 23. und Paulum schalten deßwegen die Weltweisen zu Athen für einen Lotterbuben Apost. Gesch. XVII. 18.

Auch wirckt nicht einmal Zwang und menschliche Gewalt den Glauben an die Geheimnisse Christlicher Religion. Christus hat zu denen Aposteln gesagt: Lehret; dazu schickt sich aber: Glaubet von gantzem Hertzen. Diesen Glauben zu wircken seyn menschliche Gewalt oder irdische Vortheile ungeschickt. Es muß also ein höher Wesen diesen Lehren Glauben erwecken; das ist die Gnade GOttes, welche das Evan‹240›gelium begleitet, und die Wunder, mit welchen ihre Lehre zu bekräftigen die Apostel von Gott Macht hatten. Marci XVI. 20. Apost. Gesch. XIV. 3. Hebr. II. 4. Da nun nach Verkündigung des Evangelii dergleichen Wunder nicht mehr nöthig waren, gleichwie der Donner und Blitz bey Eröfnung der zehen Gebote, nicht nachgehends wiederholet wurde: Also haben die Christen Christo allein ihren Glauben und Vernunft völlig unterworfen, als welchem seine eigne Gottheit schon Ansehen genug gab, und die Stimme des Vaters vom Himmel: Dieses ist mein lieber Sohn, an dem ich Wohlgefallen habe; den solt ihr hören. Gleichwie auch die Israeliten Mosi glaubten, nachdem er ihnen sein Göttliches Amt gewiesen hatte, 2 B. Mos. XX. 19; also mussten sie auch denen Aposteln gäntzlich folgen, als sie ihnen ihre Göttliche Sendung durch Göttliche Wunder erweisen konten. Obwohl auch ihre Lehre ohne Wunder kräftig war; und wann sie bey Erfahrnen im Alten Testament lehreten, so wurden sie nicht un‹241›willig, wenn ihre Zuhörer forschten, ob auch ihre Rede damit übereinstimme. Ap. Gesch. XVII. 10.

Jedoch niemand unterwirft gäntzlich und ohne Unterscheid seinen Glauben denen übrigen Lehrern, die durch Göttliche Wunder ihren unmittelbaren Ruf nicht erweisen können, so, daß sie versprechen alles anzunehmen, was die sagen; sondern nur in so weit, so weit sie mit denen überein kömt, deren Göttlichkeit durch offenbare Zeichen klar ist. Daher ist es nicht genug, wenn Kirchenlehrer sagen: So wollen und befehlen wir; sondern sie müssen zeigen, daß ihre Lehre mit der Lehre Christi und der Apostel übereinstimme. Die Zuhörer glauben auch nicht um des Ansehens willen ihres Lehrers, sondern um der Gottheit willen, mit deren Worten ihre Lehre übereinstimmen muß. Die Schulen der Menschen werden von ihren Lehrern benennet, als, die Schule Platonis, Aristotelis, Zenonis: Aber die Kirche darf nur GOttes und Christi Namen haben. Darum verweist auch Paulus denen Corinthiern, daß einige sich Pauli, einige Kephä, andere Christi ‹242› nenneten, I Corinth. I. 12. Nach der Heiligen Schrift seyn also die Christen nicht denen Pythagoräern gleich, bey denen es genug war zu sagen: Er (unser Lehrer) hats gesagt! sondern sie haben Macht die Worte ihrer Lehrer gegen die Schrift zu halten. Christus sagt auch nicht bloß denen Jüngern, sondern allen Zuhörern: Forschet in der Schrift. Johann. V. 39. und Paulus I Thess. V. 21. will, man solle alles prüfen, und das Beste behalten, und I Joh. IV. I. die Geister prüfen, ob sie aus GOtt seyn. Ich sehe auch nicht, wie die Selbstprüfung, so Paulus I. Cor. XI. 28. allen befiehlt, die zum H. Nachtmahl gehen wollen, ohne Nachdencken vom Wort Gottes geschehen könne. Es ist auch mit denen Kirchenlehrern nicht wie mit denen Aerzten beschaffen. Denn nur diese wissen die Artzneykunst, welche sie auch bey denen unwissendsten nützlich gebrauchen. Hergegen nicht bloß der Kirchenlehrer muß die Glaubenslehren wissen; sondern das ist eine rechte Kirche, wo die Zuhörer ihrem Lehrer an Erkäntniß in Göttlichen Dingen gleich seyn. Denn die Apostel haben allen Menschen den Rath GOttes verkündiget, und nicht bloß einem, wie die Römer denen Zehenmännern die Sibyllinischen Bücher, anvertrauet. Ferner weil die Christen nicht auf das Ansehen eines Menschen ihren Glauben gründen, sondern allein auf GOtt, ‹243› so heists, sie wären von GOtt gelehrt. Joh. VI. 45. I Thess. IV. 9. aus Jesaiä LIV. 13. Jer. XXXI. 34. Daher auch Paulus leugnet, daß er über der Corinthier Glauben herrsche, 2 Corinth. I. 24 oder, welches einerley, er herrsche über sie unter dem Schein des Glaubens.

Übrigens wie erfahrne Zuhörer leicht die Predigt nach der Schrift prüfen; also dienet denen Einfältigen der Glauben dazu, oder die kurzen Begriffe der vornehmsten Glaubenslehren, (die Catechismi) die einem ieden Christen von Jugend auf so wohl von Eltern als öffentlichen Lehrern eingeprägt werden müssen: Denen auch eine einfältige Erkäntniß genug ist, ohne um die spitzfindigen Streitfragen sich zu bekümmern. Wie wenig Wissenschaft auch zu einem lebendigen Glauben gehöre, sehen wir aus Röm. X. 9. 10. I Timoth. I. 5. 2 Timoth. II. 13. Tit. III. 8. I Joh. III. 23. Weil nun nicht nur der Eckstein und Mittelpunct Christlicher Lehre ist, daß JEsus sey Christus der Sohn GOttes, (Joh. XX. 31 und VI. 40.) sondern auch im ersten Christenthum dieser Articul sonderlich vom Satan verfolgt ward; so giebt auch der Apostel denen Einfältigen diese Regel: Der Geist, so bekennet, JEsus Christus sey ins Fleisch gekommen, ist aus GOtt; und alle die Geister, so nicht bekennen, JEsus Christus sey nicht ins Fleisch gekommen, seyn nicht ‹244› aus Gott. I Joh. IV. 2.3. Obwohl hieraus nicht folgt, daß ein Christ auch die übrigen Articul nicht wissen dürfe, und was die übrigen Articul betrift, glauben und nicht glauben nach Gefallen, ohne daß es wieder die wahre Glaubenslehre sey.

§. 34. Ob die allgemeine Kirche ein Staat sey?

‹250› Da nun einzele Kirchen gantz anders aussehen, als ein Staat, so müssen wir einmal sehen, ob diese Kirchen insgesamt einen grossen Staat ausmachen? Nun wissen wir aus Heiliger Schrift, daß die Kirche auch alle Gläubigen in der Welt heisen, und also als ein Cörper genennet werden; ohne daß man das allergeringste findet, woraus man schliessen könne, daß sie nach dem Willen Christi einen Staat ausmachten. Gehet hin in alle Welt, und prediget aller Creatur das Evangelium; heist der Befehl unsers Heilandes an seine Jün‹251›ger. Allein, welches doch bey Anlegung eines Staats unumgänglich ist, so ist kein gewisser Ort, woher die andern ihre Befehle erhielten, ernennet; noch einer oder mehrere bestimt, welche die übrigen regieren sollen. Da ist keine Art, wie die übrigen mit der Residentz zusammen halten sollen; welches um desto unmöglicher war, als die Welt groß, und die meisten Reiche mit einander im Streit lagen, anderer Hindernissen zu geschweigen. Wir sehen auch kein Band, das da geschickt sey das gantze Christenthum in einen Staat zu verknüpfen. I Cor. XII. 12. 14. Denn gleichwie ein Leib ist, und hat doch viel Glieder, alle Glieder aber eines Leibes, wiewohl ihr viel sind, sind sie doch ein Leib, also auch Christus. Denn wir sind durch einen Geist alle zu einem Leibe getauft, wir seyn Jüden oder Griechen, Knechte oder Freyen, und sind alle zu einem Geist geträncket. Johann. X. 16. Meine Schafe werden meine Stimme hören, und wird eine Heerde und ein Hirte werden. Damit nun alle Schafe einen Stall ausmachen, so ist es genug, daß sie das Wort des Hirten Christi hören. Ephes. IV. 3. 4. 5. Vertraget einander in der Liebe, und seyd fleissig zu halten die Einigkeit im Geist, durch das Band des Friedes. Ein Leib und ein Geist, wie ihr auch beruffen seyd auf einerley Hofnung eures Berufs. Ein ‹252› HErr, ein Glaube, eine Taufe, ein GOtt und Vater aller. Gleicherstalt präget Christus beym Johanne in seiner Abschiedsrede seinen Jüngern hauptsächlich die Liebe ein, als ein besonderes Merckmahl des Christenthums. Eben die bringt das Wort Brüder, das die Christen ins besondere liebten, mit sich. Bes. I Corinth. XIII. 3. 4. 5. 6. 7. 8. 13. Coloss. III. 14. Gal. VI. 10. Das seyn heilige Bande, die nur einen geistlichen Cörper, nicht aber ein Reich von dieser Welt verknüpfen können. Dieses alles kan auch denen gemein seyn, die in den unterschiedensten Staaten wohnen; da von alle diesem nichts eine menschliche Macht bedeutet oder begreift.

§. 35. Es is unnütz, alle Christen in einen Staat zu vereinigen.

‹254› Man findet auch weder Nutzen noch Endzweck, warum die gantze Christenheit ein Staat werden solte. Daß geschickte Kirchenlehrer gesetzt werden, und recht ihr Amt verrichten, kan eine iede Gemeine, die sie vor Augen hat, besser beobachten, als ein entfernter, er sey auch so klug als er wolle: Denn die Menge der Geschäfte unterdrückt ihn leicht, und muß mit fremden Augen sehen, und mit fremden Ohren hören. Auch wegen der Streitigkeiten der Kirchenlehrer unter einander oder mit andern, braucht es keines allgemeinen Gerichts; indem solche in dem Staat, wo sie seyn, entschieden werden können: Es ist auch keine Ursache da, warum sie den ordentlichen Richter verabscheuen wollten. Es ist so ein Färbchen, wenn man sagt, die Einigkeit des Glaubens werde besser erhalten, die Streitigkeiten beygelegt, und die Ketzereyen gestillt und vertilgt, wenn alle Kirchen der Welt in einen Staat zusammen gehen, und einem Oberhaupt, es sey gleich ein Oberster und Fürst, oder ein gantzer Rath, gehorsamen.

§. 36. Ob in der Kirche ein Richter der Streitigkeiten seyn müsse?

‹256› Wiewohl, besieht mans recht, so prahlet man umsonst vom Nutzen einer solchen geistlichen Monarchie. Denn soll dergleichen allgemeiner Richter in der Kirchen seyn, so muß er untrüglich und ohne allen Tadel seyn, so wohl in Rechts- als historischen Fragen, weil man oft zwar wohl weiß, ob eine Lehre wahr oder falsch sey, aber dennoch nicht recht weiß, ob man sie diesem oder ienem mit Recht zuschreibt. Sonst würde man unendlich streiten, wenn es erlaubt wäre an dem Ausspruch eines solchen Richters zu zweifeln. Das untrügliche Ansehen dieses Richters muß auch so klar seyn, daß man ohne die größte Einfalt nicht daran zweifeln könte. Denn würde man über seinem Stande und Beschaffenheit einen Streit anfangen, so müsste man zu einem andern gleichfals untrüglichen Richter gehen, nachdem jener in sei‹257›ner eignen Sache nicht sprechen kan. Da nun GOtt allein diesen Vorzug der Untrüglichkeit mittheilen kan, (dann auch aller Christen einmüthiger Wille kan ihn nicht zu wege bringen;) so muß aus Heil. Schrift bewiesen werden, daß iemand diesen Vorzug und Gewalt erhalten habe, so, daß er und seine Nachfolger Glaubensstreitigkeiten ohnfehlbar entscheiden könne. Dergleichen finden wir aber nicht das allergeringste in Heil. Schrift. Christus sandte seine Apostel mit gleichem Ansehen, und voll eines Heiligen Geistes. Nach ihnen stehet denen übrigen Kirchenlehrern kein Weg zu näherer Erkäntniß Christlicher Religion offen, als fleißiges und heiliges Forschen in der Schrift. 2 Timoth. II. 24. 25. Machet sich iemand mit einem prophetischen Geiste und Göttlicher Eingebung breit, so muß er es klar beweisen, 1 Corinth. XIV. 20. Die Künste, wovon Paulus 2 Timoth. II. 24. 25. sagt, muß ein ieder Bischof und Lehrer besitzen. Ein Knecht des HErrn soll nicht zänckisch seyn, sondern freundlich gegen iedermann, lehrhaftig, der die Bösen tragen kan mit Sanftmuth, und straffe die Wiederspänstigen, ob ihnen GOtt dermaleins Busse gebe, die Wahrheit zu erkennen. Daraus folgt, daß, wenn iemand nun sich diese Unfehlbarkeit Streitigkeiten zu entscheiden beylegt, derselbe ‹258› die Stücke, so den wahren Verstand der Schrift zu erforschen erfordert werden, vor allen andern im höchsten Grad besitzen müsse, so, daß mehrerer vereinigtes Bemühen dieses einzigen Einsicht nicht gleich komme.

Hernach, wenn ein solcher allgemeiner Richter der Streitigkeiten nützlich seyn soll, so muß er Macht haben alle Christen zu zwingen, damit sie seinem Ausspruch folgen. Sonst, ist das Urtheil nur bloß von der Wahrheit unterstützt, so wird man entweder bey denen unausgemachten Sätzen bleiben, oder dem Richter nicht mehr einräumen, als ein ieder der Schrift erfahrner Christ erkennet. Jenes Zwangrecht muß entweder von GOtt besonders ertheilt seyn, oder von der Einwilligung aller Christen, oder von der allgemeinen Herrschaft über alle Kirchen herrühren. Ja braucht iemand solche Gewalt, so muß er hinlänglich erweisen, woher er sie habe; und da ist es nicht genug auf Vorgeben und den Besitz trotzen. Denn darunter kan auch das größte Unrecht versteckt werden, und kan keinen festen ‹259› Rechtsgrund geben; indem ein anfangs geringes Ansehen mit der Zeit zu einer unerträglichen Herrschaft werden kan. Daß also alle die Satzungen oder Traditionen, so in heiliger Schrift sich nicht finden, billig verdächtig seyn. Ich geschweige, daß dergleichen Gewalt gantz wieder die Art Christlicher Religion ist. Denn wolte man dadurch die Streitigkeiten verhindern, so würde daraus noch eine härtere Sclaverey entstehen, als von welcher dort Tacitus klagend sagt: Man darf wegen der Nachstellung weder reden noch hören; man würde das Wort mit samt dem Andencken vertilgen, wenn es so wohl in unsrer Macht stünde zu vergessen als zu schweigen. Durch dergleichen Gewalt wirst du wohl Heuchler und heimliche Ketzer, aber keine rechte Christen machen. Ja, wie es besser ist, das Geschwür entdecken, damit man die schädlichen Materien ausdrücke; also ists besser die Zweifel, so unser Gemüth drücken, und die Irrthümer eröfnen, damit sie durch geschickte Mittel gehoben werden, ‹260› als daß sie die nahen Theile anstecken, und den kalten Brand erregen.

Ja solcher gestalt würde in einem Staat zweyerley höchste Gewalt entstehen, daß die Menschen so wohl unter dem Schein eines Gerichts der Streitigkeiten, als durch weltliche Befehle gebunden wären. Denn da dergleichen höchste Gewalt nicht aus dem Endzweck der Staaten entstehet, so muß sie nothwendig von der ordentlichen weltlichen unterschieden seyn. Daher wenn einer beyderley besitzt, so herrscht er so wohl über die Gewissen als das Leben; ist aber Gewissensherrschaft bey einem andern, so vollführet er entweder selbst seine Aussprüche, oder spricht und trägt weltlichen Fürsten die Execution auf. Im erstern Fall machen zwey Herrschaften in einem Staat die größten Beschwerden und Verwirrungen; im letztern seyn die Fürsten Hencker des geistlichen Richters. Da nun aber das alles den Zusammenhang menschlicher Dinge zerstöret, so wird es viel Künste kosten, einen Vernünftigen zu überreden, daß Christus mit seiner Lehre solche Zerrüttungen im Staat habe verursachen wollen.

Streit kan nicht vermieden werden, wie Christus im Gleichniß sagt, Matth. XIII. 24. und Paulus 1 Corinth. XI. 19. aber wer ihn erregt, muß sich doch einiger massen in der Schrift gründen, wenn es auch nur zum Schein ‹261› ist. Denn will einer ohne Heil. Schrift neue Glaubensarticul angeben, dem muß man als einen Narren nicht achten. Auch wird der billig verlacht, der sich mit eitlem Vernünfteln breit macht. Auf Tradition ohne H. Schrift sich beruffen, ist so gut als bekennen, man habe keinen Grund. Wird auch iemand einen angenommenen Glaubenspunct der Kirche antasten, den wird man für thöricht halten, wenn er seine Einwendung aus Heiliger Schrift nicht bescheinigt. Ist dieses, und es geschicht aus Liebe zur Wahrheit, so kan man einen solchen schlechthin nicht verwerfen, sondern muß seine Gründe anhören und prüfen. Es wird also auf die Auslegung H. Schrift ankommen; diese recht zu finden, braucht es keiner Gewalt und unumschränckten Ansehens, sondern nur solcher Hülfsmittel, die man zu Erklärung eines Buchs nöthig hat, nemlich Käntniß der Sprache und fleißiges Überlegen des Zusammenhangs Göttlicher Lehre. Komt dazu ein guter Verstand, ein Gemüth, das von Vorurtheilen und Eigennutz frey ist, wie auch von bösen Neigungen, so ‹262› wird es so schwer nicht seyn die Schrift auszulegen. So, daß, wer diesem wiederspricht, bey Verständigen allerdings verloren hat. Gleichwie Christus die Pharisäer und Sadducäer mit der Schrift und Schlüssen aus derselben so überführet hat, daß sie nichts dawieder einwenden konten. Es ist aber glaublich, daß iede Christliche Gemeine so viel Lehrer habe, als man braucht die Irrenden zu wiederlegen. Im Nothfall kan man benachbarte und berühmte Kirchen zu Hülfe nehmen. Solcher gestalt können wir wohl einen allgemeinen Richter der Streitigkeiten entbehren. Wo auch viel wiedrig gesinnte seyn, besonders wenn sie gantze Staaten erfüllen, da ist dergleichen Richter nur vergeblich. Denn würde er sie zur Wahrheit zwingen wollen, so würden sie sich wehren: Will er sie aber durch die Schrift und Gründe überführen, so kan das ieder geschickter Lehrer eben so gut thun.

Es ist auch nicht zu besorgen, daß die Irrthümer die Wahrheit gantz unterdrücken sollten, daß sie keine Lehrer mehr vertheidigen könten. Wir wissen ja, daß viele Irrthümer ‹263› ohne alle Gewalt durch die blosse Wahrheit unterdrückt seyn. Ein anders ists, wenn die Lehren dem weltlichen Staat gefährlich seyn. Dahin gehören die, so die Protestanten im Pabstthum verwerfen; denn, besieht man sie recht, so seyn sie mit dem päbstlichen Stuhl so verknüpft, daß die Papisten darin, ohne ihrem Ansehen zu schaden, nicht nachgeben können; jene werden auch mit diesen nie eins werden, es sey denn, daß sie das einmal abgeschüttelte päbstliche Joch geduldig wieder aufnehmen. Die Päbstler streiten auch sehr ungeschickt, indem sie sich immer auf das Ansehen der Kirche beruffen, und prahlen, aller Streit in Glaubenssachen werde durch den Glauben an dasselbe gehoben. Also machen sie sich aber zugleich zu Richtern und Parteyen, sie urtheilen, da man sie anklagt, und wollen also ihr eignes Unterfangen zum Recht machen. Denn das ist ihr ewiger irriger Satz, daß sie sich für die Kirche halten, und alle, die mit ihnen es nicht halten, verwerfen. Auch das ist ihnen eigen, daß sie ohngeachtet ‹264› allen Beweises durch denen Aposteln unbekante Künste, alle Mühe sich zu vertheidigen geben. Daher ist auch diesem ungerechten Staat von GOTT eine besondere Art des Endes bestimt.

§. 37. Streit, den die Apostel entschieden haben.

‹270› Im übrigen, wie man einen Streit, der in der Kirche entstehet, beylegen solle, lernet man am sichersten aus Apost. Gesch. XV. Da wurde nemlich vom Hauptbegriff Christlicher Religion gefragt; ob iemand ohne die ‹271› Beschneidung Mosis selig werden könne? Denn Paulus hat Galat. V. 2. gesagt: Wo ihr euch beschneiden lasset, so ist euch Christus nichts nütze. Es ist auch nicht aus den Augen zu setzen, daß dieser Streit beym Anfang der Kirche war, da die Regel des Glaubens und Lebens noch nicht fertig war, und sich noch Lehrer fanden, welche Christum selbst gehöret, und den Heiligen Geist empfangen hatten, und Apostel waren. Auch ist kein Zweifel, daß Paulus und Barnabas vermögend genug gewesen seyn, den Irrthum zu wiederlegen. Gleichwie aus besagtem Orte v. 2. erhellet, daß sie denen Irrenden genug Gründe entgegen gesetzt haben; da nun die von Judäa dieselbe nicht erörtern konten, so haben diese auf Jerusalem sich beruffen, (Bes. v. 24.) als woher die Christliche Religion in die gantze Welt gekommen war, und wo sie Beyfall bey denen vermutheten, denen die Abschaffung der Jüdischen Gebräuche nicht gefiel. Es fielen ihnen auch nach dem 5. v. nicht wenige daselbst bey. Damit nun durch diesen Streit die Antiochenische Kirche nicht gestöret würde, so wurden Paulus und Barnabas mit einigen andern an die Jerusalemische Kirche geschickt, diesen Streit zu entscheiden. Da die ankamen, wurden die Apostel, die Aeltesten und die gantze Kirche zusammen beruffen, samt denen ‹272› Gegenseitigen, deren Ursachen man anhörte und nachgehends darüber stritte. Nachdem man nun die Sache nach beyderley Meinung verfochten hatte, trat Petrus auf, nicht als allgemeiner Richter der Streitigkeiten, oder wenn er den Streit zu entscheiden bevollmächtigt wäre, sondern nur lehrend, seine Meinung beweisend, und auf seine Erscheinung sich beruffend, Ap. Gesch. XI. 19. und auf die Wirckung des Evangelii bey denen Unbeschnittenen. Er schloß also: Da die Hertzen der Unbeschnittenen eben so wohl vom Heiligen Geist geheiliget werden, so wäre es ungereimt, mit dem harten Gebrauch der Beschneidung die Christen vergeblich zu beschweren, zumal da man nicht dadurch, sondern durch die Gnade Christi selig wird. Paulus und Barnabas fielen dem bey, und zeigten zugleich die Wunder, so GOtt durch sie bey denen Heyden geschaft hatte: Das wäre nicht geschehen, wenn sie wegen der Vorhaut unheilig gewesen wären, oder ein Theil Christlichen Glaubens ihnen gefehlet hätte. Nachdem sie also schweigen, das ist, da niemand mehr war, der etwas einzuwenden hatte, so stund auch Jacobus auf, und sagte, das Gesicht Petri wäre denen Weissagungen gemäß. Daraus schliest er, man solle die sich zum Christenthum bekehrende Heyden nicht beschweren. Da‹273›mit sie aber denen Jüden in etwas nachgäben, und diese desto williger mit denen Heyden umgiengen, so sagten sie, sie solten sich des Götzenopfers, der Hurerey und des Erstickten, wie auch des Bluts enthalten, welches in dem Mosaischen Gesetz verordnet war, und einiger massen mit dem Gesetz der Natur überein kam, wie das Verbot der Hurerey, die bey denen Heyden ohngestraft im höchsten Schwange war. Die übrigen gleichgültigen Dinge konten leicht unterlassen werden, damit sich andere nicht daran ärgerten. Damit stimmeten alle, auch die zuerst wiedrig gesinnete mit überein; und wurde im Namen der Apostel und gantzen Gemeine ein Sendbrief an die Antiochenische Kirche geschrieben, und durch Judam und Silam überbracht. Darauf machten die Antiochener den Brief nicht als einen Befehl bekant, sondern lasen ihn denen Brüdern vor, lobten ihn, und stimmeten ihm bey.

§. 38. Von der Natur und Gebrauch der Concilien.

‹277› Wenn wir hierauf wohl achten, so können wir einige Dinge daher leiten, damit man die Natur der Concilien verstehe. Erstlich ist es klar, daß die Concilia keine unzertrennliche Cörper seyn, welchen das Regiment der Kirchen aufgetragen; sondern daß es ausserordentliche Zusammenkünfte seyn, die aus denen auserlesensten und ansehnlichsten Gliedern der Kirche bestehen, wichtige Streitigkeiten in der Kirche beyzulegen. Weil die nun von den ältesten Zeiten an in der Kirche gewesen seyn, so ist es eine offenbare Anzeige, daß in der Kirche kein sichtbarer Richter der Streitigkeiten sey. Denn was braucht es so viele Männer zu bemühen, wenn ein nie fehlender Mann die Entscheidung machen kan, und, was weit mehr ist, die Concilienschlüsse durch seine Bestättigung gelten? Daher kan man die Männer, woraus das Concilium bestehet, nicht als Glieder eines Raths betrachten, so daß ein ieder Christ an ihr Urtheil gebunden sey, und die meisten Stimmen gelten; absonderlich da die Wahrheit insgemein nicht vom größten Theil Stimmen erkant wird. Noch weniger stehet ihnen eine Gewalt Gesetze zu geben zu, so, daß sie als Herrscher der Kirche Gesetze und Glaubens- und Lebensregeln vorschreiben könten. ‹278› Sondern sie seyn da nur als Abgesandten der Kirchen zu betrachten, die die Streitigkeiten prüfen, und derselben Entscheidung aus der H. Schrift suchen. Die Kirchen seyn auch an diese Entscheidung nur in so weit gebunden, als sie in Heiliger Schrift gegründet ist. Es kan aber leicht geschehen, daß ein Streit dunckel und schwer zu seyn scheint, dessen Entscheidung hergegen gleich in die Augen fällt, wenn man beyderseitige Gründe gegen einander hält. Ist in den Gebräuchen etwas von denen Concilien beschlossen, so verbindet das nur in so weit, als es entweder vorhero von denen Kirchen aufgetragen ist, oder nachher angenommen wird; gleichwie auch die Concilia keine Herrschaft über die Kirche haben.

Hierbey erinnere ich, daß der Satz: „Das Concilium ist über den Pabst“, ein Satz sey, der bey denen, die der Schrift und Vernunft folgen, ausgemacht ist. Denn, wer wird nicht zugeben, daß mehrerer vereinigter Fleiß und Gelehrsamkeit mehr tauge die Wahrheit ausfindig zu machen, als das Urtheil eines Menschen, der öfters ein schlechter Schriftgelehrter ist? Was nun diejenigen hiewieder sagen, welche den Römischen Stuhl für den Mittelpunct der Kirchen halten, und den Pabst zum obersten Bischof machen, das ist sehr einfältig; indem der Staat der Römischen Kirche mo‹279›narchisch; jener Satz aber eine Aristocratie zum Grunde setzt. Man kan mit wenig Worten das Geheimniß desselben entdecken. Nemlich die Frantzösische Geistlichkeit will den Pabst nur in so weit für das Haupt der Kirchen erkennen, als es ihr eigner Vortheil fordert. Will der Pabst weiter gehen, als des Staats und der Geistlichkeit Interesse leidet, so kömt man gleich mit der Freyheit der Frantzösischen Kirchen und der alten Lehre der Sorbonne angestochen; die Einfältigen betrügt man damit, als wann die Frantzösische Kirche die groben Römischen Irrthümer abgeschaft hätte. Ferner so ist auch gewiß, daß, wenn in einer Kirche Streit ist, man nicht just auch andere damit Beschwerde verursachen muß; oder wenn eine Kirche nicht geschickte Lehrer hat die Sache beyzulegen, und man andere Kirchenlehrer zu Hülfe nehmen muß, so ist es überflüßig, mehr, als man zu dem Endzweck braucht, zu bemühen. Also schickten die Antiochener nur an die Jerusalemer wegen ihres Streits, und ‹280› giengen die Phönicische und Samaritanische vorbey. Auch müssen die, so von unterschiedenen Kirchen abgeschickt werden, ieder von seiner Kirche bevollmächtigt seyn. Sonst wird der Lehrer oder Bischof seine Kirche nicht vorstellen; wenn diese ihren Beyfall nicht völlig zu denen Lehren ihrer Lehrer gegeben haben, sondern nur in so weit als sie mit der Heil. Schrift eins seyn. Mit dieser Ausnahme muß man Hebr. XIII. 17. verstehen. In denen Conciliis müssen gleichfals die gehöret werden, die Streit machen, und ihre Gründe müssen recht geprüfet und erörtert werden; da muß man denn alles gegen die Schrift halten. Wenn von einem Vortheil, und nicht bloß von einer Lehre gehandelt wird, so können die, welche er betrift, die andern von der Entscheidung nicht ausschliessen. Daraus sehen wir, daß die Streitigkeit der Protestanten mit dem Pabst durch ein Concilium nicht können beygelegt werden. Denn sie streiten nicht allein um der Lehre willen, sondern auch um die Herrschaft, Würden und reiche Güter. Ich sehe auch nicht, wie man Ohnparteyische finden könne, diesen wichtigen Streit zu entscheiden, denen beyde sich unterwerfen würden. Die Protestanten seyn auch nicht so thöricht, ihrer Hauptfeinde derer Papisten Urtheil sich zu unterwerfen. Die Papisten können diß ‹281› auch ohne Schamröthe nicht verlangen. Der Pabst wird auch seines Glücks nie so überdrüssig seyn, daß er es auf einen Vergleich setze. Eine gleiche Versamlung von beyden würde auch wie ein Gastgebot der Centauren und Lapitharum seyn.

§. 39. Beschaffenheit der Kirche unter denen heydnischen Kaysern.

‹283› Nachdem wir nun weitläufig gezeigt haben, daß die Kirche kein Staat sey, so müssen ‹284› wir noch sehen, zu was von einer Art moralischer Cörper die Kirchen gehören, so wie sie zu der heydnischen Kayser Zeiten beschaffen waren. Da finden wir, daß sie nichts als Versamlungen oder Gesellschaften waren, die aus mehrern zu einem Endzweck vereinigten Menschen bestehet, ohne die Gerechtsame des Fürsten, so er über sie hat, zu kräncken. Wovon man die Rechtslehrer über den *Tit. ff. de Colleg. & Corporib.* besonders JACOBUM CUJACIUM VII. *Observat.* XXX. & XVI. *Obs.* III & IV. nachsehen kan, wo sie auch zeigen, daß Religionsversamlungen bey denen Römern frey und erlaubt waren. Unter andern zeigt das ATHENAGORAS *Apol. Pro Christ.* im Anfange: „Durch eure Herrschaft, ihr grossen Könige, seyn die Gesetze und Sitten unterschieden, dennoch ist niemand, den das Gesetz oder Furcht des Richters abhielt das Väterliche zu verehren." Und ein wenig hernach: „Die Menschen verrichten, ein ieder nach seiner Nation und Stadt, ihren Gottesdienst." Diese Religionsfreyheit machte auch, daß die Christliche Religion in kurtzer Zeit in einem so grossen Reich so zunahm, und wenige im Anfang sich des Evangelii Ausbreitung wiedersetzten; denn die Obrigkeit meinte, es gienge sie nichts an. Daher finden wir nirgends, daß die Apostel Freyheit das Evan‹285›gelium zu predigen und Kirchen anzulegen gebeten hätten. Wiewohl es war auch eine andere Ursache, warum der weltlichen Obrigkeit Einwilligung eine Kirche anzulegen, nicht nöthig war: Denn die Apostel waren von dem gesandt, der über alle Reiche und Fürsten herrscht; und GOtt verkündigte allen Menschen, daß sie klug würden, Apost. Gesch. XVII. 30. Hieraus sehen wir, daß die Apostel nicht nur allenthalben, wo sie Gläubige fanden, Kirchen anlegen durften, sondern daß auch die Gläubigen, wo das Evangelium erschallte, Gemeinen anlegen konten, oder Kirchen pflantzen, und dazu keiner Apostolischen Vollmacht oder Erkäntniß nöthig gehabt haben; sondern daß es genug gewesen, wenn sich, nach des Heilandes Ausspruch, zwey oder drey in seinem Namen versamlen wollen.

Alle Gesellschaften aber, wo die Leute frey zusammen treten, haben die Art, daß darinnen ieder gleiche Gewalt hat, und die gemeinschaftlichen Geschäfte gemeinschaftlich verrichtet werden müssen; es kan also niemand über den andern sich einer Herrschaft anmassen, die ihn von allen nicht übertragen ist. Folglich müssen auch eigentlich und dem Ursprung nach die Lehrer von der gantzen Gemeinde gesetzt werden. Denn obgleich ausgemacht ist, daß die Apostel hin und wieder Kirchenlehrer verordnet haben: ‹286› So ist das doch nicht ohne Einwilligung der Kirche geschehen. Das zeigt das Wort χειροτονεῖν mit ausgestreckter Hand erwehlen, welches democratisch ist, und bey dergleichen Geschäften hin und wieder gebraucht wird. Man kan auch nicht sagen, daß die Apostel allerwärts Lehrer verordnet hätten, oder allenthalben selbst geprediget hätten. Vielmehr wurde das Evangelium allenthalb bekant, wenn es an denen berühmtesten Oertern gepredigt ward; und in so weit die Apostel denen Kirchen keine Lehrer, Bischöffe, Aeltesten, unmittelbar oder aus besonderer Vollmacht nicht gegeben hatten, so nahmen die Gemeinden diejenigen dazu, die entweder an einem Ort das Evangelium zuerst verkündigten, oder vor andern eine Gabe zu lehren hatten. Es scheint in der That, als wenn zu Rom bereits Lehrer gewesen seyn, noch ehe Petrus und Paulus hinkamen, welches aus der Epistel an die Römer Cap. XVI. zu ersehen. Man glaubt auch, der Cämmerer der Königin Candaces habe das Evangelium in Aethiopien ausge‹287›breitet, und da eine Kirche errichtet, ohngeachtet ihn Philippus bey der Taufe nicht zu einem Bischof oder Aeltesten verordnete. Apost. Gesch. VIII.

Christus und die Apostel haben eben darum keine Fürschrift der Einsetzung der Lehrer gemacht, wie bey denen Sacramenten, welches anzeigt, daß zu diesem Amt weiter nichts als der Beruf der Kirche und die Gabe zu lehren erfordert werde. Die Ordination und Auflegung der Hände derer Bischöffe und Aeltesten ist ein löblicher und nützlicher Gebrauch, aber nicht so unumgänglich nöthig, daß man ohne denselben kein Kirchendiener seyn könnte; besonders, da die wunderthätige Wirckung, die in der ersten Kirche diesen Gebrauch begleitete, I Timoth. IV. 14. längst aufgehöret hat. Es haben auch die Kirchen wie andere Gesellschaften Recht, Geld zum Unterhalt der Kirchenbedienten und Armen zu samlen; nicht aber Tribut aufzulegen, welches der weltlichen Obrigkeit nur zustehet, die die Leute auch dazu zwingen kan; Da hergegen jenes der Gläubigen Freygebigkeit, Billigkeit und Güte, die da will, daß man denen Arbeitern ihren Lohn gebe, und denen Armen helfe, zum Grunde hat. Bes. 2 Corinth. VIII. 2. 3. 11. 12. 13 IX. 5. 6. 7. Ferner haben alle Gesellschaften so wohl als die Kirchen das mit‹288›einander gemein, daß sie einmüthig Willkühre, ihren gemeinschaftlichen Endzweck zu erreichen, machen können, ohne die Landesgesetze zu kräncken. Dahin gehöret, was Paulus denen Corinthiern in der I Epist. im VII. und folg. Capit. anbefiehlt.

Handelte iemand wieder diese Ordnungen, so wurde er dafür billig mit der willkührlichen Straffe belegt, nicht aus obrigkeitlicher Gewalt, sondern weil es so verabredet war. Und obwohl sonst eine Gesellschaft über ihre Glieder ausser gesellschaftlichen Geschäften nicht zu befehlen hat, es sey denn in so weit als die ordentliche Obrigkeit es anders geordnet hätte: So pflegt doch wohl, ohne dadurch der ordentlichen Obrigkeit einen Eingriff zu thun, zu geschehen, daß sie zu mehrerer Einigkeit die unter einander entstandene Irrungen durch die Gesellschaft beylegen lassen. Dahin gehöret, was Paulus sagt I Corinth. VI. 1. folg. Weil endlich unter denen Menschen zur Zeit des ersten Evangelii vielerley Sitten waren, und grobe Schandthaten ohngestraft verübt wurden, so, daß es darin auf die Schamhaftigkeit eine ieden, indem die Gesetze dißfalls nichts ordneten, ankam; die Christen hergegen heilig seyn, und die Heyden an Unsträflichkeit übertreffen mußten: So ist sehr früh in der Kirche vieles zu Verbesserung der Sitten verordnet wor‹289›den, worin Paulus vorgieng, I Corinth. V. 11. So iemand ist, der sich lässet einen Bruder nennen, und ist ein Hurer, oder ein Geitziger, oder ein Abgöttischer, oder ein Lästerer, oder ein Trunckenbold, oder ein Räuber, mit demselbigen solt ihr auch nicht essen. Bes. Galat. VI. 1. I Timoth. V. 20. Also hatte auch die Kirche auf die Sitten ihrer Glieder Acht. Das konte ohnbeschadet der Fürsten geschehen, welchen selbst viel daran gelegen ist, daß sie unsträfliche Unterthanen haben.

In allen den Fällen konte aber keine andere Straffe statt haben, als welche ohne obrigkeitliche Gewalt angethan werden; z. E. Verwarnung, öffentlicher Verweis, Kirchenbusse, und Zeichen wahrer Busse in Gegenwart der Gemeine; endlich die Ausschliessung von der Gemeine und der Bann, wodurch man entweder auf einige Zeit vom öffentlichen Gottesdienst ausgeschlossen, oder gäntzlich aus der Kirche verstossen wird. Denn das ist das letzte Mittel, wodurch eine Gesellschaft straffet, daß sie die Bösen ausschleußt. Dieser Kirchenbann ob er schon an sich wichtig war, indem man dadurch der Wohlthaten und Nutzen, so man von der Gemeinde zu erwarten hatte, beraubet wurde, so hatte er doch weiter keine Wirckung in weltlichen Dingen; sondern diejenigen, welche in dem ‹290› Kirchenbann waren, behielten nichts desto weniger ihren weltlichen Stand, Würde, Ansehen, Acht, Güter, und andere Gerechtsame. Daß auch der Kirchen Straffe sich bis so weit erstrecken solte, erfordert weder der Endzweck derselben, noch weniger kan es die weltliche Obrigkeit zu geben, daß ohne ihre Untersuchung, Befehl und Erlaubniß ihre Unterthanen an Leib, Ehre, Gut oder Würden gestraft werden.

§. 40. Gestalt der Kirche unter Christlicher Obrigkeit.

‹297› Nun müssen wir sehen, wie weit die Kirchen von ihrer Gestalt sich verändert haben, nachdem Fürsten und Herren und gantze Reiche die Christliche Religion angenommen haben. Da ist nun zu mercken, daß dadurch der Kirchen keine wesentliche Vollkommenheit zu wege gebracht sey, indem zur Christlichen Religion gar kein Staat erfordert wird, auch die Christliche Religion zum Staat nicht gehört; da der Endzweck Christlicher Religion und eines Staats himmelweit unterschieden seyn. Dann unser πολίτευμα oder Reich, und wahres Vaterland ist im Himel, Philipp. III. 20. 2 Cor. V. 2. 8. Hoffen wir allein in diesem Leben auf Christum, so seyn wir die Elendesten unter allen Menschen. I Cor. XV. 19. Daher drangen sich die Apostel nicht zu Fürsten und Herren, zu denen sie leicht durch ihre Wunder hätten kommen können. Gleichwie Herodes froh ward, da er JEsum sahe, denn er hoffete, er würde ein Zeichen von ihm sehen. Luc. XXIII. 8. Allein es solte nicht lassen, als wenn die Kraft des Evangelii die Wirckung menschlicher Stärcke brauche, und solchergestalt die Für‹298›sten sich nicht mehr Gewalt über die Christliche Religion anmaasten, als ihnen zukam. Die Christliche Religion nimt aber von dem Recht, das ihnen zukömt, nichts, sondern befestigt und heiligt es. Matth. XXII. 21 Joh. XIX. 11. Röm. XIII. I. folg. I Cor. XV. 24. I Tim. II. 1. 2. I Petr. II. 13. 14. Nun müsste die Gewalt der Fürsten verringert und eingeschränckt werden, die Verbindlichkeit der Unterthanen würde gantz verändert werden, wenn die Kirche ein Staat mit eigner Gewalt versehen, wäre. Im Gegentheil, wenn ein Fürst oder alle Unterthanen auch Christen würden, so hörte dennoch bey ihnen, als Christen oder Kirchenlehrern, die weltliche Verbindlichkeit nicht auf; denn wir das weder in Heil. Schrift, noch eine Nothwendigkeit finden, welche es anders erforderte. Im Neuen Bunde ist kein einziger Spruch, der denen Fürsten besondere Pflichten die Kirchen betreffend auflegte. Gleichwie die Israelitischen Könige dergleichen hatten, 5 B. Mos. XVII. 18. 19. 20. Hieraus fliest denn, wenn ein Fürst Recht und Gewalt in geistlichen Dingen haben soll, daß das entweder aus der ächten Art einer weltlichen Herrschaft, oder aus der Natur der Christlichen Religion, oder aus freymüthiger ‹299› Auftragung der Kirche entstehen müsse.

§. 41. Daß die Kirche deßwegen die Natur eines Collegii nicht verliere.

Nachdem wir dieses zum Grunde gesetzt haben, so ist es klar, daß, wenn ein Fürst oder Staat Christlich wird, doch die Kirche ihre erste Gestalt nicht verliere. ‹300› Nur da sie bisher eine Privatgesellschaft war, die aber doch denen Gesetzen gemäß, und welche keine weltliche Gewalt stören, verfolgen oder über den Hauffen werfen darf; so ist sie nunmehr sicherer für denen Verfolgungen der Ungläubigen. Sie legt aber deßwegen nicht die Gestalt einer Gesellschaft ab, und wird ein völliger Staat, auch ändert die Einführung der Christlichen Religion den Staat nicht;

sondern es bleibet die höchste Gewalt samt ihren Gerechtsamen; es bleiben die Unterthanen, ihre Aemter und Pflicht. Wie man ohne Wiederspruch nicht sagen kan, es wären in einem Staat zwey höchste Herrschaften oder Reiche und damit verknüpfte Verbindlichkeiten. Und wenn man gleich spräche, die Kirche und der Staat habe verschiedene Endzwecke und Gegenwürfe, die einander nicht entgegen seyn: So folgt daraus doch nicht, daß die Kirche ein Staat, und die Art die Christliche Religion fortzupflantzen, zu erhalten und auszuüben, zu einer weltlichen Herrschaft werden müsse. Wo also ein Volck mit seinem Fürsten Christlich ist, so ist die Kirche im Staat, ohne daß sie dieses Rech‹301›te umstossen, hindern und verwirren kann, und ist eine Gesellschaft, die den Fürsten und alle seine Unterthanen in sich begreift. So daß ieder ausser seinem weltl. Stande noch dazu ein Christ und Glied der Kirchen ist. Daher der Stand, den iemand hat, wenn er in die Kirche tritt, ruhet, und da als ein Christ allen gleich ist. Also hat einer, der im Staat General ist, in der Kirche nicht mehr Recht als ein schlechter Soldat. Es ist aber iederman bekant, daß ein Mensch ohne Verwirrung mehrere Personen vorstellen, oder zugleich mehrere Würden haben kan, nachdem er verschiedene Aemter und Ehrenstellen bekleidet, und ihm unterschiedliche Pflichten obliegen.

§. 42. Die Könige werden deßwegen nicht Bischöffe.

‹303› Auch das ist wohl gewiß, daß ein König, Fürst oder andere obrigkeitliche Person, wenn er ein Christ wird, nicht gleich auch ein Bischof oder Kirchenlehrer ist. Denn das Amt ist unterschieden vom Stande eines Christen, und erfordert eine besondere Berufung und Geschicklichkeit. Dazu kömt, daß das Amt eines Königs und eines Kirchenlehrers so beschaffen ist, daß einer sie bequem nicht zugleich verwalten kan; nicht als ob sie von Natur mit einander stritten, sondern weil sie wichtig seyn, daß ein Mensch ihnen nicht gewachsen ist. Auch das ist klar, daß die Fürsten durch Annahme der Christlichen Religion nicht Macht bekommen haben, den Kirchendienst zu ändern und zu ordnen, und die Prediger zu verbinden, daß sie anders, als Gottes Wort sagt, lehren, und Menschensatzungen als Glaubensarticul annehmen sollen. Denn GOtt hat schon befohlen, wie und was ‹304› sie lehren sollen; und hier müssen so wohl die Könige als andere gehorsamen. Damit ist verknüpft, daß durch die Bekehrung der Fürsten das Amt und die Pflicht der Lehrer und übrigen Christen nicht verändert wird, indem GOtt ohne der Fürsten Hülfe das schon geordnet hat; und wenn sie auch einiges Recht dißfalls haben, so haben sie es nicht als Fürsten.

§. 43. Pflicht Christlicher Fürsten die Kirche zu vertheidigen und erhalten.

‹306› Allein deßwegen hat der Fürst doch als ein Christ einige besondere Pflichten, welche aus Vereinigung der Christlichen Pflichten mit der höchsten Gewalt entstehen. Unter denenselben ist die erste, daß sie die Kirche schützen müssen wieder die Nachstellungen boshaftiger Unterthanen, und ihre Unterthanen vertheidigen, die um des Christenthums willen von Fremden verfolgt werden. Denn obgleich die Christliche Religion nicht mit Gewalt und Waffen muß ausgebreitet werden, so darf man sich doch wohl um der Religion willen, wenn es bequem angehet, wehren, und es steht da nicht im Wege, daß Christus seinen Jüngern so sehr eingeprediget, das Unrecht geduldig zu ertragen; welches alsdenn nöthig ist, wenn man nach den Gesetzen sich sonst nicht wehren darf. Daher, als Paulus sollte gestäupt werden, berief er sich auf sein Römisches Bürgerrecht, und als die Jüden wider ihn raseten, appellirte er an den Kayser, Apost. Gesch. XXII. 25. Und der

Heiland sagt, man ‹307› solle für der Verfolgung aus einer Stadt in die andere fliehen, Matth. X. 23. Da nun die Fürsten ihre Unterthanen für allem Unrecht vertheidigen müssen, so müssen sie desto sorgfältiger denselben, wenn sie um Christi willen leiden, beystehen, ie ungerechter es ist deßhalb verfolgt zu werden. Hernach müssen die Fürsten vermöge ihrer Christlichen Pflicht dahin sehen, daß die gehörige Unkosten zum Gottesdienst da seyn. Denn wir haben oben schon gezeigt, daß anfänglich keine andere Kirchengüter, als die Almosen und Gaben der Gläubigen, gewesen seyn: Nun seyn diese sehr ungewiß; dahero müssen die Kirchendiener Noth leiden, wenn sie davon leben sollen, oder das arme Volck, das so schon genug mitgenommen wird durch die ordentlichen Abgaben, muß darunter gar zu sehr leiden. Da hergegen so viel Fürsten und Reiche Christlich seyn, so würde es sehr übel stehen, wenn die Kirchen so magre Einkünfte haben solten, besonders, da in einem Staat die Aemter so hoch gehalten werden, als sie viel zu un‹308›terhalten kosten. Und die Sprüche Röm. XV. 27. und I Cor. IX. 11. gehen um desto mehr die Fürsten an, als sie dieses leichter und besser thun können, indem sie die gemeinschaftlichen Gelder unter Händen haben. Wiewohl gar zu grosse Einkünfte denen Lehrern unnütz, der Kirche so wohl als dem Staat schädlich seyn. Die auch der Kirche dienen wollen, müssen es nicht um des Gewinstes willen thun, und darum den Bau des Reichs GOttes hintan setzen. Da aber bey dergleichen Aemtern sonst nichts zu verdienen ist, wofern man ihnen recht vorstehen will; und es doch bey dem gemeinen Mann ein besser Ansehen macht, wann sie anständig zu leben haben; da hergegen die zum Gelächter dienen, welche bey ihrem Amt hungern müssen, daß es heist, wie der Poet sagt: Es scheint wohl, daß dieser Knecht einen armen und schlechten Herrn hat: So müssen die Fürsten dadurch Hochachtung gegen den Gottesdienst erwecken, daß sie denen Kirchenlehrern länglichen Unterhalt verschaffen, wovon sie sich Standesmäßig halten können. Ehemals mussten die Priester vom Altar leben; zum Altar wurde aber das beste Vieh gebracht. Bes. Gal. VI. 6. 2 Tim. II. 4. I Petr. V. 2. 3. II. 13. Hiermit ist nicht allein die Unterhaltung der Kirchengebäude verknüpft, sondern auch der Schulen, wo die ‹309› Jugend zu geistlichen und andern Aemtern, wie überhaupt zum bürgerlichen Leben tüchtig gemacht wird. Denn die werden wenig Nutzen von der Predigt haben, welchen in den Schulen der Grund Christlicher Religion nicht beygebracht ist.

§. 44. Recht der Fürsten, die Handlungen der Kirchen zu untersuchen.

‹311› Was die Gerechtsame eines Fürsten in Kirchensachen betrift, so ist es erstlich klar, da durch die Lehre des Evangelii die rechtmäßige Gewalt weltlicher Obrigkeit nicht eingeschränckt wird, dazu auch der Fürst die Kirche in seinem Lande duldet; daß eben deßwegen ihm, ob er gleich kein Christ ist, die Oberaufsicht über die Kirche eben so wohl als andere Gesellschaften zu stehe, damit er verhüte, daß nichts zu seinem Nachtheil geschehe. Denn da die Menschen so böse geartet seyn, daß sie auch die heiligsten Sachen misbrachen: so ist gar kein Zweifel, daß die Bosheit auch bey der Christlichen Religion sich einschleichen, und dem gemeinen Wesen schädlich seyn könne. Daher ein Fürst in einem Staate, wo die Kirche ist, dazu er hernach tritt, Gewalt hat zu untersuchen, was die Geistlichen anfangen; ob sie etwa zu weit gehen, oder wohl gar weltlicher Gewalt einen Eingriff thun. Dahin gehören Ehesachen, welche ‹312› die Geistlichen aus schwachen Ursachen an sich gezogen haben, zu grossem Nachtheil weltlicher Obrigkeit: Als welche, da sie in Ehesachen, nach dem Recht der Natur und Göttlichen Recht, Gesetze geben muß; also muß sie auch, wenn dißfalls Streit entsteht, erkennen. Da auch die Kirchenlehrer die Sitten zu verbessern bemühet seyn; so hat der Fürst Macht zu untersuchen, ob sie in die Sittenlehre unsers Heilands etwas zusetzen, so der Obrigkeit gefährlich ist. Denn dergleichen Zusätze seyn keine Stücke

Christlicher Lehre, sondern beflecken dieselbe nur: Daher müssen sie diejenigen besonders verhindern, welchen daran gelegen ist; dawieder wird sich auch niemand setzen, als der öffentlich verrathen will, daß er die Christliche Religion misbrauche. Wenn es auch alles bey denen geistlichen Zusammenkünften und Verhören recht hergehet, so werden die Geistlichen desto weniger dawieder seyn, daß der Fürst auf ihr Vornehmen und Thun Acht habe, und sich deßfals Nachricht geben lasse? Diese ‹313› Aufsicht hat der Fürst auch noch, wenn er ein Christ wird, damit sich nicht mit der Zeit Misbräuche und der Republik schädliche Dinge einschleichen.

§. 45. Recht der Fürsten über die Kirchendiener.

‹314› Die gantze Gemeine hat das Recht Kirchendiener zu beruffen und zu setzen: Weil nun der Fürst auch in der Gemeine ist, so hat er auch zum Theil, wie die andern, Recht dazu. Ich sage zum Theil. Denn daß eine iede Gemeine, was die Wahl ihrer Lehrer betrift, freye Hand haben müsse, ist, wo nicht besondere Umstände dazu kommen, nicht mehr als billig. Denn der Fürst hat nicht gleiches Recht Prediger zu beruffen, als er andere weltliche Aemter vergiebt. Denn letzteres stehet ihm allein zu, und das als Fürsten. Hergegen Prediger seyn als Prediger nicht Bedienten des Fürsten, sondern Diener Christi und der Kirche, und nicht des Staats. Weil aber die ersten Bestallungen der Geistlichen durch Ausstreckung der Hand oder Wahl der Gläubigen geschahe, so kan man wohl dem Fürsten die erste Stimme in der Gemeine, wo er ist, verstatten. Aber in denen andern Gemeinen in seinem Lande muß er die freye Wahl ohngekränckt lassen, wenn nicht wichtige Ursachen erfordern, daß der Fürst sich darein mische; er muß auch ohne Noth keiner Gemeine einen Lehrer wieder ihren Willen aufdringen, wenn sie einen aus ‹315› gründlichen Ursachen nicht haben will. Ein Lehrer wird bey gezwungnen Zuhörern wenig ausrichten, besonders wenn sie ihn gar nicht leiden können. Dahin kan aber doch ein Fürst sehen, damit sich niemand in die Kirche durch Geld oder andere Wege dringe, vornehmlich solche, die nicht tüchtig dazu seyn: Denn daß das nicht geschehe, erfordert nicht nur das Beste der Kirchen, sondern es kan es auch niemand mit mehrerm Nachdruck als ein Fürst verbieten. Daher kőnen diese einige ernennen, die bey der Prediger Wahl seyn, und in ihrem Namen alle Unterschleife und Ungerechtigkeit verhindern; auch solche, die da Acht haben, ob die Geistlichen gelehrt, tüchtig zu lehren, und eines heiligen Wandels seyn. I Timoth. III. 10. Weil auch die Geistlichen ihre Pflicht versäumen, und Irrungen und Aergerniß machen wieder die Lehre Christi, Röm. XVI. 17: So müssen Fürsten Aufseher der Geistlichen setzen, die ihnen ihre Fehler zeigen, und sie im Zaum halten. Obwohl, da diese Aufseher gleichfals Menschen seyn, und also auch fehlen, da muß man dahin sehen, ‹316› daß sie nicht gar zu freye Hände haben, sondern auch selbst dem Fürsten, ober dem dazu bestellten Consistorio Rechenschaft geben, besonders wenn sie wieder ihre Pflicht, und einem Kirchendiener zu nahe gethan haben. Da das alles aber zur guten Ordnung gehöret, und niemand besser als die Obrigkeit solche besorgen kann; so ist es ohnstreitig, daß die Fürsten als vornehmste Glieder der Kirchen sich der Sorge für diese Dinge mit Recht annehmen.

§. 46. Recht Concilia zu beruffen.

‹322› Wenn ein Streit über der Lehre in der Kirchen entstanden ist, und die Lehrer entzweyen sich, so müssen die Fürsten den Streit beyzulegen suchen, nicht nur als Glieder der Kirchen, sondern als Häupter der Staaten. Denn es können aus solchen streitigen Lehren, da die Menschen sich nicht zu halten wissen, in einem Staate die größten Unruhen entstehen. In solchem Falle muß also ein Fürst die besten Lehrer und geschicktesten Leute zusammen beruffen, damit sie die Irrung nach Göttlichem Wort untersuchen: Er selbst muß auf alles Acht und den Vorsitz haben, nicht nur zur Zierde, sondern auch mehrerer Ruhe der Versamlung, indem solcher Leute Hitze am bequemsten gedämpft wird durch die Fassung solcher Leute, die mit Staatssachen umzugehen pflegen. Denn wollte ein anderer eine solche Versamlung veranstalten, so könnte er ja, die nicht kommen wollten, zum Erscheinen, und daß sie ihn für den ‹323› Vorsitzenden halten, nicht zwingen; auch wird was beschlossen, so kan es der am besten ins Werck richten, der in einem Staate Herr ist. Obwohl so denn nicht mehr Gewalt gebraucht werden darf, als die Eigenschaft der Christlichen Religion leidet. Werden auswärtige Lehrer dazu mit beruffen, so müssen die erst Urlaub von ihrem Fürsten haben. Erfordert die Sache, mehrerer Staaten Lehrer zu versamlen, so kan es nicht anders geschehen, als wenn sich die Beherrscher derer Staaten darüber vergleichen. Denn weder Auswärtige dürfen darum zu uns, noch Unsere zu andern kommen, ohne Erlaubniß des Fürsten. Wegen der Gleichheit der Fürsten unter einander, darf niemand sich eines Vorzugs vor andern anmaasen, sondern alles muß verglichen werden.

§. 47. Recht über die Kirchenzucht.

‹326› Wir haben oben gewiesen, warum die Christen unter sich eine gewisse Zucht einführten. Die Freyheit der heydnischen ‹327› Sitten war zu groß, und da wolten sie sich von ihnen in heiligem Wandel unterscheiden. Als aber gantze Staaten mit ihren Fürsten Christlich wurden, fiel dieser Grund in so weit weg, als sie die Heyden nicht mehr mit einem heiligen Leben beschämen durften; indem diese ausgerottet waren, und alle gleichen Trieb nunmehr hatten die Sitten zu reinigen. Wiewohl, da man nach Bekehrung des Staats sich nicht weniger der Heiligkeit befleißigen muß, so ist die Frage: Ob es besser sey die Kirchenzucht, wie sie ist, zu lassen, oder sie zu ändern, da der Fürst auch zur Kirche getreten ist? Das letztere halte ich für wahr, weil die Kirchenzucht auf solche Weise, und wenn sie von solchen verrichtet wird, kein wesentliches Stück Christlicher Religion ist, sondern nur zu einer Zeit eingeführt ist, da die Gesetze mangelhaft, und die Sitten verdorben waren; sie kan auch durch den Misbrauch zu einer Herrschaft werden, zum größten Schaden der Obrigkeit. Gleichwie nun die Fürsten dieses, als das einem Staat schädlich, verhindern müssen; also können sie auch anderweitig den heiligen Wandel fördern, wenn sie die weltlichen Gesetze verbessern, und die Lasterhaften zur Straffe ziehen, zumal da nicht abzusehen, wie nicht so wohl durch weltliche Straffen als die Kirchenzucht die verdorbenen Sitten solten verbessert, die ‹328› Lasterhaften schamroth gemacht, und der öffentliche Anstoß abgestellt werden können. Möchte auch iemand sagen, daß gleichwohl die Kirchenzucht mehr als weltliche Straffen die Heiligkeit befördere, indem man bey diesen doch ein lasterhaftes Gemüth behalten könne: So dienet zur Antwort, daß auch durch die Kirchenzucht selten mehr ausgerichtet werde, indem man auch derselben ohngeachtet gottlos und verstockt bleiben kan. Auch muß in denen Verbrechen, die weltlicher Straffe unterworfen seyn, die Vergebung bey GOtt nach der geoffenbarten Ordnung des Heils gesucht werden; dahin gehöret aber die Kirchenzucht nicht. Denn die Sünden werden darum nicht gleich vergeben, weil man Kirchenbusse gethan hat; sondern wenn man die Seele im Glauben durch das Blut Christi heiliget. Wenn man auch für gut befindet, einige Laster mit der Kirchenzucht zu belegen, so ist es am besten, daß die weltliche Obrigkeit darin urtheile, und den Sünder denen Geistlichen zur Zucht so denn übergebe. Also

‹329› muß ein Fürst erkennen, welche Verbrechen mit weltlicher Straffe, und welche mit der Kirchenzucht belegt werden sollen; er muß auch aussprechen, wie weit die Kirchenzucht gehen solle; denen Geistlichen muß er die Verrichtung derselben auftragen. Beym Kirchenbann ist das besonders zu beobachten, daß denen Geistlichen nicht frey stehe denselben nach Gefallen zu gebrauchen, sondern nach dem Willen des Fürsten. Denn in einem Christlichen Staate hat er eben die Wirckung als eine Achtserklärung, macht einen Menschen unter denen Christen Acht oder Ehrlos und Rechtlos, und hat also auch seinen Einfluß ins bürgerliche Leben. In einem Staat muß aber der Fürst nur darüber erkennen, soll anders seine obrigkeitliche Gewalt bestehen.

§. 48. Recht Kirchenordnungen zu machen.

‹330› Endlich, da die Christliche Religion die Gerechtsame der Fürsten nicht einschränckt, so kan ein Christlicher Fürst fragen, was vor Ordnungen in der Kirchen gehalten werden. Findet er darin etwas überflüßiges und ihm nachtheiliges, das kan er abschaffen: ‹331› Fehlet noch etwas zur Zierde und Ordnung, so kan ers hinzufügen, er muß aber doch die Aeltesten der Kirche dabey zu Rathe ziehen; und denn kan er überhaupt die Kirchenordnungen denen weltlichen Gesetzen an Verbindlichkeit gleich machen. Wiewohl diese Gewalt Kirchenordnungen zu machen so einzuschräncken ist, daß sie nur auf das, was die Religion betrift, und also auf ihre äusserliche Einrichtung (τάξιν) und Ansehen (εὐσχημοσύνην) gehen, auch die Gläubigen mit gar zu vielen Ordnungen nicht belästiget werden. Bes. Coloss. II. 16. 21. 22. 23. I Timoth. IV. 3. 4. Wolte aber iemand so weit gehen, und dem Fürsten die Macht zuschreiben, die Christliche Religion oder ihre Lehren durch weltliche Gesetze zu ordnen, oder die Lehren zu Gesetzen zu machen, durch zeitliche Straffen iemand zu einer Religion, Verleugnung oder Annahme gewisser Lehren zu zwingen; der würde die Art der Christlichen Religion, und die Weise selbige auszubreiten, die Christus und die Apostel erwehlet haben, umstossen; unsern Glauben, der durch die Gnade des Heiligen Geistes erweckt wird, und in einer völligen Überzeugung bestehet, würde er verwandeln in einen äusserlichen Gehorsam, anders, als man glaubt, zu reden, damit man zeitliche Straffe vermeide. Dieses muß iedoch in so weit eingeschränckt werden, als ‹332› die Christliche Religion mit der natürlichen eins ist, und was die Verehrung eines höchsten Wesens betrift. Denn es ist kein Zweifel, daß die hierwieder als den Grund der Staaten, handeln: Dahin gehöret Abgötterey, Gotteslästerung, Entheiligung des Sabbats; man muß aber erst ausmachen, was in dem Gebot von Heiligung des Sabbats zur Sittenlehre gehöre, und alle verbinde. Aus diesem Grunde haben die Fürsten mit Recht nach ihrer Bekehrung die Götzenbilder, Tempel, Hayne und andere der Abgötterey gewiedmete Oerter ausrotten können. Es ist auch kein Zweifel, daß Christliche Fürsten verruchte Leute, die die Christliche Region gäntzlich verachten, und ihre Geheimnisse schänden, mit weltlicher Straffe heimsuchen, oder wenigstens des Landes verweisen können. Im übrigen kan durch Gewalt und menschliche Straffen die Erleuchtung und Beyfall der sich selbst gelassenen Vernunft nicht erlangt werden. Sich verstellen, anders dencken und anders reden, einige Gebräuche und Leibesstel‹333›lungen nachäffen, heist nicht weniger als glauben, wenn die innere Gemüthsbeschaffenheit und Regungen fehlen. Es ist auch nicht recht, nach Christi Lehre durch zeitlichen Nutzen, Ehre und Vortheil iemand an sich zu ziehen; Christus hat seinen Nachfolgern nur einen Lohn in jenem Leben zugesagt, hier aber viel Creutz und Leiden verkündiget. Wer auch um zeitlichen Gewinstes willen zu einer Religion tritt, der giebt zu erkennen, daß er jenen höher als die Religion halte. Nun wird kein Vernünftiger sagen, Gott habe einen Gefallen an solchen Verehrern. Über dem, da die Fürsten nicht um der Religion willen gesetzt seyn, so können sie nicht verlangen, daß ihre Unterthanen glauben sollen, was sie glauben; wenn die Unterthanen auch darin gehorsam wären, so würden sie deßwegen doch nicht selig. Daraus folgt, daß wenn iemand ist, der da einen Irrthum in der ordentlichen Religion, der wieder Gottes Wort ist, und wohl gar zur Seligkeit gehöret, anzeigen will, so muß ihn der Fürst mit seiner Macht und Ansehen nicht gleich verblüffen, sondern leiden, ‹334› daß er es in der Güte mit geschickten Lehrern ausmache; und dann muß man ihm ein Stillschweigen auferlegen, wenn er eines Irrthums zu Recht überzeugt ist. Durch weltlichen Zwang werden nur Heuchler in die Kirche gebracht, die immer ein böses Gewissen haben. Denn weil in der Religion das Bekäntniß und der Glaube übereinstimmen müssen, so müssen die immer Gewissensangst haben, welche um zeitlicher Absichten willen anders bekennen, als sie es erkennen; indem sie wohl sehen, daß sie dadurch GOtt spotten.

§. 49. Recht der Fürsten, die Ruhe in der Kirche und gemeinem Wesen zu erhalten.

‹338› Wiewohl, damit man die äussersten Mittel die Religionsstreitigkeiten zu endigen ergreife, so wenden viele vor, man müsse für die allgemeine Ruhe sorgen, die werde aber oft durch Religionsstreitigkeiten ungemein gestöret; es bestehe aber darin die höchste Glückseligkeit eines Staats, daß die Unterthanen einerley Religion haben. Ja ein Fürst müsse um desto mehr die Religion zu befördern suchen, als das Heil der Seele dem Leibe vorgehe; es könne auch ein Fürst am besten dadurch seine Liebe für die Unterthanen bezeugen, daß er sie auf den wahren Weg der Seligkeit bringe. Es hat dieses alles einen solchen Schein und Nachdruck, daß auch die leutseligsten Fürsten dadurch solten können bewogen ‹339› werden, ihre Macht nach der Grausamkeit der Pfaffen zu gebrauchen. Um desto mehr ist es der Mühe werth, zu untersuchen, in wie weit diese Gründe zureichend seyn. Da ist nun gleich Anfangs zu mercken, daß, wie GOtt es auch vorher verkündigt hat, es in der Kirche allezeit also gewesen, daß sich auf ihrem Acker unter dem Weitzen Unkraut, d. i. falsche Lehren befunden; die soll man aber nach Christi Willen nicht mit Gewalt ausrotten, sondern stehen lassen, bis zum jüngsten Gericht. Daher braucht man Gewalt, so müssen die Unschuldigen mit denen Schuldigen leiden; man kan die Kirche nicht gäntzlich von Irrthümern reinigen. Nachgehends hat niemand mehr als Christus das menschliche Geschlecht geliebt, so, daß er auch für dasselbe in den Tod gegangen ist. Der hat aber nur durch Predigen seine Lehre ausgebreitet, da ihm doch sonst zwölf Legionen Engel zu Diensten gestanden hätten. Also folgt der Fürst Christo nicht, der seine Unterthanen durch muthwillige Armeen bekehren will, wenn auch gleich jene in gefährlichen Irrthümern stecken; ich geschweige, wenn noch unausgemacht ist, ob der Fürst oder solche Unterthanen recht glauben. Die vorgeschützte Liebe der Unterthanen sey auch so groß sie wolle, so muß doch dadurch die Art die Religion fortzupflantzen, die die Christliche Reli‹340›gion verlangt, nicht umgestossen werden. Überdem, so erfordert die Ruhe eines Staats nicht nothwendig, daß alle Unterthanen in allen Glaubenspuncten eins seyn; oder, welches einerley, die Uneinigkeit in der Religion störet an und für sich den Staat nicht; sondern unruhige Köpfe, Hochmuth, Ruhm und Ehrbegierde (NB. Geitz) machen bey solcher Gelegenheit Unruhen. Diese Laster muß man im Zaum halten, damit sie diejenigen nicht beunruhigen, die nur Gewissensfreyheit suchen, und im übrigen dem Fürsten treu, huld und gewärtig seyn. Warum sollte also ein Fürste frommen Unterthanen die Freyheit zu meinen nehmen? da sie ohnedem, wenn sie irren, sich selbst zum Schaden irren. Denn darum ist der Obrigkeit das Schwert nicht gegeben, daß sie die Religionsstreitigkeiten, wie Alexander den Gordischen Knoten, zerhauen sollen. Damit aber niemand meine, als wenn wir allen Ketzereyen unendliche Freyheit zuschreiben wollten, welches unser Vorsatz im geringsten nicht ist; so gestehe ich gern, daß es wohl zu wünschen und zu suchen ist, daß in einem Staat ein Glaube und Religion, nach Christi und der Apostel Lehre, sich befinde; weil das sehr nützlich ist zur Ruhe des Staats. Die Ei‹341›nigkeit einer ieden Religion ist einem Staat nicht anzubefehlen, als der heydnischen, Muhammedanischen, Arianischen, wiedertäuferischen, und Antichristlichen; sondern nur der, die in der H. Schrift sich gründet. Denn diese ist das ächte unbefleckte Alterthum, die aus denen Quellen selbst der Christlichen Glaubenslehre geflossen ist. Gleichwie z. E. bey denen Jüden diejenigen auf das Alterthum sich beruffen konten, mit welchen das Gesetz übereinstimte. Was wieder die rechten Quellen ist, wenn es gleich etliche hundert Jahre alt ist, ist ein alter Irrthum. Daher giebt die Sorge der allgemeinen Ruhe nur in so weit denen Fürsten Recht, daß sie die allgemeinen Bücher Christlicher Religion, Catechismos, Glaubensarticul, Bekäntnisse, oder wie sie heisen, nach Heiliger Schrift nicht von wenigen, als welche der Parteylichkeit verdächtig seyn können, sondern von allen, die die Heil. Schrift recht verstehen, untersuchen lassen; und wenn sie recht seyn, solche zur Richtschnur im Lehren machen können. Wo dergleichen Glaubensformuln nicht da seyn, da muß er sie durch tüchtige Geistliche machen lassen, welche die Unterthanen annehmen, ‹342› und sich dazu bekennen müssen, und die Prediger müssen daran gebunden werden. Wo dergleichen Glaubensformul öffentlich angenommen ist, so können die Fürsten solchen das Bürgerrecht versagen, die dazu sich nicht bekennen wollen, es sey denn, daß der Staat ein anders erfordere. Lehret iemand darwieder, so muß man ihn warnen; bringt er denn Gründe, so muß man ihn hinlänglich wiederlegen, und schweigen heisen. Will er denn nicht Friede haben, so heise man ihn das Land räumen. Denn da der Apostel sagt, man solle einen Ketzer meiden, so kan man nicht verlangen, daß wir um eines oder mehrer willen weichen sollen; folglich muß jener weichen, nachdem er zu Recht überführet und gewarnet bey seinem Wahn beharret, und zu besorgen ist, er möchte mehr anstecken. Nach meinem Urtheil kan keine andere Straffe Statt haben, es sey denn, daß der Irrthum GOtteslästerlich sey.

§. 50. Von der Erduldung unterschiedlicher Religionen.

Es kan aber doch treffen, daß ein Fürst die, so mit ihm nicht einerley Glauben haben, mit gu‹343›tem Gewissen dulden kan, ja gar zuweilen dazu verbunden ist. Denn manchmal seyn der anderen Religion so viele ergeben, daß sie ohne grosse Verringerung eines Staats, und ohne den größten Schaden, wenn sie in andere Staaten sich begeben, nicht können vertrieben werden. Das zeigt nur eine verfluchte Grausamkeit an, was einige zu sagen pflegen: Es sey besser ein wüstes Land, als viel Ketzer im Lande zu haben. Und jener Fürst war gar zu hitzig, der da sagte: Er wolle lieber mit einem weissen Stock aus dem Lande gehen, als Ketzer darinnen dulden. Da aber die Evangelische Religion die Staaten nicht umwirft, und keinem Fürsten obliegt, mit Gewalt und Unruhen die Religion auszubreiten, oder hier mehr, als seines Amts ist, zu thun: Daher soll ein Fürst solche Mittel wieder die Irrthümer nicht gebrauchen, die den Staat beunruhigen oder schwächen, und die der Heiland weder gebraucht, noch deren sich zu bedienen denen Aposteln befohlen hat. Aber auch das wird von denen, die in einem Staate wollen geduldet werden, erfordert, daß sie als redlichen, stillen, ruhigen und tugendliebenden Unterthanen gebühret, leben, und in ihrer Religion sich solcher Lehren enthalten, die dem Fürsten nachtheilig seyn, oder den schuldigen Gehorsam versagen, und die Un‹344›terthanen rebellisch machen. Denn es ist kein Zweifel, daß ein Fürst Recht habe solche Lehren und die ihr anhängen, auszutilgen; da das nicht zur Religion gehöret, sondern nur Schandflecken seyn, die ihr von bösen Leuten angehängt werden. Hernach muß auch ein Fürst dahin sehen, daß die Leute um Religionsstreitigkeiten sich nicht herunter machen, herdurch ziehen, und schimpfen; denn dadurch werden die Gemüther verbittert, und entstehen Rotten und Empörungen. Absonderlich müssen die von anderer Religion erduldet werden, wenn sie bey dem Eintritt in den Staat die Gewissensfreyheit für sich ausbedungen haben; oder wenn sie dieselbe durch öffentliche Verträge, Edicte, Grundgesetze, Capituliren, erlangt haben; die muß ein Fürst so wohl halten, als er will, daß seine Unterthanen ihm den versprochenen Gehorsam leisten. Eben das findet statt, wenn die Ketzer nicht abgehöret und überzeugt seyn, wenn sie ihre Lehren aus denen Grundsätzen Christlicher Religion darthun wollen. Sie müssen aber ‹345› nicht für überführt gehalten werden, wenn ihre Feinde wieder sie ein eigennütziges Urtheil ausbringen, und diese also Kläger, Zeugen und Richter zugleich seyn. Die haben nicht unrecht, so da sagen, der Fürst brauche so viel Umstände nicht zu machen, wenn fromme und nützliche Leute in den Staat wollen, bloß weil sie einige andere Lehren in der Religion haben als er; Denn man könne schon verhüten, daß sie andere nicht verführen; und, wenn wir unsere Religion für wahr hielten, so wäre eher zu glauben, daß sie eher uns beyfallen, als verführen würden. Viele eiferten nur zum Schein um der Wahrheit willen, aber in der That, besorgen sie ihre Unwissenheit zu verrathen, wenn es zum Streit kommen solte. Die Erfahrung lehre, daß zu solcher Zeit und Ort, wo keine Ketzereyen entstanden, die Pfaffen faul und gantz dumm geworden.

§. 51. Ein Fürst muß sich hüten Parteyischen zu glauben.

‹353› Im übrigen, gleichwie die Fürsten nichts ohne sattsame Gewissheit vornehmen müssen, indem von ihnen, was in Staatssachen versehen, gefordert wird; also müssen sie um desto vorsichtiger in Religionssachen seyn, da zumal, was da Unrecht geschicht, am übelsten genommen wird. Was ist auch wohl schändlicher, als unschuldige Leute darum zu verfolgen, weil sie wahre Begriffe von Göttlichen Dingen haben, die denen durch Vorurtheile und Eigennutz verblendeten nicht gefallen? Und da nichts schimpflicher ist für einen Fürsten, als um seines grausamen Gemüths willen zu tyrannisiren; um wie viel schändlicher ist es denn nicht, aus Unwissenheit der Grausamkeit anderer zum Hencker zu dienen? Daher will ein Fürst nicht eine schwere Schuld auf sich laden, so soll er hier nie kein hartes Urtheil ergehen lassen, wenn er nicht vorher die That und das Recht wohl inne hat. Auf seine Pfaffen darf er sich nicht verlassen, so fromm und heilig sie auch scheinen. Denn wir haben gar zu oft erfahren, wie leicht fromme und leutselige Fürsten zur Grausamkeit wieder Unschuldige verleitet seyn durch närrische, rasende und unmenschlich boshaftige Leute, die sich als heilig gestellt ‹354› haben. Kein vernünftiger Fürst wird in Streitigkeiten der Artzneykunst, Naturlehre oder Mathemathik urtheilen wollen, wenn er sie nicht wohl versteht; wie will er denn in geistlichen Dingen ein Urtheil sprechen, und zwar zu so grossem Schaden des Verurtheilten, ohne sie recht zu verstehen? Da es nun aber sehr selten ist, daß solche hohe Häupter sich so viel auf geistliche Dinge legen solten; so wäre doch zu wünschen, daß sie doch nur ihre gesunde Vernunft brauchten, und die Vorurtheile ablegten. Denn wenigstens in denen Streitigkeiten der Protestanten und Papisten kan einer, der nicht verstockt ist, so gleich beym ersten Anblick so viel sehen, daß er weiß, welchem Theil der Fürst beyfallen solle, und welcher sich durch sein Verhalten verdächtig mache. Da ist es erstlich sehr bedencklich, daß die Protestanten die Heil. Schrift allen zum Lesen anpreisen, und nicht allein gern sehen, sondern auch bitten, man solle ihre Lehren gegen die Heil. Schrift halten: Sie erwehlen also dieselbe als ohnparteyisch zu ihrem Richter. Ja sie wissen sich so gewiß gerecht, daß sie die Ihrige gern papistische Schriften lesen lassen, weil die Betrügereyen der Päbstler niemand verführen werden, der die Lehren der

Protestanten recht inne hat. Herge‹355›gen wie verdächtig ist es nicht, daß die Papisten den größten Theil der Ihrigen vom Bibellesen aufs sorgfältigste abhalten? So daß, wo die Inquisition ist, mit grösserer Sicherheit Gotteslästerungen, Meineid und allerley Schadthaten begangen werden, als das Bibellesen. (Bes. I Thess. V. 27.) Die Bibel wird herunter gesetzt, und das Herkommen und Ansehen der Kirchen dagegen erhoben; da doch das Herkommen nur, was geschehen sey, lehret, nicht aber, ob es recht sey; und das Ansehen der Kirche von denen vorgeschützet wird, von deren Lehren gestritten wird, mithin wollen sie in ihrer eigenen Sache Richter seyn. Das ist auch verdächtig, daß sie die Ihrige scharf abhalten Protestantische Bücher zu lesen, ja letztere durch die (Indices expurgatorios) Register verdamter Lehren und Bücher, und andere Gesetze, aus ihren Landen gantz verbannen. Hiernächst, daß sie sorgfältigst verhüten, daß die Fürsten die Lehren der Protestanten nicht recht erfahren. Gleichwie unter andern weltkundig ist, wie ‹356› schwerlich man es erlangt habe. Carl dem V. die Augspurgische Confeßion vorzulesen. Ein Ohnparteyischer kan daraus wircklich nicht anders schliessen, als daß die Protestanten sich auf ihre gerechte Sache verlassen, die Papisten aber besorgen, die Schwäche ihrer Lehren möchte an den Tag kommen, wenn man sie gegen die Quellen der Wahrheit und Einfürfe ihrer Gegenseitigen halten würde. Ferner so thut es viel zur Sache, daß beyde Theile aus gantz unterschiedenen Absichten streiten. Denn obgleich beyde GOttes Ehre und die Liebe der Wahrheit vorschützen, und nicht zu leugnen, daß manche dadurch angereitzt werden, oder es doch so wenigstens vermeinen; so wird doch einer, der die menschliche Art kennt, leicht sehen, daß was anders dahinter stecke, das beyde Theile so hitzig macht. Was das sey, das kan man leicht errathen, wenn man den Zustand der Geistlichen, die am meisten Theil an diesem Streit haben, auf beyden Seiten betrachtet. Bey denen Protestanten hat man nicht Ursache den Zustand der Geistlichen zu benei‹357›den. Ihr Ansehen ist nicht grösser als anderer Lehrer, sie haben wenig Macht und Güter, ja einige seyn recht arm. Sie sind wie andere Unterhanen mit alle dem Ihrigen dem Fürsten unterworfen; ist der ihnen ungnädig, so haben sie bey keinem Menschen Schutz und Hülfe. Hergegen was haben die Papisten vor Pracht, Staat und Ansehen! Was vor Gewalt! Welche Reichthümer! Seyn ihre Umstände nicht so, daß ihnen der Fürst nichts zu befehlen hat? Welche müssen wohl von beyden Theilen um zeitlichen Nutzens streiten? Seyn es die, so immer in denen schlechtesten Umständen seyn? oder die, welche gantze Staaten und Reichthümer, denen kein Reich in Europa gleicht, verfechten? Wer Einsicht in die Dinge hat, der kan nicht leugnen, daß die Papistische Geistlichkeit eben deßwegen so wieder die Protestanten schreye, weßwegen Demetrius Aufruhr zu Ephesus erweckte, Apost. Gesch. XIX. 27. Überdem, da die Christliche Religion von nichts als Liebe und Sanftmuth weiß, so müssen die Fürsten billig stutzen, daß die Papistischen Pfaffen so wüten wider diejenige, die mit ihnen nicht einerley Sinns seyn, d.i. die ihre Hoheit, Reichthümer, Staat und Monarchie anfechten. Wahr‹358›lich als die Verfolgungen der Ungläubigen aufhörten die Kirche zu beunruhigen, so fiengen die Arianer erst an, ihre Grausamkeit an denen, die anders als sie lehreten, auszuüben; die Rechtgläubigen schämten sich ihren Glauben mit Gewalt, Waffen und Grausamkeit auszubreiten. Wenigstens, daß dieser Geist der Grausamkeit von Christo nicht sey, sehen wir aus Lucä IX. 54. 55. 56. da er Jacobum und Johannem, die wolten, er solle Feuer vom Himmel herab fallen lassen auf die Samariter, also anfuhr: Ihr wisset nicht, welches Geistes ihr seyd. Das Schwert, womit Christus streitet, gehet aus seinem Munde, Offenb. I. 16. XIX. 15. Er zieht nicht vom Leder. In der Heil. Schrift steht auch nirgends, die wahre Kirche sey truncken vom Blut der Ketzer, aber das steht wohl Offenb. XVII. 6. die Babylonische Hure sey truncken vom Blut der Heiligen und Zeugen JEsuChristi.

§. 52. Zuweilen beschneidet man die Gerechtsame der Fürsten unter dem Deckmantel der Religion.

‹364› Da endlich die Fürsten so eifrig auf ihre Gerechtsame halten, so sollten sie auch billig behertzigen, welches Theils Lehre denenselben am meisten schade, und welche mehr damit übereinstimme. Denn, wenn eine Religion die Rechte der Fürsten sehr verkleinert, so müssen die Fürsten schon Verdacht bekommen, und untersuchen, woher die Geistlichen ihre Ansprüche machen; denn die Staaten seyn allerdings eher als die Christliche Religion gewesen, und muß also darinne klar gewiesen werden, wenn diesen dadurch was soll benommen werden. Wenn man also die papistische Religion genau betrachtet, so findet man, daß ihre Geistlichkeit durch allerley Künste zu einem höchstmächtigen Staat geworden sey, dessen Oberhaupt von vielen hundert Jahren her Land und Leute gehabt, und also Fürst eines ‹365› Staats ist, und so gar seine Gewalt über alle Glaubensgenossen in fremden Staaten ausdehnet. Denn alle Geistlichen seyn ihm unterthan, und diese haben absonderlich grosses Ansehen bey dem Volcke: Er maast sich die Gewalt über den gantzen Gottesdienst an, als wodurch die Gemüther der Menschen am meisten gerührt werden. Ist aber etwas denen Fürsten nachtheilig, so ist es wohl, wenn ihre Landsassen sich ihrer Herrschaft entziehen, und einem fremden Fürsten unterthan seyn, keine weltliche Gewalt erkennen, oder wenigstens nur so weit, als es ihnen gefällt. Denn da die Staaten um desto wandelbarer und gefährlicher einander seyn, ie näher sie bey einander seyn, und ie mehr Gemeinschaft sie unter einander haben; so ist wohl gewiß, daß, wenn sich mitten in einem Staat fremder Staaten Unterthanen befinden, es etwas weniger sey, als wenn feindliche Truppen in unsere Vestungen gelegt werden, und der Feind mitten in unserm Lande sein Lager aufschlägt. Es ist das um so viel gefährlicher, wenn jener Staat zu seinem Unterhalt die Unkosten aus dem unsrigen, und ohnendliche Reichthümer aus dem unsrigen ziehet, auch anbey sich der allge‹366›meinen Abgaben entziehet. Wenn ferner der fremde Fürst denen Unsrigen Gesetze giebt, verbietet und befiehlt, wenn es gleich wieder unsere Befehle ist, und durch eigne Straffen die Übertretungen seiner Gesetze zu verhüten sucht. Endlich wenn er offenbar oder durch allerley Mittel verdeckt sich über die Fürsten Gewalt und Macht anmaast. Diese Ausnahme der Geistlichen von der ordentlichen Obrigkeit ist auch denen Unterthanen schädlich, als um welche es schlecht stehet, wenn beyde wieder einander seyn; sie müssen zweyen Herren dienen, oder werden unter zwey streitende Herrschaften jämmerlich zertheilt; sie ertragen die Beschwerden des Staats um desto unleidlicher, als die Begierde der freyen Pfaffen die größten Güter an sich zieht. Sie müssen sich für zwey Gerichten fürchten, fürs Geistliche, welches nicht weniger erschrecklicher als das weltliche ist, welches man an der Inquisition siehet. Da nun dergleichen bey denen Protestanten gar nicht, bey denen Papisten aber gantz gemein ist; so ist es nicht nur unrecht, sondern auch thöricht, wenn Fürsten durch die Untugenden der Pfaffen sich verleiten lassen, den protestantischen Gottesdienst zu unterdrücken. Denn daß man denen Protestanten vorwirft, daß durch sie einiger Orten innerliche Unruhen und Kriege entstehen, ist der Mühe ‹367› nicht werth. Dafür kan auch die Religion nicht, und das kömt aus denen Veränderungen der Dinge, die ohne grosse Bewegungen nicht geschehen. Oder sie entstehen von der Grausamkeit der Wiedriggesinnten, deren mörderische Schwerter abzuhalten sie wohl Gewalt brauchen, oder, wenn sie selbst nicht mächtig genug seyn, anderer Hülfe suchen können. Gleichwie es aber gottlos ist, um einer unschuldigen Religion willen andern Gewalt anzuthun; also kan man wohl, die Religion zu vertheidigen, wieder diejenigen Gewalt gebrauchen, deren Gewaltsamkeiten man wohl mit Waffen abhalten darf.

§. 53. Vom Recht zu reformieren.

‹369› Nun müssen wir noch sehen, wer die Irrthümer und Misbräuche in der Kirche, denen Lehren, Sitten und Kirchenregiment, verbessern müsse und könne; oder welches einerley ist, wer das Recht zu reformiren habe? Da ist nun klar, daß, wenn man denen Geistlichen ihren Irrthum und Misbrauch gewiesen, und sie ihn verbessern, so brauchen sie keiner andern Reformation; gleichwie die Klage wegfält, wenn der Schuldner gutwillig zahlet. Wolten aber die Geistlichen ohngeachtet der Erinnerungen sie nicht verbessern, und suchten die Verbesserung durch Zaudern und Blendwerck zu hemmen; so muß man es entweder mit Geduld ertragen, oder die müssen die Misbräuche abstellen, welchen sie nachtheilig seyn. Wer das erstere sagen wolte, der müßte zeigen, daß die Geistlichkeit von Gott solche unumschränckte Gewalt habe, die Gläubigen nach Belieben zu veriren, allerley, auch falsche Lehren aufzudringen, so, daß sie nicht einmal darwieder ‹370› muchsen dürfen; oder daß die Gläubige der Geistlichkeit sich gäntzlich unterworfen haben, ohne Ausnahme und ohnwiederruflich alles zu tragen und zu glauben, was ihnen die Geistlichkeit aufbindet. Schiene ihm dergleichen Fürgeben gar zu ohnverschämt; so muß er doch noch zeigen, daß die Geistlichkeit und ihr Oberhaupt nie geirret haben, in der Lehre, den Gebräuchen und Kirchenregiment. Das Gegentheil davon ist von gantzen Christlichen Völckern gezeigt, daß es überflüssig seyn würde das geringste davon zu gedencken. Daher wir dafür halten, wenn ein Irrthum oder Misbrauch sich in die Kirche eingeschlichen hat, der des Fürsten Recht kräncket, so könne ihn der Fürst, vermöge seiner natürlichen Freyheit, nach welcher er über alles ist, und was ihm schadet, eigenmächtig abwendet, ändern oder gar abschaffen. Damit sich auch das Volck daran nicht ärgere, so muß man ihm den Misbrauch und das Recht der Fürsten deutlich zeigen. Dieses um desto mehr, wenn der Irrthum oder Misbrauch das Volck selbst betrift. Denn da kan und muß die Reformation mit Vorwissen und Einwilligung des gantzen Volcks am bequemsten geschehen. Es steht auch nicht im Wege, daß ‹371› die Gemeinschaft mit denen dadurch gehemt wird, welche denen alten Misbräuchen und Irrthümern unzertrennlich anhängen. Denn an der Trennung in der Kirche seyn die nicht schuld, die die Irrthümer und Misbräuche abschaffen, sondern die, welche um der Herrschaft und Gewinstes willen dieselbe verfechten. Es ist auch nichts gewöhnlicher in denen alten Kirchengeschichten, als daß man die offenbar irrenden aus der Gemeinschaft ausgeschlossen. Die auch solche Irrthümer und Misbräuche abstellen, seyn keine Rebellen, Abtrünnige, oder anderer Verbrechen schuldige. Denn ein Rebell ist, der der gerechten Herrschaft sich entziehet. Aber wer von dem Joch und angemaaster Gewalt, welche weder von GOtt noch von einer vorsetzlichen Unterwerfung herrühret, ja gar der Seelen schädlich ist, sich los macht, ist ein gerechter Verfechter seiner Freyheit und Gewissens. Dann niemals hat ein Lehrer, Bischof oder gewisser Hauffe so viel Gewalt erhalten, daß die andern seiner Herrschaft und Muthwillen ohnfehlbar unterworfen seyn müssen. Und es ist sehr ohnverschämt, wenn eine gewisse Gemeine, als die Römische, sich vor allen andern die Kirche nennet, so, daß die, so nicht in ihrer Gemeinschaft sich befinden, ausser der Kirche seyn. Denn die Rö‹372›mische Kirche ist entweder eine allgemeine, oder besondere Kirche. Eine allgemeine Kirche ist nach Heil. Schrift der Inbegriff aller Gläubigen in der Welt, deren Vereinigung durch die Einheit GOttes, des Erlösers, der Taufe, des Glaubens, des Heils bestimt wird. Von derselben seyn diejenige ausgeschlossen, die dieses Band der Einheit zerreissen, d.i. die GOtt und Christentum verleugnen, die Taufe verwerfen, die anders, wenigstens in den Hauptstücken, als die Heil. Schrift lehret, glauben. Denn das ist der einige und ächte Grund der Rechtgläubigkeit, nicht eine Herrschaft über die Kirchen aller Welt, welche jenem vielköpfigten Thiere gleicht, und wieder den Zustand der Menschen ist. Da also auch die den wahren HErrn, die wahre Taufe, den wahren dem Wort GOttes gemässen Glauben, den GOtt und

Vater aller haben können, welche aus gründlichen Ursachen die Herrschaft des Römischen Stuhls nicht erkennen; so können auch eben die, welche der Römischen Kirche Herrschaft, Irrthümer und Misbräuche niemals angenommen haben, mit in der allgemeinen Kirche seyn. Wird hergegen die Römische für eine besondere Kirche, wie sie wircklich ist, gehalten, (wenigstens muß sie es seyn, obgleich sie ietzo keine blosse Kirche ist, sondern ein Staat, ‹373› der unter dem Schein der Religion ein groß Theil Europa beherrscht,) so können diejenigen, so sich von ihr trennen, so wenig für Rebellen gehalten werden, als man die für toll und rasend halten kan, die die närrischen Aristotelischen Lehren verlachen. Denn alle Gemeinen, die den wahren Glauben haben, seyn einander gleich, so wohl in Betracht ihres Haupts JEsu Christi, als auch ihrer Art und wahren Endzwecks. Hat Christus versprochen mitten unter zweyen oder dreyen zu seyn, die sich in seinem Namen versamlen; so darf eine grössere Gemeine sich nicht besser düncken als eine kleinere.

Es ist sehr einfältig, daß die Päbstler auf die Worte des Christlichen Glaubens, ich gläube eine heilige Christliche Kirche, trotzen wollen. Denn wenn die Worte nicht so zu verstehen seyn: Es ist nur eine Kirche auf Erden, nemlich die Römische, und ausser ihr keine; so finden die Papisten darinnen keinen Trost. Allein dergleichen Auslegung wäre wieder die ausdrücklichen Worte, wieder alle Vernunft, wieder die Heilige Schrift und alle Erfahrung. Im übrigen ist nur eine Kirche auf Erden, weil nur ein GOtt, ein Christus, eine Taufe und ein wahrer Glaube ist. Es kan nur eine Wahrheit seyn, aber wohl können ohnzehlbare Irrthümer seyn. Auch kan sich die Römische Kirche keine besondere Heiligkeit an‹374›maasen, besonders in denen Dingen, worinnen die Protestanten mit ihr uneins seyn. Das Wort Catholisch oder rechtgläubig zielet nur auf die Lehre, nicht aber gehet es auf einen Staat und Herrschaft über alle: Also ist das die Catholische Kirche, welche alle Lehren Heil. Schrift, keine ausgenommen, annimt; ketzerisch ist, die nur in einigen Stücken der H. Schrift gemäß lehret; (denn die gar nichts von Heil. Schrift annimt, macht den Hauffen der Ungläubigen und Abtrünnigen aus:) Sie nimt hergegen entweder einige Lehren derselben nicht an, oder wiederspricht ihnen gar. Also kan die Römische Kirche nicht eher Catholisch heisen, bis sie zeigt, sie lehre nicht wieder die Heil. Schrift. Es kan auch dergleichen Wort die Protestanten nicht anfechten, wenn man diesen nicht zeigt, daß sie Lehren wieder die Heil. Schrift hegen. Apostolisch heist die Kirche, weil sie auf denen Lehren der Aposteln sich gründet. Ob aber die Apostel selbst eine Gemeine der Gläubigen angelegt haben, oder ob sie von anderen Männern die Lehren der Aposteln empfangen hat, thut zur Wahrheit der Kirche nichts.

§. 54. Ob das Recht zu reformieren den Unterthanen ohne den Fürsten zustehe?

‹376› Gleichwie nun die Reformation leicht angeht, wann der gantze Staat mit dem Fürsten eines Sinns ist; so ist die Frage, was ein Theil Unterthanen thun dürfe, wenn die Fürsten und der größte Theil, oder wohl gar die gantze Geistlichkeit die Irrthümer und Misbräuche der Kirchen nicht erkennen wollen, oder wohl gar alle Macht anwenden sie zu unterstützen? Da halte ich dafür, wenn dergleichen Irrthümer den Grund des Glaubens mittel- oder unmittelbar untergraben, so ist es erlaubt, daß die, so solche Irrthümer erkennen, von denen andern sich trennen, wenn diese davon nicht lassen wollen, stünde auch gleich das Urtheil des Fürsten und der Geistlichkeit im Wege. Denn, weil ein ieder GOtt selbst dienen muß, keinem andern die Sorge für seine Seele auftragen, und durch andere selig werden kan; so hat kein Christ seinen Glauben dem Urtheil der Geistlichkeit oder des Fürsten unterworfen, als nur in so weit dieses mit Heil. Schrift vollkommen übereinstimt; So ist es wohl klar, daß die Unterthanen sich von des angesteckten Für‹377›sten und

Geistlichkeit Gemeinschaft trennen kan, wenn dieselbe in gefährlichen Irrthümern stecken. Denn die Kirche ist eine Gesellschaft, deren Glieder nicht durch weltliche Gewalt, sondern durch die Einheit des wahren Glaubens verknüpft werden: Wer nun den verlässt, den verknüpft kein geistliches Band mehr mit denen, welche im wahren Glauben beharren. Auch thut die Vereinigung mehrerer an sich nichts zur Seligkeit; sondern da ist es gleich viel, ob viel oder wenig Gläubige seyn, und dieselbe grosse oder kleine Gemeinen ausmachen. Jene Trennung aber schadet denen Gerechtsamen des Fürsten nichts, indem wir voraussetzen, daß die sich trennende den wahren Glauben haben, und nichts dem Fürsten nachtheiliges lehren. Denn die Staaten seyn nicht um der Religion willen angelegt, und die Kirche wird kein Staat, oder von demselben verschlungen, wenn der Fürst ein Christ wird; so wenig als er dadurch Herr der Kirchen oder der Gewissen geworden ist. Leisten die Unterthanen dem Fürsten ohngeachtet der Trennung alle ihm schuldige Pflichten, so hat er nicht weiter Ursache ihr Gewissen zu beschweren. Es kan auch in der That einem Fürsten gleich viel seyn, ob ein Unterthan mit ihm einerley Glauben habe oder nicht; oder, wovon wir reden, ob er einerley ‹378› Irrthümer mit dem Fürsten hege; gleichwie ihm hergegen viel daran gelegen ist, wenn die Unterthanen sich von ihm los reissen, und besondere Staaten anlegen. Obwohl dieses Band weltlicher Herrschaft nicht verhindert, sein Leben und Güter zu vertheidigen; nemlich wenn der Feind komt, und man kan ihm nicht wehren, so kan man sich ihm wohl ergeben, und den ersten Herrn verlassen. Man mag also dem Fürsten, was vor Macht man will, zuschreiben, so haben die doch Recht, welche um seiner gefährlichen Irrthümer willen seine Religion verlassen. Denn das Leben für den Fürsten dran zu setzen kann wohl rühmlich seyn; aber die Seele um seinet willen zu lassen, wird weder der Fürst, wenn er sich selbst kennt, verlangen, noch iemand eingehen. Was demnach ein Fürst seinen wenigstens rechtgläubigen Unterthanen, die ihre Lehre aus Heil. Schrift beweisen wollen, um des Glaubens willen anthut, ist unbillig und ungerecht. Ja der Fürst kan sie deßwegen nicht einmal aus dem Lande verjagen. Wiewohl man das wohl zugeben kan, daß ein Fürst einem in der Religion vor andern, wofern es das allgemein Beste nicht anders erfordert, das Bürgerrecht versagen kan. Wenn auch in einem nicht rechtglaubigen Staat einem Rechtlgaubigen der Zutritt versagt wird, so geschicht ihm deß‹379›wegen kein Unrecht: Denn der Fürst kan das Bürgerrecht nach Gefallen ertheilen. Hergegen diß ist Unrecht, wenn man einen Unterthanen und Einwohner wegen einer Religion, die man noch keiner Irrthümer überführet hat, verjagt, welches mehrentheils beschwerlich und sehr schädlich ist. Obwohl man das niemand versagen kan, wenn er ausziehen, und dadurch den erzürnten Fürsten, die grausamen Pfaffen und den tollen Pöbel vermeiden, und Freyheit der Religion sich zu wege bringen will. Man braucht uns auch nicht das teutsche Sprichwort vorzuwerfen: „Der Herr des Landes ist Herr des Glaubens“. Denn erstlich schickt sich das nicht für die papistischen Lehren, welche dem Fürsten alles Recht in Kirchensachen absprechen. Ferner haben die Protestantischen Fürsten dasselbe ergriffen, damit sie desto bequemer den Kayser, der sich in ihre Landessachen mischen wollte, abhielten; indem es den Kayser nichts angienge, was sie in ihrem Lande machten. Hätten sie sich auf die Wahrheit der Religion nicht gründen können, so hätten sie vermöge ihrer Landeshoheit die Unterthanen sonst zu falschen Lehren nicht zwingen können. Gleichwie denn auch bekant ist, daß die im Glauben irrige Fürsten solches denen Rechtgläubigen wieder vorgeworfen haben, zu nicht geringem ‹380› Schaden der wahren Religion. Also sündiget ein Fürst, der einen anders als er glaubenden Unterthan, der noch keines Irrthums überzeugt ist, wenn er sonst nach denen Gesetzen lebt, drücket. Da also dem Fürsten nicht einmal oblieget, daß er eine Religion durch Gewalt ausbreite, und ihm gleich viel seyn kan, was einer glaube, wenn er sonst nur ein treuer Unterthan ist; und dennoch sich findet, daß sonst gnädige Fürsten so grausam mit denen Unterthanen um der Religion willen verfahren seyn, und noch handeln; so würde man sich wundern, wie Fürsten zu solcher Raserey kommen, wenn die Heil. Schrift solche Zufälle der Kirche nicht vorher gesagt hätte.

Aber nun wird man sich nicht wundern, da man weiß, daß die Unzucht der Babylonischen Hure so weit gehen werde, daß auch die Könige der Erden mit ihr huren werden. Offenb. Joh. XVIII. 3. Wer weiß nun nicht, worzu die Huren ihre Buhler, es sey so schändlich als es wolle, bringen können? Um desto mehr müssen die Gläubigen mit Fleiß ihr Gemüth wieder die Unzucht und Schreck dieser Bestie verhärten, und mit Geduld erwarten, bis GOtt das ihr verkündigte Ende erfolgen lasse. Was aber Fürsten und freye Staaten, die die Römische Secte verlassen, wenn sie ihre Glaubensgenossen so drücken sehen, thun ‹381› müssen, werden sie schon ohne mein Erinnern, wenn sie recht gesinnt seyn, einsehen.

Zitierte Literatur

1. Ausgaben und Übersetzungen von *De habitu religionis Christianae ad vitam civilem*

De habitu religionis Christianae ad vitam civilem liber singularis. Accedunt Animadversiones ad aliqua loca è Politica Adriani Houtuyn JCti Batavi. Bremen: Schwerdfeger 1687.

Editio secunda ab Authore revisa et emendata. Hrsg. von Philipp Gottfried Saurmann, Bremen: Saurmann 1692.

Editio tertia, prioribus correctior, hrsg. von Philipp Gottfried Saurmann. Bremen: Saurmann 1697.

Von Natur und Eigenschafft der christl[ichen] Religion und Kirche in Ansehen des Bürgerlichen Lebens und Staats. Einigen hohen Standes-Personen zu Gefallen in teutscher Sprache ausgefertiget durch Immanuel Webern, Lips[iensi]. Leipzig: Gleditsch 1688.

Traité de la religion chrétienne par rapport à la vie civile. Ouvrage composé en Latin par Mr. Samuel Pufendorf et mis en Français par Mr. de Saint-Aman [Antoine Teissier]. Utrecht: Schouten 1690.

Of the Nature und Qualification of Religion in Reference to Civil Society. Written by Samuel Pufendorff, Counsellor of State to the Late King of Sweden. Translated from the Original. London: Roper 1698.

Christian Thomasius: *Gründliche Abhandlung vom Verhältnis der Religion gegen den Staat.* Über Samuel Pufendorfs Tractatus *de habitu religionis christianae ad vitam civilem*, mit einer Übersetzung des Pufendorfschen Textes (= Teil 1 von *Vollständige Erläuterung der Kirchenrechts-Gelahrtheit*). Aus einem akkuraten Manuskript mitgeteilt von August Rudolph Jesaias Bünemann. 2 Teile in einem Bd. 2. Auflage Frankfurt und Leipzig: 1738. 2. Aufl. 1740 ND Aalen: Scientia 1981.

2. Weitere Werke Pufendorfs

Gesammelte Werke. Hrsg. von Wilhelm Schmidt-Biggemann. Berlin: Akademieverlag, De Gruyter 1996 ff.

Bd. 1: *Briefwechsel.* Hrsg. von Detlef Döring. 1996.

Bd. 2: *De officio.* Hrsg. von Gerald Hartung. 1997.

Bd. 3: *Elementa jurisprudentiae universalis.* Hrsg. von Thomas Behme. 1999.

Bd. 4: *De jure naturae et gentium.* Hrsg. von Frank Böhling. Teilband 1: Text 1 (Liber primus – liber quartus). 1998; Tb. 2: Text 2 (Liber quintus – liber octavus). 1998; Tb. 3: Materialien und Kommentar. 2014.

Bd. 5: *Eris scandica und andere polemische Schriften über das Naturrecht*. Hrsg. von Fiammetta Palladini. 2002.
Bd. 9: *Jus feciale divinum*. Hrsg. von Detlef Döring. 2004.

Severinus de Monzambano. De statu imperii Germanici ad Laelium fratrem, Dominum Trezolani, liber unus. Genevae [d.i. Amsterdam]: Columesius 1667.
Acht Bücher vom Natur- und Völcker-Rechte [De iure naturae et gentium, 1672, deutsch], mit Johann Nicolai Hertii, Joh. Barbeyrac, und anderer Männer ... Anmerckungen erläutert, und in die Teutsche Sprach übersetzet, Frankfurt a.M.: Knoch 1711.
Einleitung in die Historie der vornehmsten Städte und Reiche, so itziger Zeit in Europa sich befinden. Frankfurt am Main: Knoch 1682.
Commentarii de rebus Suecicis. Libri 26. Ab expeditione Gustavi Adolfi regis in Germaniam ad abdicationem usque Christinae. Utrecht: Ribbius 1686.
Sechs und Zwantzig Bücher der Schwedisch- und Deutschen Kriegs-Geschichte von König Gustav Adolfs Feldzuge in Deutschland an, biß zur Abdanckung der Königin Christina. Darinn zugleich beschrieben wird, was die Cron Schweden selbige Zeit über mit andern Staaten von Europa zu thun gehabt. Nebst dem Osnabrügischen und Münsterischen Friedens-Schluße, wie auch einem doppelten Register der Sachen und Nahmen tapferer Leute und Familien, so in dieser Historie vorkommen, Frankfurt am Main: Gleditsch 1688.
Tractatus historicus de monarchia Pontificis Romani. Frankfurt am Main: Friedrich Knoch 1688.
Christian Thomasius: Des Freyherrn von Pufendorf *Politische Betrachtung der Geistlichen Monarchie des Stuhls zu Rom*. Mit Anmerkungen. Zum Gebrauch des Thomasischen Auditorii. Halle: Renger 1714.
De rebus gestis Friderici Wilhelmi Magni, Electoris Brandenburgici, commentariorum libri novendecim. Berlin: Schrey 1695.

3. Christian Thomasius

De crimine bigamiae. Leipzig: Georg 1685.
Institutiones jurisprudentiae divinae. Frankfurt und Leipzig: Weidmann 1688.
Freymüthige ... Monats-Gespräche, über allerhand, fürnehmlich aber Neue Bücher. Frankfurt und Leipzig: Weidmann 1688–90.
De iure Principis circa haereticos. Halle: Christoph Salfeld 1697.
Erörterung der juristischen Frage, ob Ketzerey ein strafbares Verbrechen sey, 14. Juni 1697. In: Auserlesene deutsche Schriften, Erster Teil, 1705. Neu in: Ausgewählte Werke, Bd. 23, 1994, S. 210–307.
Summarischer Entwurf der Grundlehren, die einem Studioso Juris zu wissen und auff Universitäten zu lernen nöthig. Halle: Renger 1699.
De Crimine Magiae. Halle, Christoph Salfeld 1701.
Dissertatio inauguralis juridica, *de tortura ex foris Christianis proscribenda*. Halle: Zeitler 1705.
Fundamenta juris naturae et gentium ex sensu communi deducta. Halle–Leipzig: Salfeld; Leipzig: Grossius 1705.
Cautelae circa praecognita Jurisprudentiae Ecclesiasticae. Halle: Renger 1710.
Historia contentionis inter imperium et sacerdotium ... usque ad saeculum XVI. Halle: Renger 1722. ND Aalen: Scientia 1994.

4. Sonstige Quellen

Gottfried Arnold: *Die Erste Liebe der Gemeinen Jesu Christi*. Frankfurt am Main: Friedeburg 1696.

Arnold, *Unpartheyische Kirchen- und Ketzer-Historie vom Anfang des Neuen Testamenttns biß auff das Jahr Christi 1688*. 2 Bde. Frankfurt: Fritzsch 1699–1700.

Pierre Bayle: *Verschiedene, einem Doktor der Sorbonne mitgeteilte Gedanken über den Kometen, der im Monat Dezember 1680 erschienen ist* [Pensées diverses sur la comète, 1682]. Aus dem Französischen von Gottsched 1741 herausgegebene Übersetzung von Johann Christoph Faber. Einleitung von Rolf Geissler. Leipzig: Reclam 1975.

Jean Bodin: *Six livres de la republique*. Lyon: du Puys 1580.

Georg Ludwig Böhmer: *Jus ecclesiasticum protestantium usum hodiernum iuris canonici iuxta seriem Decretalium ostendens*. 5 Bde. Halle: Orphanotropheum 1727–1756.

Ephraim Gerhard: *Von denen Hindernüssen der Auffnahme der natürlichen Rechts-Gelahrtheit*. In: Thomasius: Drei Bücher der Göttlichen Rechtsgelahrtheit (Halle 1709), § 23 (Ausgewählte Werke, Bd. 4, 2001.)

Melchior Goldast: *Monarchia Sacri Romani Imperii*. Hanau Frankfurt/Main: Conrad Biermann. 3 Bde. 1611–1614. Neudruck Graz: Akademische Verlagsanstalt 1960.

Hugo Grotius: *Drey Bücher vom Rechte des Krieges und des Friedens.* Darinnen das Recht der Natur und der Völcker ... aus dem Lateinischen ins Deutsche übersetzet durch P. B. S. v. Schütz. Nebst der Vorrede Herrn Christian Thomasii. Leipzig 1707.

Grotius, *De imperio summarum potestatum circa sacra*. Paris 1647.

Thomas Hobbes: *Elementorum philosophiae*. Sectio tertia, *de cive*. Paris 1642.

Hobbes, *Leviathan, or, The Matter, Forme, and Power of a Common-Wealth Ecclesiasticall and Civill*. London: Printed for Andrew Crooke, 1651.

Adrianus Houtuyn [auch Houttuyn]: *Politica contracta generalis*, notis illustrata, seu *De singulorum ante imperia instituta et summarium potestatum institutis imperiis, cum inter se, tum in subjectos, jure ac potestate, temperata ex praeceptis naturalibus, et gentium conventionibus*. Accedunt *Additiones* ejusdem Authoris, in quibus principiorum Hobbesianorum est confutatio. Hagae-Comitis: Rammazinus 1681.

James VI., König von Schottland: *The Basilicon Doron of King James VI*. With an introduction, notes, appendices and glossary, edited by James Craigie. Edinburgh [u.a.]: Blackwood 1944.

Gotthold Ephraim Lessing: *Nathan der Weise*. Ein Dramatisches Gedicht in fünf Aufzügen. Zuerst Berlin: Voß 1779.

Marsilius von Padua: *Defensor Pacis*. Hrsg. von Richard Scholz. Hannover: Hahnsche Buchhandlung 1932.

Marsilius von Padua: *Der Verteidiger des Friedens* [1324]. Auf Grund der Übersetzung von Walter Kunzmann bearbeitet und eingeleitet von Horst Kusch. Darmstadt: Wissenschaftliche Buchgesellschaft; Berlin: Rütten & Loening 1958.

Johann Lorenz von Mosheim: *Allgemeines Kirchenrecht der Protestanten*. Nach dessen Tode herausgegeben und mit Anmerkungen versehen von Christian Ernst von Windheim. Helmstedt: Weygand 1760.

Christoph Matthäus Pfaff: *Academische Reden über das so wohl allgemeine als auch Teutsche Protestantische Kirchen-Recht*. Tübingen: Sigmund 1742.

Baruch de Spinoza: *Tractatus Theologico-Politicus*. Continens Dissertationes aliquot, quibus ostenditur libertatem philosophandi non tantum salva pietate, et Reipublicae pace posse concedi, sed eandem nisi cum pace Reipubliae, ipsaque pietate tolli non posse. Hamburg: Künraht [i.e. Amsterdam Riuewerts] 1670.

Erhard Weigel: *Universi corporis pansophici caput summum* [1672]. Werke, hrsg. von Thomas Behme, Bd. 1. Stuttgart-Bad Cannstatt: frommann-holzboog 2003. (Clavis pansophiae 3,1)

Artikel „Thomasische Philosophie“ und „Thomasius, Christian“ in Zedlers *Universallexikon*, Bd. 42, Sp. 1552–1579 und 1580–1601.

5. Forschungsliteratur

Detlef Döring: *Samuel Pufendorf als Student in Leipzig*. Eine Ausstellung zum 300. Todestag Samuel Pufendorfs und anlässlich des Symposiums Samuel Pufendorf und seine Wirkungen bis auf die heutige Zeit an der Universität Leipzig im Oktober 1994. Leipzig: Universitätsbibliothek 1994.

Döring, *Das Lebensende Samuel von Pufendorfs*. In: Forschungen zur Brandenburgischen und Preußischen Geschichte, Neue Folge 4 (1994), S. 195–219.

Döring, *Säkularisierung und Moraltheologie bei Samuel von Pufendorf*. In: Zeitschrift für Theologie und Kirche 90 (1993), S. 156–174.

Döring, *Untersuchungen zur Entwicklung der theologischen und religionspolitischen Vorstellungen Samuel Pufendorfs*. In: Religion und Religiosität im Zeitalter des Barock. Hrsg. von Dieter Breuer. Wiesbaden: Harrassowitz 1995, S. 873–882.

Hermann Goltz: *Das Collegium Orientale Theologicum August Hermann Franckes*. In: 500 Jahre Theologie in Wittenberg und Halle. Hrsg. von Arno Sames. Leipzig: Evang. Verl.-Anst.2003 S. 93–128.

Thomas Hahn: *Staat und Kirche im deutschen Naturrecht. Das natürliche Kirchenrecht des 18. und 19. Jahrhunderts (ca. 1680 bis ca. 1850)*. Diss. Bayreuth 2011. Tübingen: Mohr Siebeck 2012. (Ius ecclesiasticum 98)

Wolfgang Kersting: Artikel „Pflichtenlehre“ im *Historischen Wörterbuch der Philosophie*, Bd. 7 (1989), Sp. 456–458.

Theo Kobusch: *Die Entdeckung der Person. Metaphysik der Freiheit und modernes Menschenbild* [1993]. 2. Aufl. Darmstadt: Wissenschaftliche Buchgesellschaft 1997.

Gustav Kramer: *August Hermann Francke*. 2 Bde. Halle: Waisenhaus 1880/1882.

Rolf Lieberwirth: *Christian Thomasius. Sein wissenschaftliches Lebenswerk. Eine Bibliographie*. Weimar: Böhlau 1955.

Roland M. Lehmann: *Die Transformation des Kirchenbegriffs in der Frühaufklärung*. Diss. Halle-Wittenberg 2011. Tübingen: Mohr Siebeck 2013. (Ius ecclesiasticum 106)

Helmut Obst: *August Hermann Francke und die ökumenischen Dimensionen des Halleschen Pietismus*. In: 500 Jahre Theologie in

Wittenberg und Halle [wie oben, s. Goltz], S. 79–92.

Fiammetta Palladini: *Ein vergessener Pufendorf-Übersetzer. Der Réfugié Antoine Tessier.* In: The Berlin Refuge 1680–1780. Learning and Science in European Context. Hrsg. von Sandra Pott, Martin Mulsow und Lutz Danneberg. Leiden: Brill 2003, S. 113–136.

Erhard Peschke: *Studien zur Theologie August Hermann Franckes.* 2 Bde. Berlin, Halle: Evangelische Verlagsanstalt 1964/1966.

Klaus Schlaich: *Kollegialtheorie. Kirche, Recht und Staat in der Aufklärung.* Teilweise Diss. Tübingen 1967. München: Claudius Verlag 1969.

Wilhelm Schmidt-Biggemann: *Die Politische Philosophie der Jesuiten. Bellarmin und Suárez als Beispiel.* In: Politischer Aristotelismus und Religion in Mittelalter und Früher Neuzeit. Hrsg. von Alexander Fidora, Johannes Fried, Matthias Lutz-Bachmann und Luise Schorn-Schütte. Berlin 2007, S. 163–178.

Schmidt-Biggemann, *Blaise Pascal.* München: Beck 1999.

Schmidt-Biggemann, *Souveränität, Toleranz, Widerstand. Skizzen zu politischen Aporien aus dem konfessionellen Zeitalter.* In: Suche nach Frieden. Politische Ethik in der Frühen Neuzeit, Bd. 3. Hrsg. von Norbert Brieskorn und Markus Riedenauer. Stuttgart et al.: Kohlhammer 2003, S. 37–54.

Schmidt-Biggemann, *Protestantische Exegese im Streit. Brenz, Soto, Schwenckfeld, Flacius.* In: Apokalypse und Philologie. Göttingen: V&R unipress 2007. S. 23–51.

Georg Steinberg: *Christian Thomasius als Naturrechtslehrer.* Köln: Heymanns-Verlag 2005.

Heinrich von Treitschke: *Samuel Pufendorf.* Hrsg. von Erich Liesegang. Leipzig: Hirzel 1897.

Namenverzeichnis

Kolibri 360 GmbH
Ferdinand-Jühlke-Straße 7
99095 Erfurt, Deutschland
produktsicherheit@kolibri360.de